秦人出行研究

李奉先　著

九州出版社
JIUZHOUPRESS

图书在版编目(CIP)数据

秦人出行研究 / 李奉先著. — 北京:九州出版社,
2022.2

ISBN 978-7-5225-0845-0

Ⅰ.①秦… Ⅱ.①李… Ⅲ.①礼仪－研究－中国－秦
代 Ⅳ. ①K892.9

中国版本图书馆 CIP 数据核字(2022)第 045441 号

秦人出行研究

作　　者　李奉先　著

责任编辑　王丽丽

出版发行　九州出版社

地　　址　北京市西城区阜外大街甲 35 号(100037)

发行电话　(010)68992190/3/5/6

网　　址　www.jiuzhoupress.com

印　　刷　三河市嵩川印刷有限公司

开　　本　710 毫米×1000 毫米　16 开

印　　张　13

字　　数　220 千字

版　　次　2023 年 1 月第 1 版

印　　次　2023 年 1 月第 1 次印刷

书　　号　ISBN 978-7-5225-0845-0

定　　价　68.00 元

前　言

秦人出行是中国古代礼俗文化的重要部分。研究秦人出行,对于我国古代出行文化的整体了解,意义重大。秦人出行研究,不仅是对纯粹的"出行"概念的简单界定,还关乎跟出行有关的学术领域的深度探研,如政治制度史、交通史、风俗史、民族史、经济史、军事史及其他若干专题研究。

我收藏有与秦人出行的书籍不下数十种,如陈平先生的《关陇集团与嬴秦文明》、陈文德先生的《大秦七百年王道盛衰》、金铁木先生的《帝国军团———秦军秘史》、林剑鸣先生的《秦史稿》、腾铭予先生的《秦文化:从封国到帝国的考古学观察》、王蘧常先生的《秦史》、雍继春先生的《秦早期历史研究》、张金光先生的《秦制研究》、张卫星的《秦人出行述略》、祝中熹先生的《早期秦史》……这些著作,既有历史学家的学术力作,考古学家的严谨专著,又有青年学者的创新之作。

如果说近几十年来一系列重大考古发现使探索秦人出行史成为可能,那么秦人独特的出行文化,其在中国历史发展的长河中承上启下的独特作用,才是引发人们窥斑知豹、探幽发隐的内在动力所在。秦祚虽短,但其兴起与发展的历史却非常悠久,可上溯至三代之前。秦人出行的源起,经历了古国、方国、帝国三个完整的发展阶段和原生态的发展模式,其出行文化亦是原生态文化。可见,其发展过程与三代相始终。

早期秦人日常活动中,与今人一样离不开"衣食住行"。衣、食、住与行的关系密不可分,四者既相互独立又互相依存,甚至"出行"成为"衣"、"食"与"住"的某种特定媒介,而同出行有关的交通在历史中的地位同样不可小觑。以此类推,点面结合或纵横对比,秦人出行研究力求表述层面立体化,考释内容具体化,表述观点严谨化。如此,方能对有关秦人出行的专题进行系统性材料梳理,对有关秦人出行的史料进行多维度解析。鉴于以往学界对陆路出行涉及其他形式的出行研究较少,本书将给予必要的论述补充。如:入山、出征、水行、陆行、水陆并行、丧行、葬行等方面的秦人出行专题,是本书研究的重点。

如前所述,本书研究的难点很多。试举一例:将秦简《日书》与帛书《出行占》所载出行所忌方位做一比较,笔者发现,《日书》于"四门日"分别忌行"四隅",而《出行占》在"四门日"上则分别忌行"四方"。《日书》所载的出行方位与干支方位能够形成对冲,符合文义,然而,《出行占》的干支所在方位与出行所忌方位却难以形成有效对冲。帛书上《出行占》的这种显著差异,究竟是因抄写上的某些失误或纰漏所致抑或另有他因,笔者惟有借助出土文献,并结合传世文献文载,用二重证据法详细加考释。

难点不止如此。秦人出行文化的变迁在秦本土地域差异,也比较明显。秦人出行研的区域性、历史性、民族性、宗教性、礼仪性、规制性、继承性的特征亦底定秦人出行文化,此更是本书研究的一大难题,或一大艰巨性的挑战。

毕竟秦人出行风俗、出行仪式、出行信仰的变迁,均经历了一个由繁到简、由简到繁、再由繁到简的反反复复的复杂变迁过程,其主体亦经历了相应地由朝野皆要祭祀过程,再到仅于民间长期流行的演变的过程。尽管如是,后世王朝已"物换星移几度秋",民间或依旧继承前人出行礼俗。当然国家层面上象征性出行仪式并没有间断过,只是民间的生命力持久,亘古弥新,其在祀行方面传统影响力延续至今。

出行禁忌亦是秦人政治生活的重要组成部分,是保障秦社会节奏与自然节律相契合,维护秦社会秩序的基本手段。"赏以春夏,刑以秋冬"的理念及其原则,在前经学时代已然逐步渗透至法律制度与司法践行中,形成了具有强烈时令色彩的秦出行体系,为殷商《月令》与秦法制的结合奠定了历史基础。

就出土资料来看,秦时诸多出行管理均以法令形式颁定,其与时令的关系因此被强制性固定下来。青川秦牍记载了秦武王时期更修为田律的内容。其中,对阡陌封疆、桥梁陂堤等的除草、修缮进行出行时间规定。"较行"所涉录行、草行、水行、山行等出行祭祀,它既是出行祭祀的专有名词,亦是祭行的礼俗仪式。笔者这样的分析,结合上述传世文献的论述,显然是可信可行的。秦人较行首先必有神主供奉,这一点与中原周人的祀行文化是极其相似的。

　　且说饯行。秦人饯别前的例行程序，必祭祀行神或道神，或祭祀祖神，这只是
饯行最主要的祭祀对象。就笔者所掌握的史料来看，秦人饯行仪式主要是祭祀山
神、登山之神、河神、海神及日游神与夜游神，这些与旅游相关的山川神祇山神水
神，可称之为"旅游神"。

　　其实，在我国传统文化、语境下，除五岳四渎这些名山大川的发源地有专门的
神祇外，几乎所有的山体也都有自己的山神。在后世盛行的道教的神话体系中，诸
如三十六洞天，七十二福地这些道教神仙洞府，每个名胜都有专门的山神管理，均
有名有姓。这在世界神话体系中可能绝无仅有。

　　如此看来，早期秦人对旅游神崇拜，不再试简单的神话歌颂而存在，而是融入
了后世秦人日常出行活动之中。直到今天，上述传统习俗尚在中国许多地方延续。
包括秦人在内的先周饯行，其最可贵之处则是其规范性与延续性。体现出无论何
种等级何种出身，其出行仪式过程是完整的、严谨的，都包括两个主要方面：祭神和
饯别；其延展性体现在：与中国文化重视人伦文化相合，延展出祖饯文化独特的
一脉。

　　古往今来，各色人等借由饯别演化出内涵丰富、意蕴隽永、喜悲相续的人间剧
目，其中有幸流传下来的文献资料或成为文学遗产、或成为珍贵史料。秦人出行文
化重视人伦传统，在节气、节日等民俗文化方面上，更是可圈可点。"国之大事，在
祀与戎"。祭祀是秦礼制中的不可或缺的重要环节。祭祀是秦人生活中的重要活
动之一，在秦朝官方意识形态中，对祭祀亦高度重视。秦朝有专门负责祭祀的朝廷
官员，我们见于传世史籍记载的有：奉常、太祝、太卜、太史、太宰、宗祝等，他们在祭
祀中均各司其职，各就其位，恪律守法，一丝不苟。但在一些重大的祭祀中，秦统治
者还会亲自出行祭祀，一显亲民，二彰恩威。

　　秦王朝所统一的上述礼制，实际上亦是帝国的根本大礼，对后世影响深远，构
造了此后两千多年封建王朝礼制的基础。汉朝建立后，在出行制度和礼仪上多袭
用秦朝的制度，汉承秦制。在叔孙通制定朝仪上，秦上朝大礼是其最主要最直接的
来源，对此，史称汉朝"大抵皆袭秦故"，"颇采古礼与秦仪杂就之"，这是在朝礼方
面对秦礼的继承，除此之外，宗庙之礼也大多采自秦礼。由此可见，汉礼与秦礼之

间是一脉相承的承继关系。众所周知,汉礼在中国礼制发展史上占有重要地位,在中国封建时代,历来被誉为不刊之典",从某种意义来说,秦礼在某种程度上才是历代王朝礼制的基础。对此,学人当有公允的治学态度。

尽管秦王朝统一过的出行礼俗、礼制、礼文化并不尽完美,或不尽人意,有精华也有过多的糟粕,但毕竟是先周无数圣贤和人民群众的智慧结晶,我们在对待它时应以理性的、客观的态度对其进行辨证的合理地扬弃。赢秦最典型的特征是在战争中发展壮大起来的,并以武力"四海一"。赢秦统治带有鲜明的军事色彩,并对秦汉历史产生了深远影响。

探究秦军出行制,一般从周代封国兵制寻找理论根据,但其后来发展成为体系庞大的帝国军制,显然又具备赢秦自身的独立性。探究秦军出行制,既有利于全面厘清秦人出行问题,也有助于深入理解中国大一统帝国的形成根源。如前所述,早期秦人长期偏居西北、有与戎狄交战杂处的历史,"物竞天择,适者生存",这些,无疑磨砺了秦人强烈的生存意志和积极进取精神。加之,殷周礼乐文明中的尚武精神,则为秦人保持尚武之风提供了直接的"法理"依据。

我们从"秦子"诸铜兵器 铭文来看,秦立国之初以公族为主要武装,部队建制止于师级。后来,商鞅变法重塑了秦国军制,秦军在人员集结、士兵来源、兵种建设等方面均有进一步发展。秦惠文王时期,秦国开始在民族地区设道,后渐以越来越大的规模征调臣邦武装。秦车兵、步兵、舟师均在战争推动下有所发展,战斗力雄劲十足。本文亦从秦人战争观为切入点,来全面了解秦军出行状况。

在构建社会主义和谐社会、建设有中国特色社会主义事业的今天,我们坚信:传统的出行礼制文化一定可以找到与现代社会建设相结合的最佳着力点,成为实现中华民族伟大复兴的文化动力。

有鉴如此,将文献史料与秦文化遗址考古新资料相结合,就本专著有关秦人出行的相关问题做一番探究与考释,提出笔者的看法和认识,抛砖引玉,但愿有助于秦人历史与秦文化的研究。

目　录

绪　论

第一节　关于"秦人""出行"的界定

以今人通用说法，"秦人"一词狭义为陕西人的简称，因秦人故地包括今陕西省关中以及甘肃天水、陇西、陇南一带，亦是嬴秦帝国崛起之地，《史记》云："天水、陇西、北地、上郡与关中同俗。"《史记·秦本纪》亦云："秦之先，帝颛顼之苗裔孙曰女修。"

然而，秦人族源，历来众说纷纭。首言秦人源于戎狄者则是王国维先生，他在《秦都邑考》指出："秦之祖先，起于戎狄。"而后俞伟超先生以《古代"西戎"和"羌""胡"考古学文化归属问题的探讨》参与讨论，李学勤先生亦认为："秦国的先世是居住在西戎之间的嬴姓部落。"

依考古学角度分析，就目前已新发掘的秦人墓葬而言，其墓葬特征多为洞室墓；屈肢葬礼俗流布甚广，且随葬品多有铲形袋足鬲。考古发掘的秦人洞室墓、屈肢葬，虽接近于戎狄，但不能说明秦人的族源，与族源之间并无必然联系，更何况春秋不存在具备洞室的秦人墓。清华简研究亦显示，早期秦人尽管具备"秦戎文化"与"秦戎习俗"，但秦人只是在与戎人的战斗中发展壮大的。"清华简"发现：早期秦文化事实上具有东方色彩。秦人素来以华夏自居，奉炎帝、黄帝为其人文始祖。如公元前422年，秦灵公于吴阳（今陕西省宝鸡市吴山附近）开建上畤、下畤，分别祭祀黄帝、炎帝。又如秦仲被戎狄袭杀后，其子世父大怒："戎杀我大父仲，我非杀戎王则不敢入邑。"①

如前所述,最早坚称"秦人东来说"的是司马迁。《史记·秦本纪》载:"女修织,玄鸟陨卵,女修吞之,生子大业。大业取少典之子,曰女华。女华生大费,与禹平水土。已成,帝赐玄圭。禹受曰:'非予能成,亦大费为辅。'帝舜曰:'咨尔费,赞禹功,其赐尔皂游,尔后嗣将大出。'乃妻之姚姓之玉女。大费拜受,佐舜调训鸟兽,鸟兽多驯服,是为伯翳。舜赐姓嬴氏。"由是观之:秦人祖先是颛顼苗裔,而颛顼是黄帝后裔,秦人当属黄帝后裔。

目前,在学界,对"秦人东来说"有过详细论述的主要代表著作有林剑鸣的《秦史稿》《剑桥先秦史》、徐旭生的《中国古史的传说时代》、段连勤的《关于东夷的西迁和秦嬴的起源地、族属问题》。其主要论点有:秦人活动地域在西方,繁衍、崛起于西方,但这不能成为判断族源的依据,不等于说秦人就是西方土著,更不能说嬴秦来自西戎。

据清华简载,少昊在嬴水之滨出生而得嬴姓,此后嬴姓一族多居于东方,如西周至春秋时的江、黄、徐、奄等国。秦人和起自东方的殷人关系密切,他们不仅有相似的玄鸟始生神话传说,而且秦人祖先如费昌、孟戏、中衍、蜚廉、恶来等都曾为殷商效力。如商朝末年,武王姬发伐纣,嬴姓部族的恶来与父亲蜚廉一起为帝辛效力,恶来后被周武王所杀,而蜚廉则向东逃往奄国。② 据柳明瑞考证,嬴水就是流经今山东莱芜的嬴汶河,也就是奄国一带。(奄国,商末周初山东曲阜之东的一个小国,其国都为曲阜。后为周成王所灭,据传其残部逃到江南,重新筑城,仍然称"奄"。应为子姓之国,为商之分支,故商王南庚、阳甲两代都奄。)

周武王去世后,年幼的成王即位,商纣王之子武庚趁机挑了著名的"三监之乱",情势之下,嬴姓部族卷入。周公姬旦取得军事胜利平叛之后,亦随之严厉惩罚了嬴秦叛乱,嬴秦被迫迁往各地,其中大部分嬴秦西迁。嬴秦族出自华夏,夏商周三代分封诸侯国一直奉行的就是"夏君夷民"的做法。据史料来看,西周以降,秦人与周关系已很密切。如秦人先祖孟增"幸于成王,是为宅皋狼";周孝王封非子

---

① 徐喜辰,斯维至,杨钊.中国通史:第3卷 上古时代 下册[M].2版.上海:上海人民出版社,2013:830.
② 廖延林.国学十讲[M].湘潭:湘潭大学出版社,2017:141.

为"附庸",使非子"邑之秦";宣王时封秦仲为大夫;秦仲之后,封其子庄公大骆、犬丘之地。平王东迁时,秦人因护送有功,始位列诸侯。秦最初的领地在今甘肃西汉水上游盐官一带,秦人历代秦公墓均在礼县境内。

秦国君世袭沿革皆见于传世文献。事实上,秦人立国后并没有实行严格的嫡长子继承制,国君之位多数不是由嫡长子继承的。《左传·昭公五年》载:"秦伯卒,何以不名? 秦者,匿嫡之名也。(何注曰:嫡生子,不以名,令于四境,择勇猛者立之)其名何?"意思是说,秦国选拔继承人,是"择勇猛者立之",而并不一定传给嫡长子。著者查阅《史记·秦本纪》得知:从秦仲被封为大夫据西垂始,至秦朝灭亡,共有国君三十四人,其中兄终弟及者六人:庄公卒,让位其弟怀公;武公卒,立其弟德公;宣公立其弟成公;成公卒,立其弟穆公;躁公卒,立其弟怀公;灵公卒,先后由简公、惠公、出子继位,后立灵公子献公。孙继祖位者三人:宁公、惠公、灵公。子继父位者二十五人,其中以长子身份即位者仅两人,即武公、宣公。①

电视剧《大秦帝国》中的"老秦人",其意指血统比较纯正的养马时期的赢秦后人,之所以会叫"老秦人"是因秦国尚武,国土处在扩张之中,原本是秦国领地上的人一种自称,就如北京人自称"老北京",是一种颇具有自豪意味的称呼。

本书所讲的秦人,指的是"非子邑秦"至秦王朝肇造前的秦人,确切地说,指的是赢秦统治下的准秦国人与秦国人。历史原本并不能被人为地分割成若干片段,因此为论述、行文方便,在本书具体探讨时,有时不可避免地会突破"秦人"概念界定的时间或空间限制。有时,探讨学术进行某种适度的前溯或后延、推断,该研究成果或许更有一定的说服力,此处,特以明叙,为之注。

再议出行。

"行"在《尔雅·释宫》《说文解字·行部》均以"亍"解释为"人之步趋"意。而"出行"一词,《辞海》解释为"外出旅行或观光游历,或借助交通工具,行人从出发地向目的地移动的交通行为"。民间亦指传统诞育习俗。小儿出生三日后,择双日好天气,由其父或其母抱到大街上转一圈,谓之"出行"。

---

① 武树臣.中国法律思想史[M].北京:法律出版社,2004 :131.

"出行"语出《史记·天官书》:"其出行十八舍二百四十日而入。"《后汉书·公孙瓒传》:"尝从数十骑出行塞下,卒逢鲜卑数百骑。"

又,北宋沈括《梦溪笔谈》云:"赵阅道为成都转运使,出行部内,唯携一琴一鹤,坐则看鹤鼓琴。"①明朝冯梦龙《东周列国志》第十八回:"桓公好色,每出行必以姬嫔自随。"②

"出行"这一概念,是交通规划中最基本的概念。在交通规划研究中,出行通常是指人在陆路或水路行走,或其他交通工具的移动;在单位、居室、家庭成员内部等的移动都不属于出行。今人一般会给"出行"的移动距离规定一个下限,如出行距离大于三百米或者步行时间大于五分钟。著者在这里所探讨的"出行"偏重动态的行走,即通指出外行走;或借助交通工具去外地从事某种活动。

在古代,特定的社会生活、政治生活等目的,是古人出行的根本原因,是出行的第一要素,即"出行源于需求"。因此,著者把"秦人出行"的定义,界定为秦人在某种特定目的下的出行,即秦人在某种特定目的下,进行的由特定的出发地抵达目的地的单方向移动,或从不同出行的起点到达出行终点进行的有目的的活动及其移动过程与结果。

秦人活动可分为秦人室内活动、室外活动等。将秦人活动的概念引入"出行"定义中去,著者研究的对象不仅仅是简单的物理移动,而且还要考虑个人和家庭乃至国家出行主体的各种影响因素和各类决策以及引起出行的原因、影响等,于是,研究范围得到扩展:出行主体与出行客体的政治、经济、社会、文化、军事、宗教等方方面面的相互影响力,以及相随伴生的出行信仰、出行风俗(包括禁忌)、出行文化、出行制度等学术研究。

秦人出行无非为了完成特定的某种活动,而各类出行活动的特性,既包括活动目的、完成活动人物要求、活动发生地点要求以及发生时间要求,从根本上决定了秦人出行活动的判断力、影响力。著者按照满足的主要出行活动类型的需要,可以把出行分为两类,分别是强制性出行、非强制出行;按照出行的出发地与目的地之

---

① 沈括. 梦溪笔谈[M]. 上海:上海古籍出版社,2015:65.
② 冯梦龙. 东周列国志[M]. 汕头:汕头大学出版社,2017:115.

间的距离,出行亦可分为近距离出行、户外远行(旅行、出巡、出使)等两种类型。

著者根据上述分析,对本书秦人出行予以归纳。以出行人群这一角度考察,据出行性质不同,可分为官方出行和民间出行两类。官方出行含帝君出巡、官宦任宦出行、将官士兵出征之行、外交使者出使之行、官方祭祀或考察探险行游等;而民间出行则包括士人游学、游侠出行、商人商贸及普罗大众的节日庆贺等礼俗之行。

继而从临行、行途、饯行等方面分别探研秦人出行礼仪风俗。周秦时期,秦人出行前往往先进行占卜活动,以确定出行之时日与方位吉凶细节,始而择吉以行。当是时,于邦门郊野或城池邑地等处举办送别仪式,至于仪式规模大小,视情而定。一般情况下,秦人有祭祀行神的祖道仪式,再就是饯别除道仪式,即一种简单易于操作的除道活动。秦人通过佩戴镇邪饰物或是画地、念祝词、走禹步等仪式来避除可能遇到的危险,遵循这些出行禁忌,到达目的地之后,亲朋好友再设盛宴给出行人正式接风洗尘。此类出行之时日与方位吉凶细节,以及其他更多的出行禁忌,著者在本书相关章节会重点探究,此不再一一赘述。

目前研究秦人出行的专著并不多见,且就秦人出行信仰和出行仪式、出行制度作为一个完整而系统的出行文化研究,本书亦是学界第一次尝试与创新。

在古代受自然条件、社会条件的限制以及传统礼俗的束缚,秦人出行是一件意义重大且充满种种危险性的活动,这种活动甚至包括经济、政治、文化、社会等领域的方方面面。其实,早在殷商时期或更早的信史时代,人们就畏于远行,除非情势迫不得已,皆提前求神占卜问吉,或祭祀行神,择之吉日,这就形成了诸多关于传统出行的信仰、仪式和禁忌等。著者单纯通过出土文献、传世文献来梳理秦人出行文化,以探研秦人出行仪式、出行制度和出行信仰对当时国家、民众和社会风貌的影响。同时探讨为何出行风俗一直延续至今,为何这种风俗和仪式对交通建设以及民族性格、民族文化的形成会有影响。如城市交通规划。《周礼·考工记》中有"匠人营国,方九里,旁三门,国中九经九纬……经涂九轨,环涂七轨,野涂五轨"的记载,即城郭规划中的建筑及道路网均为方格网,城市道路有经纬交叉,城的四周有环涂围绕,野涂是连接王城与诸侯国的城际道路,经涂、野涂均有明确的设计标准。① 这种"九经九纬"的道路系统规划模式几乎一直沿用到近代。

研究秦人出行这一课题,意义重大,使命光荣。了解上古秦人出行文化所受到的影响因素以及出行主体、出行客体的相互关系,对于今人发展交通业和旅游业,对于民族心理的承受力与向心力,对于国家民族的软文化辐射力,尤其是对中华民族伟大的复兴亦有重要的意义。因时间、水平有限,不足之处还请各位专家同人批评指正,谢谢。

第二节 学术史回顾

关于秦人出行的文字表述,传世文献《史记》《汉书》《吕氏春秋》《风俗通义》《潜夫论》《论衡》《抱朴子》等著作中均有记录,然而鲜有专题研究。两汉之后虽尚有秦人出行的文载,但多为典籍整编归类性质的述作,如清代尚秉和主编的《历代社会风俗事物考》,收录了不少秦人出行风俗的内容,遗憾的是没有做深入专题探究。

如上文所述,关于秦人出行记载如此之少,这种学术现状一是本专题研究成果最为薄弱的重要环节。亦因于此,目前,有关秦人出行的内容资料零星散见于其他出土的简牍资料等。

20世纪民国肇造前后,即1911年,随着我国民俗礼仪学研究的兴起,学界便开始关注出行风俗,他们为出行风俗研究做出了许多创新性的奉献。这一年,张亮采先生的《中国风俗史》一书的出版,预示着我国风俗史研究的开端,但其中对秦汉出行、两汉出行研究着墨甚多,却单单缺少秦人出行的专题探讨。毋庸置疑的是,江绍原先生的《中国古代旅行之研究》则是我国最早研究秦汉时期人们出行的一部学术专著,其内容侧重于旅游神、行神、道路神的论述。1930年,台湾学者张星烺的《中西交通史料汇编》由辅仁大学图书馆出版。

---

① 李亚明.考工记名物图解[M].北京:中国广播影视出版社,2019:374.

1937年,知名学者白寿彝先生则在《中国交通史》一书从交通通史研究角度出发,介绍了秦汉出行与交通道路、交通工具和驿站等的主客体关系。

1947年,吕思勉先生的《秦汉史》在《秦汉时人民生活》这一章,亦特专列交通史这一节,介绍了秦汉时期出行道路、出行工具及驿站邮驿等问题。胡朴安先生的《中华全国风俗志》上下两册,分地区全面地整理了中国历代风俗资料。张星烺先生的《中西交通史料汇编》共有六册,全面系统地整理了历代中西交通史史料,搜集考证非常充分,其中有少部分秦人出行文化的内容,上述均是我们研究秦人出行的重要参考依据。

由是观之:中华人民共和国成立前,学界对秦人出行的研究并不系统,亦不全面,且多侧重于西汉、新莽、东汉王朝时期的出行风俗、出行信仰研究。

逮至20世纪80年代,学界亦有秦人出行的述作,港台学界出现了一部分阐述古代礼俗史的作品。如吴奚真的《中国的风俗习惯》、何联奎先生的《中国礼俗研究》关涉秦人出行的论述。

学界关于出行类型亦有不同的分类。杨振红在《中国风俗通史》一文中将出行人群分为帝王巡游、文人游学、政府官员任职之旅及一般百姓的节庆出游多种类型,而邓丽丽在《秦汉行旅述论》中则将文人与官员结合成为游宦、游学之旅[①]。王淑良于《中国旅游史》里仅有帝王巡游和文人宦游两部分出行分类。武文利《旅游风俗探胜景》一书将出行分为帝王出行、官宦出行及百姓出行三大类型。《中国旅游史》则按照性质、目的、影响分类,分为政治、军事、士人出游、商贸旅行四个部分。王子今《秦汉交通史稿》分类更为直观,即:军役之路、学宦之路与强制性移民。此外郑本法、曾敏《中国古代的旅游活动》则将古人出行分为"帝王巡游、官吏宦游、节庆会游、买卖商游、士人漫游、高僧云游"等类型。

目前,最引起我们广泛关注的则是王子今先生的《秦汉交通史稿》《中国古代行旅生活》《交通与古代社会》《中国古代交通》《中国古代交通文化》等论著,其作品均存在专列章节对秦汉时期行人出行的归时宜忌和远行祀行等风俗方面的内容

① 邓丽丽.秦汉行旅述论[D].济南:山东师范大学,2008.

表述,美中不足之处,亦没有秦人出行的大量文史资料及其相关专题,且对秦人出行未能深入考究。而钟敬文先生的《民俗学概论》尽管对秦人出行祖道、饯别、宴饮及择吉占卜、出行祭祀进行了探讨,相对具备权威性,但也不够深入。韩养民、张来斌《秦汉风俗》等论著有专门介绍秦人风俗的内容,其中就包括了出行择吉、出行禁忌等内容。此外,岳庆平《中国秦汉习俗史》、马洪路《中国行路文化》、邓丽丽《秦汉行旅述论》、黄红军《中国传统交通习俗》及毛佩琦主编的《中国社会生活史》等著作也都涉及秦人出行的论述。

按照以往研究成果的内容,学界强调最多的则是"行归宜忌"部分。如著者刚刚强调的王子今的诸多著作中均专列关于行归时日宜忌的专题讨论。《睡虎地秦,〈日书〉所见行归宜忌》重点介绍出行的吉日和凶日。刘增贵先生的《秦简〈日书〉中的出行礼俗与信仰》同样以简帛为主来探讨秦人出行的方位宜忌与时日宜忌。吕亚虎在《战国秦汉简帛文献所见巫术研究》中亦探讨了简帛文献所见的行归宜忌等。王光华在《简帛禁忌研究》一文单列一章以探研战国秦汉社会日常生活中出行的时日禁忌和方位禁忌①。邓丽丽的《秦汉行旅述论》对秦人出行前凶吉占卜、选择行日的内容,做了不少文字表述。

此外,孙占宇先生的《战国秦汉时期建除术讨论》《放马滩秦简日书整理与研究》则探讨了秦人出行建除择日法,同时,对秦楚建除两大数术系统的异同进行了联系与区别。王光华先生的《简帛禁忌研究》、刘道超先生的《论太岁信仰习俗》还相继探讨了太岁的信仰文化与信仰制度,探讨了太岁禁忌和反支日。吕亚虎就《〈额济纳汉简〉所见出行巫术浅析》所见出行时日和方位宜忌材料,就秦汉出行进行了比较研究,认为汉承秦俗,秦汉的行人出行时均应避"太岁"时日与方位。

王光华先生的《禁忌与战国秦汉社会》、王玉金先生的《试论秦汉风俗辟邪风俗》亦都提及秦人出行趋吉避凶的特殊时日,如"赤帝临日""反支之日""往亡之日"等。

谈及祖道文化的论述有:李坤凝在《巫术、风俗与礼仪:祖道的源流与变迁》一

---

① 王光华.简帛禁忌研究[D].成都:四川大学,2007.

文中,对祖道祭祀的相关问题进行了严谨扎实的论述。该文作者将祖道分成《载祭:祖道的巫术内涵》《祖饯:祖道的社会风俗意义》,作者通过对双重面向的分析,梳理出祖道的演变,但由于作者把关注度侧重在对于道路神祭祀发展成为饮饯礼制,从而对道路神文化的本身重视程度得以淡化下降。又如丁山先生的《中国古代宗教与神话考》一书中在《祭典分论》这章中作者论述了"祖""载",作者从甲骨文及其训诂学角度认为"祖载即宜社",然而,宜社是祭祀的一种特有的专称类,与道路神祭祀并非一回事儿。

王政先生在《〈诗经〉与路神奉祭考》一文中认为"祖较之祭不是宜祭"①。许志刚先生的《祖道考》不仅论述了秦人每年例行祖祭,而且在秦人出行前祭祀活动中辨析出祖道盛行的原因,不仅如此,对秦人出殡时的祖祭以及行神形象问题也略有论述。仅此一点,其精神尤为难能可贵。作者如能结合出土资料进行考证会使其论断更趋无懈可击,唯有传世文献结合出土文献考证,方具备说服力。

史学界上从行神道路神领域有所成就建树的有:杨苹的《行神考》与《五祀考通论》;李立的《汉墓神画研究——神话与神话艺术精神的考察与分析》论及"大行伯",事实上"大行伯"信仰文化在先周时期并不存在,即使在秦王朝时期是否存在,也是值得商榷的,不过,整体学术成就仍值得后进学习。

邹濬智的《秦汉以前行道信仰及其相关仪俗试探》一文主要是利用文献材料同时兼及考古学和民族学材料进行了祭路神的祭名、路神及其形式论证。该文大体从先秦文学类传世文献,研究祭祀路神用牲,祭祀路神的其他形式包括驭者以酒祭车、供奉路神的空间和祖帐、巫祝和祝词、水路祭路神等,以考古证明行道神非人形化行道神及其人形化行道神、平地行道神和山川行道神以及宫内行道神和城外行道神文化信仰。该论述层次清晰,逻辑分明,引经据典,颇有参考价值。

宫哲兵、黄超的《道:祭道路神——古"道"字长期被忽略的一个含义》原载于《哲学研究》2009 年第 1 期,后又作为书中一节出现在宫哲兵编著的《唯道论:质疑中国哲学史"唯物""唯心"体系》里。作者指出:"道"具有祭祀道路神的含义,出现

---

① 王政.《诗经》与路神奉祭考[J].世界宗教研究,2004(2):88-97.

道家和道教之后,"行"作为道路神的称谓则越来越多。可惜的是,部分考据基本属于泛泛而谈,颇有坐而论道之嫌。对其学术精神可学习探讨,但这一点不足为取。著者以全面发展的观点看问题,就事论事不对人,评价学术著作,亦如是。

张雁勇的《周代军礼中的神道设教——〈周礼〉大师祭祀考论》对大师礼进行讨论,共分为:出师前祭祀、军中祭祀、还师祭祀三大部分,其中军中祭祀部分涉及了祭祀行神。但记述较为单一,且着墨秦人行迹乏善可陈。①

喻学才的《中国古代旅游神崇拜及祖钱风俗》对中国古代的旅游神和古希腊罗马的旅游神进行了中西的比较,这一点颇有新意,且论述了与出行相关的山水神、登山神、海神、河神、日游神与夜游神,这些方面常常为研究行神者所忽视,应该对不同的出行方式的行神都涉及。

当然亦有从旅游领域角度研究先秦出行的,如:

尚秉和的《历代社会风俗事物考》提到"周贵人旅行时祖道犯轼之盛况"。张桂桂同学的《秦汉时期出行风俗研究》(兰州大学硕士学位论文,2013年)在出行风俗一章论述的择吉、祖道等内容梳理得较为详细而全面。只是该文重点几乎全放在两汉出行研究上,秦人出行研究甚少。

任慧峰的《先秦军礼研究》主要把"五祀"综合在一起进行研究,但没有独到的观点,几乎是人云亦云。刘昭瑞的《论"禹步"的起源及禹与巫、道的关系》一文主要考证禹步的起源以及与巫道关系及其成因。著者深以为:可资参考。

胡文辉的《马王堆〈太一出行图〉与秦简〈日书·出邦门〉》主要将《太一出行图》和《日书·出邦门》进行对比研究,作者指出前者是太一出行的,后者是关于人出行的。作者说《太一出行图》题记所载的仪式和祝咒与《出邦门》的性质是相通的,《太一出行图》所记的也是关于出行的巫术,太一神在出行之前,也和凡人出行一样施行巫术和咒语,以期避免伤害。

此外,日本的工藤元男著《睡虎地秦简所见秦代国家与社会》(上海古籍出版社,2010年)一书中第六章"先秦社会的行神信仰和禹"涉及了先秦社会出行问题,

---

① 张雁勇. 周代军礼中的神道设教:《周礼》大师祭祀考论[J]. 辽宁师范大学学报(社会科学版),2015,38
(2):276-283.

作者主要依靠睡虎地秦简中所载的有关出行的史料，并结合传世文献和考古资料进行论述。尽管作者介绍并引用了不少日本学者的相关研究，丰富了出行仪俗问题的研究，但其论点"饮食、歌乐、聚畜生、夫妻同衣都是出行礼俗"，显然是错误的。

通过整理，我们不难发现：从20世纪初开始，学界已对秦人出行风俗有所关注，尤其是秦简《日书》，极大地弥补了秦人出行风俗资料的不足，成为研究古人出行的重要依据和切入点。然而，当前秦人出行的学术史研究，也存在诸多相关问题与困扰。譬如，简帛资料的释读难度。

再者，关于"秦人出行"的专门著作，至今仍是学术界的一片空白。即便是秦汉出行的整体研究，学界对出行的研究重点一直停留在行归宜忌和出行前的祖道、饯饮等仪式，包括出行礼俗及出行后的接风洗尘，至于秦汉出行的文化、历史原因及其意义、影响等均探讨无多。这不能不说是一大遗憾。

"秦汉出行"尚且如此，更遑论"秦人出行"了。

第三节　研究方法、研究重点和难点

秦人出行是中国古代礼俗文化的重要部分。研究秦人出行文化对于我国古代出行文化的整体了解意义极其重大。以点带面，秦人出行研究，不仅是对纯粹的"出行"定义的简单界定，还关乎跟出行有关的各领域的深度探研，如政治制度史、交通史、风俗史、民族史、经济史、军事史及其他若干专题研究。

秦人日常活动中，与今人一样离不开衣食住行，衣、食、住与行的关系密不可分，四者既相互独立又互相依存，甚至出行成为衣、食与住的某种特定媒介，而同出行有关的交通在历史中的地位同样不可小觑，交通与经济运输、民族动态、文化交流、国防建设之间联系紧密，秦人的出行研究离不开对秦人的交通史研究。

以此类推，点面结合或纵横对比，秦人出行研究力求表述层面立体化，表述内容具体化，表述观点严谨化。如此，方能对有关秦人出行的专题进行系统性材料梳理，对有关秦人出行的史料进行多维度解析，不为大胆的假设，却要小心地求证。

鉴于以往学界对陆路出行涉及其他形式的出行研究较少，本书将给予必要的论述补充。如入山、出征、水行、陆行、水陆并行、丧行、葬行等方面的秦人出行专题,是本书研究的重点。

如前所述,本书研究的难点很多。试举一例:将秦简《日书》与帛书《出行占》所载出行所忌方位做一比较,著者发现,《日书》于四门日分别忌行四隅,而《出行占》于四门日则分别忌行四方。《日书》所载的出行方位与干支方位能够形成对冲,符合文义,但《出行占》的干支所在方位与出行所忌方位却难以形成对冲。帛书《出行占》的这种差异,究竟是因抄写上的失误还是另有他因,在出土文献和所见实物证据有限的情况下,不敢妄下断语。

再譬如,《日书》资料尚见出行之吉凶与星宿有关者。睡虎地秦简《日书》甲种"星"篇与乙种"官"篇简文基本相同,均是用二十八宿来定出行之吉凶。若以睡简《日书》甲种"星"篇简文为例,则二十八宿中,与"行"有关的星宿共有二十一个。各星宿对应的出行吉凶可分为两类:有利于出行的星宿有角、亢、抵(氐)、牵牛、奎、娄、卯(昴)、毕、舆鬼、翼等,"百事吉"的有参、柳、张等;不利出行的有心、东辟(壁),"百事凶"的有尾、箕、虚、危、此(觜)巂、东井、七星等。①其余七宿未提及吉凶。

相对而言,行吉的星宿多于行凶的星宿。问题是:此两篇中的二十八宿到底代表什么? 学术界一直争论不休。著者将在正文中对相关论点进行理性辨析,此处按下不表。

难点不只如此,秦人出行文化的变迁在秦本土地域差异也比较明显。秦人出行研究的区域性、历史性、民族性、继承性的特点亦决定了秦人出行文化为本书的研究的一大难题。

秦人出行风俗、出行仪式、出行信仰的变迁均经历了一个由繁到简、由简到繁的复杂变迁过程,其主体亦经历了由朝野皆要祭祀,再到仅于民间长期流行的演变过程。尽管后世王朝"物换星移几度秋",民间依旧继承前人出行礼俗。当然国家层面上象征性出行仪式从未间断过,只是民间在祀行方面延续至今。

---

① 周晓陆.步天歌研究[M].北京:中国书店,2004:182.

有待指出的是:秦地少数民族的出行仪式和信仰与秦人虽有相似之处,二者既有区别又有联系,但不是本书研究的范围,著者在绪论"第一节"有所交代。

概括一下,本书采取的研究方法有:

(1)"二重证据法"。开展秦人出行研究,可资利用的传世文献极为有限,著者必须对相关传世文献、地下出土文献以及非文字性的考古遗存等材料进行尽可能全面的收集和整理,力求对各种材料加以最大限度的有效利用。

(2)宏观分类与个案分析相结合的研究方法。秦人出行研究是一个重大而又复杂的课题,一方面需要对其进行整体把握,从而发现其全局的统一性;另一方面,要深入细致地进行个案分析和研究。譬如,官方出行、民间出行与其他出行类型的"交集"与"并集"的课题处理等。

(3)区域性与全局性相结合的研究方法。秦人出行研究,不仅需要借鉴历史地理的研究方法和理论,还要联系区位特征、交通条件和历史文化面貌等方面的差异性。

(4)文献考证与实地考察相结合的方法。"纸上得来终觉浅,绝知此事要躬行。"

(5)综合利用历史学各学科领域的研究理论和方法。这是因为,秦人出行内容包罗万象,涉及政治史、文化史、艺术史、社会史、经济史、制度史、民族史、交通史等领域。

创新之处:

著者注重实证研究,方法上有重大的突破。本书第一次对秦人出行做了典型性考察和文献专题研读。在民族文化向现代转型上,突破同类专题如丧葬礼俗等客观综述的僵化模式。著者通过多学科的综合性和系统性的数字列条列表及图表汇编,建立了相对独立的、可操作的、学术性较强的秦人出行文化研究体系。

第一章　秦官方出行概述

上古史上,人们出行时,由出发地至目的地的这一位移过程中,一般情况下,他们很难预知其间会遇到哪些问题,尤其在陌生的环境里或多或少经历困惑或疑问,人们出于个人或群体生存的本能,亦考虑寻到一种保护自己的方式或途径,由此,古人便采取了出行前的占卜择吉、保佑出行平安的礼俗措施。

事实上,早在先秦时期,人们出行前,便祈求神灵的庇佑,举行祭祀行神的仪式,《左传·襄公十三年》中记载先王征战五年,"增修德而改卜"。由此可见,古人是非常重视出行活动的。传世文献《诗经》亦出现诸多关于祖道仪式的记录,如:《左传·昭公七年》中记载荆轲刺秦前,燕太子丹为其举行了祖道仪式。又如《诗经·大雅·韩奕》中记载:韩侯出行时,其父赐给他清酒百壶予以饯行,可见,人们在出行的时候,举行的择吉祖饯活动传承了习俗,当然,这种习俗的传承方式存在扬弃性质。

秦汉以降,以关中为中心的陆路交通得以畅行,这为出行群体出行活动提供了极为快捷的交通环境。人们基于不同的目的而出行。如嬴政的封禅东巡是因为"六王毕,四海一",为了秦一世、秦二世、秦三世,"子孙代代无穷匮也"的嬴秦伟业①;张骞出使西域是为了履行汉武大帝赋予他的神圣使命,以宣扬汉天子威德可加兮海内;商人旅行则是为了生计为了盈利而在风雨中奔忙;诸子百家辈、游侠、门客等的游历同样是现代意义上的远途旅行。

秦人出行,无疑亦存在继承传统礼俗,又受到自身文化、自身原因的影响。有鉴如此,秦人出行的群体种类同样繁多,既存在君王诸侯,又有寻常百姓,既有官方仪式,又出现民间习俗。根据秦人出行的性质,著者将秦人出行分为官方出行与民

---

① 戚文.秦代人物论[M].上海:东方出版中心,2011:59.

间出行两大类。

第一节 秦帝王出行

据史料载,秦王朝立朝十五年,历三代帝王:秦始皇、秦二世、秦三世。秦始皇嬴政自立朝及驾崩共十二年,秦二世继位至被弑计三年,子婴由立至废仅有四十六天。著者为了学术语言的严谨,称子婴为"秦三世"是符合学界主流观点的,毕竟他一开始确实也具备秦帝国继承人的身份——皇帝。子婴从秦帝到秦王身份的转变,均发生在其短促的在位期间。由于政治上并无作为,其对秦人出行的影响,据现有文献,亦未有文字记录。故本节的研究着眼于秦始皇与秦二世的出行概况,子婴不在探研范围之内。

一、关于始皇出巡

"秦起襄公,章于文、缪、献、孝之后,稍以蚕食六国。百有余载,至始皇乃能并冠带之伦。"因此,秦始皇在首创皇帝名号的同时,他本人更思考的是怎样驾驭如此新兴大秦帝国。毕竟有春秋一代,中原大地已经催生了王权思想的新生命力。战国《商君书·修权》亦明确:"权者,君之所独制也……权制独断于君,则威。","秦兼天下,建皇帝之号,立百官之职",纵使"自上古以来未尝有","五帝所不及也"。西汉贾山曾对秦始皇皇权有过如此的描述:

雷霆之所击,无不摧折者;万钧之所压,无不糜灭者。今人主之威,非特雷霆也;势重,非特万钧也。①

始皇要维持皇权基业的稳固至千秋万代,他本人有必要时时刻刻保持着对天下的无比威慑力,皇帝出巡,即这种集权制需要特定条件下的重要驱动力。

秦始皇出巡概况如下:

1. 始皇二十七年(公元前220),秦始皇第一次出巡。出巡的目的:震慑北方匈

①《古今汉语成语词典》编写组. 古今汉语成语词典[M]. 太原:山西人民出版社,1985:780.

奴,确保帝国西北防务。从咸阳出发,沿渭河河谷抵达陇西,由陇西东北行至北地,再西行经鸡头山(今甘肃平凉西)取道回中(今陕西陇县西北),返回国都。这次出巡,总行程约1320公里。这次出巡军事色彩尤为浓厚。

2. 始皇二十八年(公元前219),秦始皇复出咸阳,经函谷关至邹峄山(今山东邹县东南一带),之后登泰山,设坛祭天。祭礼结束后,秦始皇祭礼毕,下山途中突遭特大暴雨,于是来到一棵松树下避雨,这株松树因此获得了"五大夫"的封号。又东临渤海,命李斯书"天尽头",立碑以留念。又登之罘。随后,他南下琅邪(今山东胶南西),令移民三万户,重建"琅邪台"。① 从琅邪南行,抵到彭城,闻说有象征周天子权威的巨鼎沉没于泗水中,始皇便"使千人没水求之",而不可得。南渡淮海,西行衡山郡(今湖北鱼岗西北)、南郡(今湖北江陵地区),渡长江,于湘江遇到大风浪,"几不得渡"。始皇震怒,怪罪于湘君,遣发了三千刑徒将湘山上的树木全部伐尽,又将娥皇、女英的庙宇烧毁,刻石"永封"。随后从南郡经由武关(今陕西武关南)回到咸阳。这次巡游总行程约3200公里,巡游目的为颂扬秦帝国的武德。

3. 始皇二十九年(公元前218),秦始皇第三次出巡,目的地:山东半岛。在阳武(今河南原阳阳武镇东南)博浪沙,遭遇韩国张良所遣刺客突袭。有惊无险。复登之罘,昭临朝阳。后重返琅邪,由此西经上党(今山西长治北)返回洛阳。这次总行程约2400公里。

4. 始皇三十二年(公元前215),秦始皇第四次出巡。东临碣石(今河北昌黎县北),刻石颂德。转而巡视北部边境;由上郡(今陕西榆林县)南下,返咸阳。此次出巡,总行程大约2400公里。

5. 始皇三十七年(公元前210),秦始皇率丞相李斯、少子胡亥及大批武将文臣进行其一生的最后一次巡游。这次出巡,时间最长、路程最远。从咸阳东行出发,经武关进入楚境,游云梦(在今湖北),登九嶷山祭祀舜帝,后顺江东下,过丹阳(今安徽当涂县东北),至钱塘,登稽山(今浙江绍兴会稽山)祭祀大禹,刻石颂德。随

---

① 董晓明. 秦始皇传[M]. 北京:煤炭工业出版社,2018:242.

后经吴中(今江苏苏州),游虎丘。在金陵,听传言此地有王者气数,遂令改"金陵"为"秣陵"。后复北上琅邪。召见徐福。射杀巨鱼后由之呆至平原津(今山东平原县南),途中身患重病,暴崩于沙丘(今河北平乡东北)。这次出巡全程约5000公里。

秦始皇的五次大出巡,其足迹及影响力已然辐射新帝国的广袤疆域,即:东到大海,南至南海,西往陇西,北抵上郡。秦始皇的出巡正是将"普天之下,莫非王土;率土之滨,莫非王臣"的先周君王理想正式转化为帝国雄厚实力的现实。始皇出巡至渤海时,在《琅邪石刻》上记录了"今皇帝并一海内,以为郡县",正是通过这类出巡昭告天下归秦一统。

不少史料证实,秦始皇出巡固然希望创立一个"节事以时,诸产繁殖。黔首安节,不用兵革。六亲相保,终无贼寇"的大秦帝国,在这个庞大的帝国,"男乐其畴,女乐其业,事各有序""惠被诸产,久并来田,莫不安所",其"忧恤黔首,朝夕不懈"的敬业精神,此处是值得肯定的。

基于此,秦始皇更希望"尊卑贵贱,不逾次行。奸邪不容,皆务贞良",继而"宣省习俗,黔首斋壮"。因这,始皇出巡不仅想了解各地实况,而且在出巡沿途中也宣扬他对基层社会关心、基层社会治理的理念,包括整齐风俗的必要性。始皇出巡至吴越时,发现这一区域的习俗居然与关中差异甚大,《琅邪石刻》载:

饰省宣义,有子而嫁,倍死不贞。防隔内外,禁止淫泆,男女洁诚。夫为寄猳,杀之无罪,男秉义程。妻为逃嫁,子不得母,咸化廉清。大治濯俗,天下承风,蒙被休经。①

这说明了秦始皇认为整齐风俗的必要性与急切性、可行性。一言以蔽之:始皇出巡,意欲以更快速的方式向天下臣民宣誓秦帝国统一的法令的权威性与服从性,同时,亦劝谕他的臣民多多重视稼穑生产,安分守己,不误农时。

不仅如此,帝王出巡还包括对山川河流的祭祀,这是帝王出巡的重要活动。秦始皇对此的重视程度,无论是规模,还是行程制度及后勤保障力,均超过以往帝王。

---

① 曾国藩.经史百家杂钞:上[M].长沙:岳麓书社,2015:214.

《史记·封禅书》载："天子祭天下名山大川,怀柔百神,咸秩无文。五岳视三公,四渎视诸侯,诸侯祭其疆内名山大川。"这里,不难发现,帝王眼中的山岳,五岳的地位无疑是最高的。再譬如天下河流之中,四渎的地位当是最高的。先秦时期,也仅有先代天子才有资格对五岳、四渎进行祭祀。

秦始皇天子祭祀五岳,意味着他对天下的实际控制权。诸如此类的山神祭祀中,封禅活动又具有极大的特殊性、权威性和神圣性。始皇封禅仪式的地点亦选在东巡的泰山,有《风俗通·山泽》文字记载:

> 泰山,山之尊者、一曰岱宗。岱者,始也;宗者,长也。万物之始,阴阳交代,云触石而出,肤寸而合,不崇朝而遍雨天下,其惟泰山乎。故为五岳之长。王者受命易姓,改制应天,功成封禅,以告天地。①

可见秦始皇泰山封禅的初衷无非也是"改制应天,功成封禅,以告天地"。也就是说,封禅大典活动象征了帝国最高统治者拥有受命、福瑞、功成、德洽等优越要件。

秦始皇封禅证明了其皇帝身份的合法性与正统性,皇帝通过出巡进而将皇帝的身份由凡体上升成为神体。所以,出巡郊祀与封禅神化了皇帝的权力,表明皇帝的权力更能外延到抽象的宗教领域之中。有关这方面的研究,在后面的章节,笔者会有具体的论述。

此外,秦始皇出巡另有他途。《史记·封禅书》云:"自威、宣、燕昭使人入海求蓬莱、方丈、瀛洲。此三神山者,其传在渤海中,去人不远;患且至,则船风引而去。盖尝有至者,诸仙人及不死之药皆在焉。其物禽兽皆白,而黄金白银为宫阙。未至,望之如云;及至,三神山反居水下。临之,风辄引去,终莫能至云。世主莫不甘心焉。"这说明:东海神仙不死的传言已有悠久的历史,且对彼时的社会思潮具有深远的影响力。始皇亲自出巡至燕齐之地,至海上,同样表现出始皇怀有长生不老的出巡目的。如赵高假手的始皇遗诏明言:"朕巡天下,祷祠名山诸神以延寿命。"说明燕齐关于海上的神仙传说也驱动着秦始皇东巡的心理需求。秦始皇甚至在封禅

① 齐豫生,夏于全.风俗通义[M].长春:北方妇女儿童出版社,2006:68.

之后,还亲自东游海上,"求仙人羡门之属"。公元前210年,始皇最后一次出巡仍"冀遇海中三神山之奇药",可见,长生不死的思潮,深深影响着秦始皇,乃至后世的汉武帝刘彻对此矢志不懈的渴求程度到达了无以复加的境地。

帝王出巡,也带动了经济发展与民族融合,但最突出的表现则是秦王朝交通业的兴旺发展。秦始皇为了出巡之便,下令修建了由首都咸阳至全国各地的驰道。《史记·秦始皇本纪》中《集解》引应劭语:"驰道,天子道也。"可以看出驰道是皇帝出巡的专用要道。秦驰道"东穷燕齐,南极吴楚,采湖之上,濒海之观毕至"。

进言之,正因驰道的特殊用途,驰道的大规模修建是秦始皇对整个大秦帝国控制的重要反映,皇帝行走驰道,正是皇帝对其权力的直观表现。与此同时,交通领域,秦王朝修筑的道路还有陇西北地道、三川东海道、南阳南郡道、北边道、并海道、汉中巴蜀道与直道等。而皇帝沿着渤海、黄海海滨道路行走,可以说这些道路的修建都一定程度上满足了皇帝的出巡需求。所谓"郡县治道共张,吏民困苦,百官烦费"。[①]

皇帝出巡所联动的交通业的发展,直接加强了中央王朝与各地域间的密切联系,这在一定程度上强化了帝国的空前统一。

由上观之,秦始皇的出巡活动的各个环节实际上都渗透着皇权直接意志,故而,"车舆所至,奏事皆曰行在",可以看出,秦帝国的最高权力中枢随着皇帝的物理移动而物理转移,无论皇帝身往何处,皆应无时无刻不秉着"事无大小皆决于上"的规则而行。

二、秦二世出巡

秦始皇出巡是秦人出行史乃至中国文化史上的重大事件,其出行规模之巨,里程之远,出巡频率之高,对秦王朝及后世影响之深远,致使后人惊叹,相关的学术研究层出不穷。相比其父之行,秦二世的出行研究,却鲜有人问津。尤其是胡亥出巡距离之长,时间之短,速度之快,也值得学界加以关注。研究秦二世出巡,对于揭示

---

① 班固.汉书 东汉:第1卷[M].北京:线装书局,2010:420.

其真实的历史面貌仍然有所裨益。

秦二世胡亥曾跟随其父进行了一次巡游,也正是在这次出行中,始皇蒙"沙丘之变"而崩,胡亥在赵高、李斯等直接帮助下始登大宝。

秦二世元年巡行史实首见于《史记·秦始皇本纪》,其载:

二世与赵高谋曰:"朕年少,初即位,黔首未集附。先帝巡行郡县,以示强,威服海内。今晏然不巡行,即见弱,毋以臣畜天下。""春,二世东行郡县,李斯从。至碣石,并海,南至会稽,而尽刻始皇所立刻石,以彰先帝成功盛德焉……遂至辽东而还……四月,二世还至咸阳。"《史记·封禅书》亦载:"历泰山,至会稽,皆礼祠之,而刻勒始皇所立石书旁,以章始皇之功德。"

后世史料谈二世出巡事件皆原样抄录于此。

著者认为秦二世的出巡,一定程度上含有尊父的感情色彩。毕竟其资历、威望与能力,均无法与其父比肩。只是秦二世元年的这次出巡显然有许多疑点问题。胡亥为何在即位不久即进行一次大规模长途跋涉。这次巡行速度对于当时的交通条件是否可以接受,显然存疑。

林剑鸣先生在剑桥版《秦汉史》一书中指出:"为了稳定局面,巩固统治,二世也想袭用秦始皇以耀武扬威来'威服海内'的办法。"[1]他在《剑桥中国秦汉史》继续重申了自己的观点。"二世统治的第一年,他仿效其父,也往东作巡幸。""仿效其父"应该是一个非常好的关注点,著者可以从胡亥的心理状态来予以解析。

《史记·陈涉世家》中陈胜说:"吾闻二世少子也,不当立,当立者乃公子扶苏。扶苏以数谏故,上使外将兵。今或闻无罪,二世杀之。百姓多闻其贤,未知其死也。"可知扶苏在民间的声望也是很高的。

除扶苏之外,对皇位构成威胁的还有嬴秦"诸公子"。《史记·李斯列传》说"始皇有二十余子"。

我们可以判断:秦二世感觉自己才能平庸,资历太浅,又不符合宗法制中的嫡长子继承制,更遑论自己在帝国统治上无尺寸之功。《史记》记载秦始皇诸子的材

---

① 林剑鸣. 秦汉史[M]. 上海:上海人民出版社,2003:182.

料很少,对胡亥仅仅是"少子胡亥爱慕请从,上许之"寥寥数字,一笔带过罢了。直到秦二世结束巡行回咸阳后仍然不安地对赵高说:"大臣不服,官吏尚强。及诸公子必与我争,为之奈何?"《秦帝国史》亦认为"秦的宗室是向胡亥争权的唯一有力的势力"。秦二世不得不面对来自各方政治势力的博弈与质疑。结合上述对胡亥心理基础的分析,就不难理解这时期秦二世胡亥不仅杀扶苏和蒙恬,且残忍地杀害其他诸公子和先父妃嫔的原因了。

唯其如此,秦二世才可既尊父出巡,又不至于后宫失火。至于秦二世与赵高的关系,著者始终认为司马迁《秦始皇本纪》的记载更贴近史实。长期以来,人们认为胡亥完全是赵高的傀儡。《秦始皇本纪》载:

> 高恐二世怒,诛及其身,乃谢病不朝见。二世使使责让高以盗贼事。高惧,乃阴与其婿咸阳令阎乐、其弟赵成谋曰:"上不听谏,今事急,欲归祸于吾宗。吾欲易置上,更立公子婴。子婴仁俭,百姓皆载其言。"①

著者据此认为秦二世实权在握,赵高之所以弑君,是因为他已有生命之忧。其发动望夷之变,只不过是因国内政治情势极度危机,担心胡亥加罪于他罢了。尤其是因关东起义事,胡亥逼问赵高过于急迫,反被他一向信任的赵高铤而走险,发动了宫廷政变。再者,赵高弑君后亦未敢自立,而是立子婴,这也符合当时的政治现实需要。

扶苏自杀后,秦二世又将蒙毅、蒙恬、冯去疾、冯劫、李斯等重臣先后杀害,这说明其还是有些政治手段的,决定权在他手里,而不是赵高。赵高仅起落井下石的作用而已。

以上,是对秦二世出巡的心理活动解析。

第二节　非子邑秦至秦立国前公族出行

本节先了解一下秦襄公立国前秦作为族邦时的君位世袭情况,这样有助于厘

---

① 《线装经典》编委会.白话资治通鉴[M].昆明:云南人民出版社,2017:43.

清早期秦人出行的大体脉络。秦襄公立国前这一漫长的历史时期,从非子以下至襄公,共约百年。

据考证:秦国从秦文公十三年(公元前735),"初有史以纪事"。《史记·秦本纪》上有确切纪年的先王可以追溯至秦侯。秦侯之父非子仅可通过文献判断在周孝王时代的这个时段:公元前891年—前886年。非子以上是归入秦先祖始祖的传说式口口相传的记忆。因之,讨论秦国君出行概况,得从可征的文献非子开始,著者以襄公立国为界将其分为两大阶段,以此进行宏观分论述。

本节从"非子邑秦"开始。

非子时代秦人出行领域大致包括三类活动地,即:非子之秦邑、汾渭之牧地及犬丘之地。这三个较为独立的小型地理单元,因为具备相异的人文环境,故而它们共同构建了早期秦人崛起的地理基础。

非子之名,单字"驿","非子"只不过是他的名号性称谓而已。《史记·秦本纪》中"邑之秦"表述的是其官职的升迁及其发迹、事业崛起的过程。关于非子出行事例,太史公记载得比较详细:

非子居犬丘,好马及畜,善养息之。孝王召使主马于汾渭之间,马大蕃息。孝王欲以为大骆适嗣。申侯之女为大骆妻,生子成为适。申侯乃言孝王曰:"昔我先郦山之女,为戎胥轩妻,生中潏,以亲故归周,保西垂,西垂以其故和睦。今我复与大骆妻,生适子成。申骆重婚,西戎皆月艮,所以为王。王其图之。"于是孝王曰:"昔伯翳为舜主畜,畜多息,故有土,赐姓嬴。今其后世亦为朕息马,朕其分土为附庸。"[1]邑之秦,使复续嬴氏祀,号曰秦嬴。亦不废申侯之女子为骆适者,以和西戎。

非子邑秦,是孝王册命与恩赐的直接结果。这次出行活动:居犬丘,主马于汾渭之间,保西垂,有王畿西土之地。"西土"多出现在周初的命诰之中,指周国,也泛指以周国为中心的西方地域范围,大约包括今关中、陇东,甚至汉中、四川等地,与华夏文明的重心"东土"相对应。"西土之人"包括的族群对象也相当复杂,以牧野之战周武王军队的族群构成为例,除了周人,还有庸、属、羌、髳、微、庐、彭、濮等

---

[1] 中国训诂学会《中国训诂学报》编辑部. 中国训诂学报:第2辑[M]. 北京:商务印书馆,2013:89.

部族。所以,文献中多以"戎狄杂处"概而言之。如此分析,非子邑秦这次事件,具有一定程度的"封建"性质。"西土"不但涉及理解周秦戎狄性的地理因素,也是理解《周本纪》中"周故与秦国合而别,别五百岁复合,合七十七岁而霸出"这句话的关键之一。

此"封建",指西周政治中的封邦建国等含义,是西周国家与政体的基本特征之一。需要强调的是:"秦"与"汾渭之间"应该是两个不同的地理单元,秦是非子封邑所在,汾渭则为非子畜马之地。在非子时代,秦人的崛起、西周国家的西方经略与西土各族群政治体之间的互动等历史脉络交织互映,探索早期秦人出行史,需要将之纳入西周历史的框架之中,非子邑秦的历史,与西周的国家形态与政治变迁息息相关。

"邑"在金文释义中,可理解为"都邑",或有可能是一个初具规模的乡村邑土聚落群。司马迁所采用的"邑之秦"的来源很可能就是西周的册命金文,此处因缺少出土文献印证,只能论述至此焉。

那么,非子号"秦嬴"的渊源是什么?尤其是孝王对非子的"命氏"之举,"秦"成为实质上非子后裔的宗族名号。事实上,作为统治阶层的非子后裔,在追溯自己祖先事迹时,也排除了他们真正更久远的祖先犬丘大骆母族。后世秦公以"我先祖"直呼非子秦嬴,秦统治者对祖先的认同亦验证了《秦本纪》中的记载。非子秦嬴,嬴秦非子,著者更倾向于周孝王"命氏"的根据是以"邑"为氏的,进而成为一个被广泛接受的称谓"秦人""秦族"。从相关史料文中我们知道,非子到来之前,秦邑就有了"秦夷"这个族群在这里居住。这些夷人在非子到来之后,继续生活在秦邑,成为非子统治之下人口的一部分。原来非子时代的秦邑,实际上可以称得上是一个较为开明的族群,不排外,不折腾,于是,这些人口的某些特征也造就了秦人的戎狄性。

非子之后的秦族邦首领有:

秦　侯:前 857 年—前 848 年,在位 10 年;

秦公伯:前 847 年—前 845 年,在位 3 年;

秦　仲:前 844 年—前 822 年,在位 23 年;

秦庄公:前821年—前778年,在位44年。①

据研究,秦族邦首领在司马迁笔下的称谓,从非子开始,均以名号或爵称出现,这并不是他们真实的名字。如:

秦嬴(非子)

秦侯

公伯

秦仲(大夫)

庄公(西垂大夫)

非子之后,子秦侯立,秦侯之名不详。《秦本纪》载:

秦侯立十年,卒。生公伯。公伯立三年,卒。生秦仲。秦仲立三年,西戎反王室,灭犬丘大骆之族。周宣王即位,乃以秦仲为大夫,诛西戎。西戎杀秦仲。秦仲立二十三年,死于戎。有子五人,其长者曰庄公。周宣王乃召庄公昆弟五人,与兵七千人,使伐西戎,破之。于是复予秦仲后,及其先大骆地犬丘并有之,为西垂大夫。庄公居其故西犬丘,生子三人,其长男世父。世父曰:"戎杀我大父仲,我非杀戎王则不敢入邑。"遂将击戎,让其弟襄公。襄公为太子。庄公立四十四年,卒,太子襄公代立。襄公元年,以女弟缪嬴为丰王妻。襄公二年,戎围犬丘,世父击之,为戎人所虏。岁余,复归世父。②

到目前为止,我们所可以看到的资料当中,《史记》对秦初历史的记载还是最可靠的资料。因为《史记》里的秦史部分没有受到秦帝国焚书政策的破坏,基本上都利用接近于原型的资料。因此,我们研究早期秦人历史的时候不得不依靠《秦本纪》,难以用别的资料来替代它。

我们由上述引文可知,非子之后至秦立国前的历代族邦首领,他们的出行的活动多带有军事征伐色彩。但在大骆之前,这几代先祖的政治地位比较低,无权或不便使用自己最初的姓氏,仅承蒙造父这支远亲族人的荣光,才长期寄居在赵氏封地——赵城。至少从秦人先祖大骆开始,犬丘便成为大骆一支族人的出行目的地,

① 席晓峰,席琳.华夏先秦文化研究[M].北京:群言出版社,2016:97.
② 陶兴华.秦早期文明追迹[M].兰州:甘肃教育出版社,2016:75.

并相继拥有嬴氏宗族出行主祭权。

整体来说,非子一支秦族在这段时期处于积聚力量的平稳发展阶段,秦侯和公伯两代族邦首领看似无甚轰轰烈烈的作为,公伯在位三年后,其子秦仲即位。秦仲的个人才能相对突出,在位时间长达二十三年。

秦仲重大的出行活动,就是率众攻打西戎。秦仲之子庄公与世父,继承秦仲伐戎事业,在周天子的支持下,最终取得了伐戎战役的重大胜利。周宣王因此次战役秦族有功,特封秦庄公为西垂大夫,并赐大骆地犬丘,自此,非子一支的嬴秦族人成为秦人"正统"所在,崛起于关陇一带。

如前概述所及,秦仲的出行活动则是奉命"诛西戎",出发点处于张家川一带的秦邑。由于犬丘之地在甘肃礼县一带,与秦邑同在陇东南,两地相距约一百五十公里。当犬丘大骆在"国人暴动"前后被攻灭后,秦邑便失去了根据地的大后方基地,戎狄可以从关中和陇右两个方向对秦邑展开东西夹击。

刻不容缓,秦人力量虽弱,秦仲毅然战死沙场。世父为庄公长子,为人勇猛善战且具侠风。他为了给祖父秦仲复仇,主动请缨,把太子之位让给了弟弟襄公。世父立誓:"戎杀我大父仲,我非杀戎王则不敢入邑。"当是时,庄公居西犬丘,世父的"不敢入邑"应该指的是不入西犬丘之境内。《史记·秦本纪》又载:"襄公二年,戎围犬丘,世父击之,为戎人所虏。岁余,复归世父。"襄公即位第二年,世父率众反击戎狄,结果为戎狄所俘。这说明,世父在犬丘之地的处境是非常危险的。史载戎人将世父拘押了一年有余,觉得无利可图,便释放了世父。

我们回头再来说世父的父亲秦庄公的重大出行活动。根据不其簋铭文载:其铭文如下:

惟九月初吉戊申,伯氏曰:"不其,驭(朔)方严允广伐西俞(隅),王命我羞追于西。余来归献擒,余命汝御追于略,汝以我车宕伐严允于高陶,汝多折首执讯。戎大同从追汝,汝及戎大敦搏,汝休,弗以我车函(陷)于艰,汝多擒,折首执讯。"伯氏曰:"不其,汝小子,汝肇诲(敏)于戎工,锡汝弓一矢束、臣五家、田十田,用从乃事。"不其拜稽手,用匄多福,眉寿无疆,永纯灵终,子子孙孙,其永宝用享。①

从铭文内容可知,周宣王时期秦庄公奉命征伐了西戎。此役规模不小,甚至还动用上了戎车等战备。关于庄公出行,王子今先生特指出:

"比较重要的陇山通路,大致有径水道、沥水道、楚水道、渭水道,在这四条通道之中,泾水道开通的比较晚,又处于强大的义渠戎势力控制之下,楚水道和渭水道所经陇山区域多基岩地质结构,河道沿岸狭窄陡峭,不适合大规模车马队伍通行,秦人逾陇入关最有可能使用的是沥水道。从传世文献和金文材料看来,秦庄公率领由秦人和周王室的七千精兵组成的庞大军队诛伐西戎应该是从宗周出发的,倘若犬丘在陇东南的礼县一带,庄公伐戎大军必须先从宗周路伐戎至关中西部,然后翻越陇山到达秦邑,随后又向南进军到犬丘,最后班师回朝告捷,并接受周宣王的封赏。"

第三节 秦国诸侯出行

秦襄公受封建国后,秦正式进入封国时代,其首领逐渐转变为"国君",但襄公的受封,对秦的政治结构所起的作用象征意义色彩浓厚,仅表示秦也和鲁、齐、燕、卫、宋、晋等国一样,取得了中央册封的合法身份、合法地位。而实际上由秦族邦向诸侯国的转变是一个相当漫长的过程,确切地说,这一过程从秦庄公时就开始了,至秦穆公时,国君才摆脱了单纯的军事首领的角色。②

秦建国后历代国君在位时间如下:

秦襄公:公元前777年—公元前766年,在位12年;

秦文公:公元前765年—公元前716年,在位50年;

秦静公:(又作竫公,是中国春秋时代秦国人,为秦文公之长子,立为秦公爵位继承人,他在文公四十八年时去世,赐谥号为竫公);

秦宪公:公元前715年—公元前704年,在位12年;

① 周作斌,任燕.秦文化与经济:上[M].西安:陕西人民出版社,2017:261.
② 何汉.秦史述评[M].合肥:黄山书社,1986:25.

·26·

秦出子:公元前 703 年—公元前 698 年,在位 6 年;

秦武公:公元前 697 年—公元前 678 年,在位 20 年;

秦德公:公元前 677 年—公元前 676 年,在位 2 年;

秦宣公:公元前 675 年—公元前 664 年,在位 12 年;

秦成公:公元前 663 年—公元前 660 年,在位 4 年;

秦穆公:公元前 659 年—公元前 621 年,在位 39 年(春秋五霸之一);

秦康公:公元前 620 年—公元前 609 年,在位 12 年;

秦共公:公元前 608 年—公元前 605 年,在位 4 年;

秦桓公:公元前 603 年—公元前 577 年,在位 27 年;

秦景公:公元前 576 年—公元前 537 年,在位 40 年;

秦哀公:公元前 536 年—公元前 501 年,在位 36 年;

秦夷公:(是中国春秋时代秦国人,秦哀公之子,被立为秦公爵位继承人);

秦惠公:公元前 500 年—公元前 491 年,在位 10 年;

秦悼公:公元前 490 年—公元前 477 年,在位 14 年;

秦厉共公:公元前 476 年—公元前 443 年,在位 34 年;

秦躁公:公元前 442 年—公元前 429 年,在位 14 年;

秦怀公:公元前 428 年—公元前 425 年,在位 4 年;

秦灵公:公元前 424 年—公元前 415 年,在位 10 年;

秦简公:公元前 414 年—公元前 400 年,在位 15 年;

秦惠公:公元前 399 年—公元前 387 年,在位 13 年(又称秦后惠公);

秦出公:公元前 386 年—公元前 385 年,在位 2 年;

秦献公:公元前 384 年—公元前 362 年,在位 23 年;

秦孝公:公元前 361 年—公元前 338 年,在位 24 年;

秦惠文王:公元前 337 年—公元前 311 年,在位 27 年;

秦武王:公元前 310 年—公元前 307 年,在位 4 年;

秦昭襄王:公元前 306 年—公元前 251 年,在位 56 年;

秦孝文王:公元前 250 年—公元前 250 年(实际上仅当了 3 天的国君);

秦庄襄王:公元前 249 年—公元前 247 年,在位 3 年。

从秦襄公说起。

一、襄公伐戎与文公东猎

秦襄公,名开,庄公次子。襄公最著名的出行活动,明确说是救周伐戎。"自犬戎既去,二王并立,而戎夺周地。携王既衰,然后平王命秦攻戎。"晁福林认为:"《史记·秦本纪》所述襄公救周事确乎有之,率兵送平王之事亦有之。……由支持幽王和伯服,随形势变化转而支持平王。"戎人乃秦人之世仇。秦襄公忠于周王室,非只忠实于周幽王一人。戎人攻杀周幽王,乱于岐、丰,秦人承周宣王以来的王命以及与戎人的世仇,怀着对戎人的刻骨铭心的仇恨,秦襄公致力于出兵伐戎。

襄公伐戎,自七年(周幽王十一年)春始,至二十八年(周平王二十一年)止,共计二十二年。前引《毛诗序》曰:"《小戎》,美襄公也。备其兵甲,以讨西戎。西戎方强,而征伐不休。国人则矜其车甲,妇人能闵其君子焉。"戎人势力很大,所以戎祸非短期所可解决者。周平王二十一年发生的两件大事(秦襄公伐戎大捷与晋文侯杀携王)之间有着内在关联。这些相关史实,可于古本《竹书纪年》、清华简《系年》查询证实。由于戎人的游动与周人的内讧,秦人在这场周人、秦人与戎人的战争中最终取得关中的最大利益,不仅占据广大岐、丰地区,而且收聚众多周余民。

秦襄公另一次的大规模出行活动则是行西畤事。古代文献中比较可信的最早的畤是秦襄公(公元前 777—公元前 766)时的西畤。《秦本纪》载:"襄公于是始国,与诸侯通使聘享之礼,乃用骝驹、黄牛、羝羊各三,祠上帝西畤。"《秦始皇本纪》"太史公曰"引《秦纪》载:"襄公立,享国十二年。初为西畤。葬西垂。"因此可以说,在襄公之前已经有西畤的存在,在襄公时作为正式的祭祀制度出现。不过,祭祀对象在秦人的史书中是上帝,司马迁则改为白帝,白帝当为少昊。至秦朝建立,已经有六畤,祭祀白、青、黄、炎(赤)四帝。四色帝畤完备的意义在于四方说影响的渗入,这是畤祭在体系上开始脱离散漫和无组织的民间祭祀水准的反映。但也说明秦立四畤时五德、五行说尚未糅合。

至于畤祭相关的秦人出行文化研究,著者在后面的章节有论述,此处从略。

文公东猎"汧渭之会"，是秦人出行图霸的一次成功的政治活动，亦是他将秦人的都邑由偏隅一角的"西垂"发展到关中平原，此举开辟了秦人历史的新天地①。20世纪末，礼县大堡子山及周围区域出现了盗掘古墓现象，随之面世了很多精美的青铜器、玉器、金器。青铜器上多有铭文，如"秦公作铸樽壶""秦公作铸用鼎"等，时间大至约公元前2700多年。大堡子山发现秦公大墓后，礼县遂被史学界公认为嬴秦早期活动中心——"西垂"地望。

秦文公出生日期和名字不详，网传名德，无准确史料考证真伪。他生于西垂，即位于西垂，死后又葬于西垂。文公具体出行事例，《史记·秦本纪》中有这样一段话：

文公元年，居西垂宫。三年，文公以兵七百人东猎。四年，至汧渭之会。

曰："昔周邑我先秦嬴于此，后卒获为诸侯。"乃卜居之，占曰吉，即营邑之。十年，初为鄜畤，用三牢。十三年，初有史以纪事，民多化者。十六年，文公以兵伐戎，戎败走。……二十七年，伐南山大梓，丰大特。②

以上记载，是秦文公率领秦人迈出了从"西垂"出行"汧渭"的第一步。

"三年(公元前763年)，文公以兵七百人东猎。"他千挑万选组建了一支七百人的"特战"部队，以"打猎"为名开始东进。"四年(公元前762年)至汧渭之会"。

"汧"即今宝鸡域内的千河，"渭"即今之渭河，两河相汇之地为"汧渭之会"。这里山川形胜，是八百里秦川西端之起点，是西控西垂、东可图戎拓疆的战略要地。

不仅如此，《史记·封禅书》亦载文公立"鄜畤"。文公十年(公元前756年)，"文公梦黄蛇自天下属地，其口止于鄜。文公问史敦，敦曰：'此上帝之征，君其祠之。'于是作鄜畤，以三牲郊祭白帝焉"。不论文公是因梦黄蛇入于鄜衍而立"鄜畤"，还是为了立"鄜畤"而假托于梦，以期达到君权神授，但秦文公在鄜衍这个地方建了"鄜畤"，用"骊驹、黄牛、羝羊"最高等级"三牲"郊祭西方之神"白帝"，告示新都邑之民众，秦人乃"白帝"少皞(少昊)之苗裔，受天之命主秦地，宣告了嬴秦享国的"合法性"。

①《中华秦文化辞典》编委会.中华秦文化辞典[M].西安:西北大学出版社,2000:167.
② 司马迁.史记:上[M].长春:吉林大学出版社,2015:7.

祠"陈宝"。《封禅书》云:"作鄜畤后九年,文公获若石云,于陈仓北阪城祠之。其神或岁不至,或岁数来,来也常以夜,光辉若流星,从东南集于祠城,侧若雄鸡,其声殷云,野鸡夜雊。以一牢祠,命曰陈宝。"文公认为是天降"祥瑞"。据马非百等专家考证,这块宝石其实是一块陨石。所以"陈宝祠"修起来以后,居然之后发生了夜间陨石经常落入陈仓地界的奇特现象。陨石划过夜空若流星般带着光,样子像雄鸡,鸣声响亮,山中野鸡皆惊而齐鸣,人们以为是庙里供奉的那块宝石显了灵,就用牛、羊、猪各一头来祭祀这位神灵,并将这块神石称作"陈宝"。据说这也是今"宝鸡"地名的由来。

此外,秦文公于十六年(公元前750年)举兵东伐"岐"地之戎。岐地位于"汧渭之会"以东不过数十里,文公为伐戎积蓄了十二年之久的兵工和财力,待条件成熟,毕其功于一役。

秦文公伐戎的胜利,对秦国的人口素质和综合国力带来了一次巨大的提升。故《史记》评曰:"襄公享其名,文公得其实。"真正让秦国东图拓疆成功的乃秦文公。

二、从武公东征到宣公图霸

文公死后两年,即宪公二年(公元前714年),宪公,出子之父,将都城又东迁至平阳(今宝鸡阳平乡),又在宪公四年(公元前712年)和十二年(公元前704年)灭"荡社",取"荡氏"之地,将秦国的国界由文公在世时"终不过岐之东"东扩至今西安东部一带。

按说,秦经历襄公、文公两代人的奋斗,国力日兴。文公太子秦竫公早逝,长孙宪公图霸岐山以东发展,然而从"汧渭之会"向东进"泾渭之会"的关键阶段,秦的君位继承发生了大事件。

宪公大业未竟,居然在二十二岁时英年早逝,留下了武公、德公、出子三个未成年的儿子。两代国君连续猝逝,嬴秦宗室的力量受到了极大的削弱,朝柄被大庶长费忌、威垒、三父把持,他们合谋废长立幼、废嫡立庶,立年仅五岁的出子为国君。这还不是最坏的变故。六年之后,他们再次翻云覆雨,弑君出子。此后三父等人选择宪公原来的太子,立为秦君,是为武公。

武公即位前韬光养晦,成为国君后便大显英武之气。武公元年(公元前697年),寂静数年的秦军开展了一次重大出行活动,即亲自率秦军征伐彭戏氏,"至于华山下"。武公对外小试锋芒,对内谋定而后动。即位仅仅三年,还未弱冠的武公突然发力,"诛三父等而夷三族"。[①]

武公东征,更为激进。武公十年(公元前688年),秦"伐邽、冀戎,初县之"。邽、冀两地位于现在的甘肃天水,都是陇右重地,秦武公不仅征伐两地戎族,还在两地置县,将其直接收归秦国中央政府的管理之下。

武公两经废立,深知"国赖长君"。武公在位二十年,去世时立其弟德公继位。德公之后,王位在德公三子宣公、成公、穆公之间传承。数代秦王兄终弟及,保障了秦国的平稳发展。

秦武公之子名白,后被德公封于平阳。战国四将"起、翦、颇、牧"之首的白起,先祖就是公子白(公子白的后人改嬴姓为白姓),武公子嗣以另外一种方式参与秦国崛起,延续雄烈尚武的嬴秦基因。

德公元年(公元前677年),秦德公开始住在雍城大郑宫,他本人亲自在鄜畤祭祀天帝,并命人占卜是否适宜居住在雍城。占卜的结果显示吉利,居住在雍城之后,德公的子孙可以东到黄河饮马。

德公二年(公元前676年),秦德公下令在历法中设立伏口,并下令修建在伏口祭祀的伏祠。农历六月三伏天的说法就起自秦德公时。伏就是隐伏避盛暑的意思,人们一听说入伏,就会想到盛夏来临。在此之前,秦国乃至整个古中国没有伏天一说。我们常说"冷在三九、热在三伏",但是鲜有人知是德公规定入伏。

既然入伏,总得想想避暑热的办法,即秦德公下令的"磔狗邑四门"。同年,秦德公去世,有三子,都相继奉为国君,长子宣公恬,中子成公,少子穆公嬴任好。

宣公即位,图霸大业遂提上日程。《秦本纪》载:"秦宣公元年,卫、燕伐周,出惠王,立王子颓。三年,郑伯虢叔杀子颓。四年,作密畤,与晋战河阳,胜之。"《春

---

① 李艳.《史记》连词系统研究[M].天津:南开大学出版社,2017:174.

秋左传》《国语》与《竹书纪年》等载有此大事。周王室本身尚赖诸侯扶助。在此形势下,秦宣公即来石鼓山做密畤祠青帝,其图霸之心日烈。

三、穆公率军伐晋与称霸西戎

宣公之弟成公,在位三年而卒。有子七人,皆未立,其弟嬴任好继位,是为秦穆公。

秦穆公元年(公元前659年),嬴任好正式继位。是年,穆公自率大军征伐茅津,取得了征伐戎狄的重大胜利。这是穆公第一次重大出行活动。"四年,迎妇于晋,晋太子申生姊也。"(《秦本纪》)

第二次重大出行活动则是在郊外亲迎贤人入秦。秦穆公五年(公元前655年),穆公听说百里奚有贤才,用五张黑公羊皮从楚国赎回百里奚。穆公亲迎百里奚于郊外并与之谈了三天,封百里奚为五羖大夫。百里奚推荐蹇叔,秦穆公派人迎接蹇叔,封为上大夫。

秦穆公九年(公元前651年),晋献公去世,晋国臣子里克杀死骊姬之子奚齐,欲迎姬重耳回国。秦国臣子认为重耳贤能远胜过公子夷吾,会让晋国变得更加强大,从而威胁到秦国利益,于是秦穆公转而迎立夷吾为国君,是为晋惠公。但不久,晋惠公畏权杀死里克等老臣,又派人追杀姬重耳。

穆公二十年(公元前640年),穆公率军灭了梁、芮城二国,此为穆公第三次重大出行活动。

第四次,则是迎立重耳。秦穆公二十三年(公元前637年),晋惠公去世,子圉即位为君,是为晋怀公。穆公对圉逃离秦国十分愤怒,便从楚国迎来公子重耳,并把原来子圉的妻子嫁给重耳。秦穆公二十四年(公元前636年)春,秦军护送重耳返晋。重耳成晋国君主,是为晋文公。

第五次,则是率军勤王。秦穆公二十五年(公元前635年),周襄王派人向晋、秦求助。秦穆公率兵帮助晋文公护送周襄王回朝,斩杀周襄王的弟弟王子带。

秦穆公三十年(公元前630年),秦穆公、晋文公出兵围攻郑国,因郑国曾对晋文公无礼,且郑国同时依附于楚国与晋国。晋军函陵,秦军氾南。烛之武夜见秦穆公,妙计退秦师。晋大夫子犯请求出兵攻击秦军,遭到晋文公强烈反对。

穆公第七次重大出行活动,依旧是军事行动。秦穆公三十六年(公元前624年),孟明视请求秦穆公亲征晋军,经过充分的精心准备,秦穆公、孟明视率大军,浩浩荡荡地杀奔晋国。秦军渡过了黄河,孟明视下令烧毁渡船,晋军坚守不出,秦穆公率大军攻下晋国的郊(今山西闻喜西)和王官(今山西闻喜)两地,然后从茅津(今山西平陆县茅津渡)渡河,进入崤山谷中,掩埋当年战死将士的尸骨。

此外,秦穆公称霸西戎,其功绩亦可圈可点,但因史料没有突显是否有秦穆公亲征的重要依据,则不是秦人出行研究的范围了。

秦穆公三十九年(公元前621年),穆公去世,安葬于雍(今陕西凤翔东南),太子罃继立,是为秦康公。

秦穆公去世后,殉葬而死的有一百七十七人,其中包括子舆氏之三子:奄息、仲行、针虎。此三人,为人勇武刚毅,国人对此悲痛万分,赋《黄鸟》诗,唱道:“彼苍者天,歼我良人;如可赎兮,人百其身!”然而,对于这件事,宋人苏轼却有不同的观点。他认为穆公生前不诛杀丧师之将孟明,是不忍以三良殉葬。三良之死,如田横自杀后,从行至洛阳的二齐士及五百壮士在齐地自刎殉主一样,完全是“士为知己者死”之意味。①

穆公之后,其继承者们,均平平无大建树。终春秋之世,秦国再无如穆公位列“春秋五霸”般在当时的政治舞台上有过上乘的表现。

从《秦本纪》的记载我们可以端详这一时期的继承简况:

穆公有子四十人,立其太子,是为康公。康公在位十二年,其子共公立。共公在位五年,其子桓公继位。桓公在位二十七年,其子景公立。景公在位四十年,其子哀公立。哀公在位三十六年,其太子夷公不幸早死,夷公之子惠公即位。惠公在位十年,其子悼公立。悼公在位十五年,其子厉共公立。厉共公在位三十四年,其子躁公即位。

躁公之后,秦统治集团出现了内讧。秦躁公在位十四年,弟怀公自晋归而即

---

① 周京新.江苏省国画院专业创作与研究系列:姜永安卷[M].南京:江苏人民出版社,2017:17.

位。文献未言其是否有子,亦未载弟怀公继位之缘由。怀公四年,大臣围怀公,怀公不得已而自杀。怀公太子昭子,早死,大臣遂立昭子之子,是为秦灵公。灵公在位十年,子献公不得立,自晋迎立灵公季父悼子,是为简公。简公在位十五年,其子惠公即位。惠公之后,太子出子立,立时方四岁。出子二年,庶长改迎灵公之子献公于河西而立之。杀出子及其母。

献公,灵公太子。献公在位二十三年,其子孝公立。

从上面的叙述中我们可以看到,这一时期秦君位继承最大的特点是从穆公到躁公十世君位传承,皆父子相传,而剩下七世传承,虽由于"会往者厉、躁、简公、出子之不宁,国家内忧",而造成传承一度混乱,但这七世,仍包括了四世传子,剩下一传弟(躁公—怀公),一传季父(灵公—简公),一传从父昆弟(出子—献公)。其中能确定太子身份达到的仅有五例:康公、夷公、昭子、出公、献公,占秦建国后文献记载三十五世国君继承中"太子"身份的一小半。

四、从康公出行谈起

本小节先从穆公之后的历代国君说起。

康公出行情况,史料显示有:秦穆公二十四年(公元前636年),太子罃奉父亲秦穆公之命,护送舅父晋公子姬重耳回国即位,至渭阳时,康公作诗:"我送舅氏,曰到渭阳"[1],后人遂以渭阳喻甥舅关系。

秦共公:坚守国家发展战略,推进国力提档升级。

秦共公,公元前608年—公元前605年在位。《吕氏春秋》中所谓的秦三公是就是指秦穆公、秦康公、秦共公三人。共公在三公之中,是最没有存在感的一位,不过绝非愚蠢之辈,在秦穆公大政国策之下,在秦康公仰慕中华却遭受忽悠的前车之鉴中,共公的政策必是更倾向依靠楚国牵制晋国的。

秦桓公出行事迹,《史记·秦本纪》相关原文如下:

"二十四年,晋厉公初立,与桓公夹河而盟。归而秦倍盟,与翟合谋击晋。二十

① 徐生主编.四库全书(文白对照):第7卷[M].呼和浩特:远方出版社,2008:716.

六年,晋率诸侯伐秦,秦军败走,追至泾而还。桓公立二十七年卒,子景公立。"

《吴越春秋·阖闾九年》:秦桓公大惊:"楚有贤臣如是。吴犹欲灭之? 寡人无臣若斯者,其亡无日矣。"

事情情况如下。

公元前 579 年秋,秦桓公约白狄伐晋,晋军击败白狄。次年,晋厉公率军,与齐、宋、卫、鲁、郑、曹、邾、滕八国国君所率军队会师于洛阳,筹划攻秦事宜,天子周简王也派兵助战。同年四月,晋国派遣大夫魏相赴秦,以绝秦书,历数穆、康、共三代秦君屡次背弃盟约,向秦桓公宣战。桓公见诸侯大军压境,率军至泾与诸侯联军对峙。公元前 578 年五月,双方在麻隧(今陕西泾阳县北部)激战,秦军败绩,秦将成差等被俘。诸侯联军方面,曹宣公阵亡。

且说秦景公。"景公二十八年,晋及秦成。"此后邻居晋国连年内乱,"公室卑而六卿强"。到了秦景公三十一年(公元前 546 年),由宋大夫向戎牵头,三晋及各诸侯为弥兵之会于宋,各国承认齐楚秦晋为势均力敌的大国,秦与晋终于平起平坐了。

纵观景公会盟一事,可见他基本上继承了自秦穆公以来,特别是共公、桓公所执行的方针、路线:对内重用世族贤能,巩固公室政权;对外尊重周王室,加强与楚的军事结盟,对蛮戎怀柔,以集中力量对抗其主要的敌国晋国。

哀公、惠公时期尽管出现许多军事活动,如秦哀公时期楚人申包胥痛哭乞秦救楚等,但史料未发现由他们本人亲自出征,姑不叙之。

惠公之后,悼公在位期间在雍城(今陕西省凤翔县南)筑城,死后其子厉共公继位。"厉共公十六年,堑河旁。以兵二万伐大荔,取其王城。二十一年,初县频阳。……三十三年,伐义渠,虏其王。三十四年,日食。厉共公卒。"[1]

秦躁公:公元前 442 年—公元前 429 年,在位 14 年;

秦怀公:公元前 428 年—公元前 425 年,在位 4 年;

秦灵公:公元前 424 年—公元前 415 年,在位 10 年。其出行大事,亦是为政举

---

[1] 杨宽.战国史料编年辑证[M].上海:上海人民出版社,2001:157.

措,即:祭炎黄二帝。秦灵公三年(公元前 422 年),在吴阳(今陕西省宝鸡市吴山)建上畤,祭祀黄帝;建下畤,祭祀炎帝。《史记》记载,秦灵公于公元前 422 年(周威烈王四年)恢复祭祀黄帝和炎帝,"曾作吴阳上畤,专祀黄帝"。秦始皇统一六国之后,沿袭了秦国对白、青、黄、赤四帝的祭祀。

按照五德终始说,秦为水德,土克水,所以有汉为土德之说,而黄帝亦为土德,因此,当刘邦响应陈涉起义,在沛举行起义时,就曾"祠黄帝"(《汉书·高帝纪》)。

秦简公嬴悼子,怀公之子,昭子之弟,亦是灵公亲叔父。简公在政治、经济上有一定改革,他允许官民带剑出行,打破了只有贵族才能带剑出行的特权。《史记·秦本纪》载:"简公六年(公元前 409 年),令吏初带剑。堑洛,城重泉。"

《史记·六国年表》载,秦简公六年"初令吏带剑"。秦简公七年(公元前 408年)"堑洛,城重泉。初租禾"。

至于简公"堑洛",笔者认为,这是一项缮治津关的工程,而不是有学者所说的修筑长城,也与农田水利无关,当然,更不能像某些学者把其纳入出行文化范围来进行探究。

五、从献公东进到惠文王灭蜀

秦献公,名师隰,一名连,灵公之子。《世本》称"秦元献公",《越绝书》称"秦元王"。灵公去世,悼子夺得君位,是为秦简公。时年十岁的公子嬴师隰为防不测,逃到东边的邻国魏国,开始长达二十九年的流亡生涯。魏国魏文侯当时重用李悝、吴起、西门豹等人改革,推行中央集权,以法治国,国力强盛,这些极大地刺激了在魏国流亡的公子嬴师隰,此时的流亡,应该是一次时间较长的出行活动。

关于秦献公的其他的出行研究,目前只有祝中熹先生《论秦献公》一文有关"督建栎阳"的论述。其他的诸多学者在学术专著中涉及的则是秦献公改革的内容。

献公即位时,面临的政治局面异常严峻。秦国要强大,唯有变法。献公提出的目标非常明确："复缪公之故地。"①为此他"镇抚边境,徙治栎阳,且欲东伐",逐鹿中原。都栎阳、编户籍、行县制、"初行为市"等措施,均是为"东伐"做准备。从他亲自去栎阳城参加工程督建来看,秦献公锐意改革的决心还是很大的。

献公统治后期,在同东方魏、韩、赵的军事斗争中,秦军一扫对外战争屡败之晦气,由失败开始转向胜利。公元前366—公元前362年,秦献公率军在对魏、韩联军的三次战争中大获全胜,扭转了对外战争中被动挨打的不利局面,也拉开了河西争夺战的序幕。公元前364年(献公二十一年),秦大举伐魏,斩敌六万。公元前362年(献公二十三年),魏国和韩、赵联军正在进行一场大混战。秦军趁机从后面进攻魏国的重要据点少梁(今陕西韩城市南),大败魏军,俘虏魏将公孙痤。

少梁之战的胜利,为秦国赢得了二十多年的稳定,献公为孝公获得了充足的时间进行"商鞅变法"。献公的东伐战争拉开了秦东伐诸侯国战争的序幕。

秦献公的治秦首功归纳起来有:对奴隶制度的改革,如废除人殉制度,迁都栎阳,初行为市,这些治秦措施体现了他不墨守成规的开拓创新。

"前人栽树,后人乘凉。"遗憾的是,后来学者在论及秦国崛起时,多将关注点放在秦孝公身上,而对献公的突出贡献有所忽略。实际上,正是由于穆公、献公、孝公这样有作为的秦君所奠定的基业,才成就了始皇帝气吞八方、包举宇内、一统天下的旷世伟业。

献公的接班人秦孝公,同他父亲一样,是位励精图治、锐意进取的杰出国君。他在位期间重用卫鞅实行变法,奖励耕战,并迁都咸阳(今陕西省咸阳市),建立县制行政,开阡陌,在加强集权的同时,也不断增进农业生产。对外,秦与楚和亲,与韩订约,联齐、赵攻魏国都城安邑(今山西夏县),拓地至洛水以东,自此国力日昌,为秦统一中国奠定了基础。

除了上述由孝公本人亲力亲为外,他还让梁惠王以国君代表的身份参加会盟,史称"逢泽会盟"②。秦孝公十八年(公元前344年),孝公派商鞅游说魏惠王,劝说他除了号令宋、卫、邹、鲁等十二个小国外,还要向北联合燕国,向东攻打齐国,迫使

---

① 李艳.《史记》连词系统研究[M].天津:南开大学出版社,2017:130.
② 刘向.战国策[M].哈尔滨:北方文艺出版社,2013:514.

赵国屈服;向西联合秦国,向南攻打楚国,迫使韩国屈服,这样霸业可成。

商鞅还建议魏惠王顺从天下之志,先行称王,再图霸业。魏惠王听从商鞅的游说开始称王,按照天子的规格大建宫室,制作丹衣和九施、七星之旗,并召集各小国参加逢泽(今河南省开封市)会盟,秦公子少官代表孝公和赵肃侯也应邀参加,诸侯会盟后又前往朝见周天子。魏惠王僭越礼制的行为引起了齐、楚等国的愤怒,诸侯纷纷倒向齐国。

孝公病逝后,子惠文王嬴驷立。秦惠文王年十九即位,以宗室多怨,诛杀商鞅。公元前325年改"公"称"王"。惠文王当政期间,北扫义渠,西平巴蜀,东出函谷,南下商於,可谓政绩赫赫。

诚然,秦惠文王这个时代秦飞跃发展,有其政治、经济、军事、地理及国际诸方面的原因,但灭蜀之举实在是秦国发展史上的一个重要里程碑,它使巴蜀之地成为以后秦国向东方扩张,特别是向楚国进攻的一个强大而充实的后方基地。

六、四位君王出行概述

秦武王,本名嬴荡,公元前310年—公元前307年在位。秦惠文王之子。

武王身高体壮,孔武好战。在政治上,设置丞相,驱逐张仪,结盟魏国,联越制楚。军事上,攻拔宜阳,设置三川,平定蜀乱。经济上,修改封疆,更修田律,疏通河道,筑堤修桥。

秦武王尤喜比武角力,斗狠,大力士任鄙、乌获、孟说等皆居高位。武王四年(公元前307年),嬴荡与孟说比赛,其间大鼎意外脱手,绝脛,而亡,年仅二十三岁,谥号为烈(悼)。①

秦武王出行活动主要有:

曾与魏、韩两国国君两次会见于临晋一带。《秦本纪》:"武王元年,与魏惠王会临晋。""三年,与韩襄王会临晋外。"

秦武王三年的出行活动,《六国年表》可查:"(魏哀王十一年)与秦会应"的记

---

① 李默.中国二十四史帝王谱[M].广州:广东旅游出版社,2013:55.

载。《魏世家》亦云:"(魏哀王)十一年,与秦武王会应。"

《秦本纪》中的武王有志于远行东方的言辞,颇显示其个性:"武王谓甘茂曰:'寡人欲容车通三川,窥周室,死不恨矣。'"

《樗里子甘茂列传》则写道:"秦武王三年,谓甘茂曰:'寡人欲容车通三川,以窥周室,而寡人死不朽矣。'"

《秦本纪》:"其秋,使甘茂、庶长封伐宜阳。四年,拔宜阳,斩首六万。涉河,城武遂。"这些军事行动,均与秦武王的东行之志密切相关。

昭襄王,又称秦昭王,名则,一名稷。秦武王之异母弟,早年在燕国为人质。秦昭襄王,是中国历史上在位时间较长的国君之一。在最后六七位秦君王中,他统治的时间超过了前任的孝公、惠文王、武王的总和,也超过了后面的孝文王、庄襄王的总和。在位五十六年间,发生了著名的伊阙之战、五国伐齐、鄢郢之战、华阳之战和长平之战。

昭襄王的重大的出行活动,主要有记录有:

"三年,王冠,与楚王会黄棘。"

"十七年,王之宜阳。"

"二十年,王之汉中。"

"二十年,又之上郡、北河。"

"二十二年,与楚王会于宛。"

"二十二年,与赵王会中阳。"

"二十三年,王与魏王会宜阳。"

"二十三年,与韩王会新城。"

"二十四年,与楚王会鄢。"

"二十五年,与韩王会新城。"

"二十八年,与赵惠文王会黾池。"

"二十九年,王与楚王会襄陵。"

"四十六年,王之南郑。"(《史记·六国年表》)

"(秦昭襄王)五年,魏王来朝应亭。"《史记·魏世家》:"(魏哀王)十七年,与秦会临晋"。

孝文王嬴柱,又名式。昭襄王次子。其父在位时,公子柱受封为安国君。秦昭襄王四十二年(公元前265年),立为太子。秦孝文王元年(公元前250年),正式继位,立子楚为太子。三日后,离奇去世,是秦国史上在位时间最短的国君。

《汉书·五行志》载,孝文王唯一一次被明确记载的出行活动,则是于胸衍期间,有人献上五足之牛。

庄襄王,名楚,一作子楚,又名异人。子楚早年以质子身份入赵。于邯郸迎娶赵姬。后在吕不韦的大力辅助下,成为秦君,并铲除了周朝的残余王室。

庄襄王在位期间,亦有所作为。庄襄王元年(公元前249年),秦军占据韩之成皋、荥阳,在此置三川郡。后又于两年内攻取河东大片土地,设置太原郡,郡治晋阳,置上党郡,郡治长子。

庄襄王继承其祖父昭襄王"远交近攻"遗策,巧妙周旋于东方六国,达到离间六国合纵之目的。史载,到秦王嬴政亲政时,"诸侯服秦,譬若郡县"。

庄襄王三年(公元前247年)五月,病逝,享年三十五岁。其子嬴政建立秦王朝后,追封为太上皇。

第四节　传说时代秦之先的出行

如绪论部分所述,任何一个传说的兴起必有其附会的说辞,尽管其事虽或无稽,但仍可从传说之象征意义得到启发,可知任何一个传说都代表着一个民族特性,反映了其出行文化之源的地方特色。

《史记·秦本纪》载:秦之先,帝颛顼之苗裔,孙曰女修,女修织,玄鸟陨卵,女修吞之,生子大业。关于玄鸟传说渊源,黄文弼先生在其《嬴秦为东方民族考》一文中,通过《大戴礼·五德篇》《禹贡·冀州》、颜师古《汉书注》《尧典》《后汉书·蔡邕传》《山海经》等论证了玄鸟传说的民族渊源。

玄鸟就是燕。《吕氏春秋·仲春纪》高诱注:"玄鸟,燕也。"而图腾崇拜玄鸟乃秦之祖先对客观世界和自身的认识处于原始、蒙昧状态的表现,常视某种动物、植物或其他自然物,甚至某种自然现象,是有灵知、有威力并能与人相感应的神秘存在。图腾崇拜或图腾信仰发展到较高阶段,这种神秘存在便被人格化为部族的始祖,并与有关的祖先崇拜文化相结合。

一、玄鸟崇拜

秦的玄鸟传说亦如此,秦的始祖出自燕卵,其后,历代先祖亦多与鸟有关。如先祖大费,《史记·秦本纪》说他"能知禽兽之言";《后汉书·蔡邕传》说他"综声鸟语"。甚至有的先祖还具备鸟的形象特征,《史记·秦本纪》言大费之后的大廉,称"鸟俗氏",孟戏、中衍均为"鸟身人言",《史记·赵世家》又说中衍"人面鸟"。

《左传·昭公十七年》中嬴姓小国郯国的国君郯子朝鲁的谈话记载:鲁国大夫昭子问郯子:"少昊氏鸟名官,何故也?"

郯子曰:"吾祖也,我知也。昔者黄帝氏以云纪,故为云师而云名;炎帝氏以火纪,故为火师而为火名;共工事以水纪,故为水师而水名;大曎氏以龙纪,故为龙师而龙名。我高祖少曎挚之立也,凤鸟适至,故纪于鸟,为鸟师而鸟名:凤鸟氏,历正也;玄鸟氏,司分者也;伯赵氏,司至者也;青鸟氏,司启者也;丹鸟氏,司闭者也。祝鸠氏,司徒也;鴡鸠氏,司马也;尸鸟鸠氏,司空也;爽鸠氏,司寇也;鹘鸠氏,司事也。五鸠,鸠民者也。五雉为五工正,利器用、正度量,夷民者也。九扈为九农正,扈民无淫者也。自颛顼以来,不能纪远,乃纪于近。为民师而命以民事,则不能故也。"可见少昊集团乃一鸟图腾的部落联盟,其联盟中各部落又以不同的鸟为图腾、为名。

根据人类文化学和社会学的出行研究成果:出行文化的不同层次,其转移速度并非一致。转移最快的是物质方面,其次是制度,再次是风俗、道德思想等,最后才是出行信仰。

秦之祖先出行与戎狄出行有严格的区分,称后者为"蛮方行""百蛮行",认为自己出行的区域是"鼏宅禹迹"。《云梦秦简·法律答问》载:"何谓夏子? 臣邦父,秦母谓也。""臣邦人不安其主而欲去夏者,勿许。何谓夏? 欲去秦属是谓夏。"离开秦国就是离开夏禹,秦之祖先得出行文化以华夏为祖先根基的观念根深蒂固。

且周王室也未将其作为戎族文化视之。

我们从秦戎的关系持续紧张也可看出此点,秦戎或攻或守,兵燹连年。自襄公始国起,秦人与西戎战事不断,先后灭丰、亳、彭戏诸戎;秦穆公伐戎王,开地千里,霸西戎;孝公西斩源王。惠文君伐取义渠戎王二十五城;宣太后诈杀义渠王;等等。以上事例,不胜枚举。

嬴秦祖先的这种华夏观念还表现在出行仪式的宗庙、祭祀上。"秦之先的宗庙亦直接承袭了殷人的天子五庙制度,以准诸侯的身份建立了三庙","以牺牲来祭祀宗庙"。① 再后来,后世的秦襄公即位,出行做西畤,祠白帝,秦文公用三牲郊祭白帝。

二、伯益的出行活动

秦之祖先的出行史,因为属于传说时代,我们仅据《史记》加以述评。《秦本纪》载,秦之祖先为五帝时代东方部族帝颛顼之苗裔孙女修,女修生大业,大业子大费,佐大禹平水土受到舜帝的赏识,"佐舜调驯鸟兽,鸟兽多服,是为柏翳。舜帝赐姓嬴"。大费生二子为大廉和若木。

大费玄孙费昌在夏桀时去夏归商,为商汤御。大廉玄孙中衍为太戊御,其后"遂世有功,以佐殷国,故嬴姓多显,遂为诸侯"②。中衍玄孙中潏"在西戎,保西垂"。这说明,商末周初的时候嬴秦先人已在西垂(今甘肃礼县一带)区域开展出行活动。

我们按照传说这个思路简述。女修,传说是帝颛顼的女儿。嫁给业父,生下大业,大业配女华生下伯益。

伯益,本名大费,又称柏翳、伯翳。在秦人世系中,伯益作为大业之子,为嬴姓始祖。考诸史乘,伯益不仅是一位在舜、禹时代功勋卓著的人物,亦是秦人早期历史中一位承上启下的关键人物,同时,他亦是赵国国君的先祖。《史记·秦本纪》云:"大业取少典之子,曰女华。女华生大费,与禹平水土。"《索隐》:"扶味反,寻费

---

① 礼县秦西垂文化研究会,礼县博物馆.秦西垂文化论集[M].北京:文物出版社,2005:115.
② 司马迁.史记[M].北京:中华书局,1982:24.

后以为氏,则扶味反为得。此则秦、赵之祖,嬴姓之先,一名伯翳,《尚书》谓之'伯益',《系本》《汉书》谓之'伯益'是也。寻检《史记》上下诸文,伯翳与伯益是一人不疑。"

伯益的主要出行活动有以下几个方面:

一是佐禹平治水土。帝舜时,舜"举鲧子禹,而使续鲧之业"。"禹乃遂与益、后稷奉帝命,命诸侯百姓,兴人徒以傅土,行山表木,定高山大川。"治水成果,除了禹本人缜密的规划组织和身体力行外,还得到了伯益和后稷相助。而伯益主要负责导山。

《尚书·益稷》载,大禹曰:"予乘四载,随山刊木,暨益奏庶鲜食。"

二是担任朕虞,执掌山林川泽。《尚书·舜典》载:"帝(舜)曰:'畴若予上下草木鸟兽?'佥曰:'益哉!'帝曰:'俞!咨益,汝作朕虞。'益拜稽首,让于朱虎、熊罴。"《史记·五帝本纪》又载:"舜曰:'谁能驯予上下草木鸟兽?'皆曰益可。于是以益为朕虞。益拜稽首,让于诸臣朱虎、熊罴。舜曰:'往矣,汝谐。'遂以朱虎、熊罴为佐。"于是,"益主虞,山泽辟",舜委任伯益为朕虞。

三是佐禹平三苗之乱。《墨子·尚贤》云:"尧举舜于服泽之阳,授之政,天下平;禹举益于阴方之中,授之政,九州成。"

四是有占岁、凿井和造箭之功。《吕氏春秋·勿躬》载:"羲和作占日,尚仪作占月,后益作占岁。"

三、忠于殷商的蜚廉、恶来

这一时期的秦之祖先的出行活动,多以忠于王室来表现的。如费昌为汤御,以败桀于鸣条;帝太戊闻孟戏、中衍之才,使之御,并为之娶妻;中满在西戎为殷保西垂;到殷末时蜚廉、恶来的忠心表现更为突出。恶来有力,蜚廉善走,父子各自发挥所长为殷纣王出行办事。

费昌,伯益次子若木的后裔。按传说显示费昌的直系祖先有:

黄帝→少昊→蟜极→业祖→业父→大业→伯益(大费)→若木→奄延→琛→铄。

费昌生活的时代,正是夏桀当政之际。费昌弃夏归商,助汤灭夏。费昌"为汤御"①。即指费昌出行避难于商汤处,其后,任灭夏的开路先锋。费昌统兵伐夏,夏兵多于战前倒戈,商兵势如破竹,夏桀只得亲自统兵迎战。费昌"败桀于鸣条"(今山西运城安邑镇),为商朝的建立立下了显赫战功。

费昌的后裔亦对殷商忠心耿耿。譬如商末帝辛时代的蜚廉父子。《史记·秦本纪》载:是时蜚廉为纣石北方,还,无所报,为坛霍太山。而报,得石棺,铭曰:"帝令处父不与殷乱,赐尔石棺以华氏。"死,遂葬于霍太山。《孟子》记载不同:"驱蜚廉于海隅而戮之。"有的研究者认为蜚廉逃回老家即东部沿海一带,继续负隅顽抗,并参与了以奄国为首的反周叛乱,直到被追杀到大海之上,才停止反叛。

清华简《系年》云成王杀蜚廉于东方,但《孟子》云周公杀蜚廉于东方。其实不论是成王抑或周公,可以确定的史实是:蜚廉殒命于东方。恶来,本命亚来,类同商纣王本为帝辛之谓,大抵有成王败寇的色彩。其结局,史料《尸子》云:"武王亲射恶来之口。"

行文至此,为之太息!恶来的忠于殷商并没有像南宋的文天祥那样为自己赢得赞誉,反而连其真名都被湮没甚至黑化,这是非常引人深思的问题。

尽管如此,"乱云飞度仍从容",蜚廉、恶来父子俩的刚毅忠勇还是为殷商这个绵延数百年的王朝的退场增添了一抹悲壮的亮色。而与殷商休戚与共的恶来之族,在周初遭遇杀身灭国之祸后,背井离乡,筚路蓝缕,其后,竟崛起于西方,最终统一全国,建立起中华第一帝国——大秦王朝,创造了中国史上一个惊人的奇迹!

四、造父西行及余论

至西周时,秦之祖先忍辱负重,竟服于周王。"孟增幸于周成王",其孙造父幸于周穆王,为穆王御。造父在平定徐偃王之乱中有功,被封于赵城,此为赵氏。再后来,大骆庶子非子为周孝王养马于汧、渭之间,"马大蕃息",得为附庸,封邑于秦。

造父,亦为赵氏始祖,系伯益十四世孙。其早期出行活动指的是最为有名的

---

① 李沣.探寻寿光古国[M].济南:齐鲁书社,2011:173.

"造父学御驾"。

原文：

造父之师曰泰豆氏。造父之始从习御也，执礼甚卑，泰斗三年不告。造父执礼愈谨，乃告之曰："古诗言：'良弓之子，必先为箕；良冶之子，必先为裘。'汝先观吾趣。趣如吾，然后六辔可持，六马可御。"造父曰："唯命所从。"①

泰斗乃立木为涂（通"途"），仅可容足；计步而置，履之而行。趣（通"趋"）步往还，无跌失也。造父学之，三日尽其巧。

之后，《史记·赵世家》载："秦人先祖造父幸于周缪王。……缪王使造父御，西巡狩，见西王母亲，乐之忘归。而徐偃王反，缪王日驰千里马，攻徐偃王，大破之。乃赐造父以赵城，由此为赵氏。"

造父随周穆王西巡见西王母的事迹，早在战国之前已广为流传。汲冢竹书中的《穆天子传》对此的记载最为详细。周穆王这次穿行中国与中亚北部的史实，被学界考证为可信的，周原出土的西周蚌雕塞人头像亦为之证实。

周穆王西巡见西王母，当是到了中亚伊犁河谷与楚河流域的塞种部落。周原西周晚期塞种人头像的发现，证明公元前 8 世纪以前，我国中原地区已和新疆，包括中亚一带的塞种部落发生了往来，传说中周穆王与西王母的相互访问，正是中原地区与塞种人交往历史的反映。同时也证明，至迟在西周中晚期，中原与西域的沟通渠道已经打开，文化交流已经开始。

造父以其御者和信使的传奇出行经历，变成了一颗明亮的恒星。中国天文学界以"造父"命名著名的仙王座 δ 星，与类似的脉动变星一起，被统称为"造父变星"。

再说非子之父大骆。大骆生活于西周的懿王至孝王时期，居于犬丘，系蜚廉五世孙，恶来四世孙。大骆娶妻于申侯女，生嫡子名成，继承犬丘封地，另有子名非子，被周王封于秦亭，为周的附庸。周厉王时期，西戎族反叛周王朝，灭了犬丘大骆的全族。

---

① 中国社会科学院语言研究所古代汉语研究室.古代汉语虚词词典[M].北京:商务印书馆,1999:788.

大骆之死,出现了秦戎世代仇斗,此论于非子、秦仲篇续焉。

有必要强调的是,传说中的秦之祖先的出行活动空间亦主要集中在以西犬丘(西垂)、秦、汧、汧渭之会、平阳、雍、泾阳、栎阳、咸阳等都邑为中心的区域,也就是说秦之祖先的出行活动区域主要集中在甘肃省东部和陕西关中地区的部分地区。

本节中所谓的甘肃东部地区,严格地说是甘肃东南地区,包括天水和陇南两市。这一区域西南紧濒青藏高原,东部是秦岭山脉,东北与六盘山西南麓相接,是一个四周高、中部低、相对封闭的地理单元。

甘肃东部自古文化发达,从史前时期的大地湾文化、马家窑文化,以及跨进青铜时代的齐家文化,寺洼、辛店青铜文明的先民在此繁衍生息。秦文化从这一区域开始走向强大,这里被认为是探索秦出行文化渊源的地方。这一区域秦之祖先的出行足迹分布在嘉陵江支流西汉水上游、渭水上游及其支流葫芦河流域。

秦之祖先的出行活动,在甘肃省志和地方府、县、州志等文献中均有所描述。甘肃省"乔峰四阻,缭以大河,捍御秦雍,联络西域,襟带万里,控制强敌,北接沙漠,西控戎羌,为四方根本要枢之地。渭河襟带,青海为溇,北跨沙漠之险,南吞巴蜀之雄山,奔突而若驰,水旋绕而如环"①。这是对甘肃地理位置的总评价。对秦之祖先的出行地域及其周围形胜的评价主要集中在三个方面:首先是天水陇山之要;其次是以武都为中心的陇蜀门户;再次是渭河、洮河、白龙江、祖厉河上游之陇西,乃四水之源头,出行四方极为便利。

第五节　诸公子出行记

春秋以来,"弑君三十六,亡国五十二,诸侯奔走不得保其社稷者不可胜数"②。从春秋到战国,中原各大国都经历了从强大到衰落,又逐渐走向灭亡这一过程,而这一时期的秦国却相对稳定,这种反差,著者认为,实际上是与秦国独特的世族状况紧密联系的。

---

① 吕星斗.烽火奇旅[M].北京:中国文联出版社,2000:232.
② 薛万田.司马迁的世界:下[M].西安:陕西人民出版社,2017:526.

所以,要弄清这一差别产生的根源,必须对秦国世族有一个新的认识。著者通过电子检索,查出先秦典籍中对春秋的卿大夫家族大致有三种称谓:"世卿""公族"与"嗣卿"。"嗣卿"一词可查《左传·成公十三年》。

如此看来,学界所说的"世族"实际上是对先秦典籍中"世卿""公族""嗣卿"的统一称谓。但就著者所见,迄今为止,尚未出现一部研究秦国世族的专著。

原因很明显。秦国无世族。先秦史专家林剑鸣先生在这方面做了一定的工作,他根据出子时的"秦公钟""秦公溥"和景公时的"秦公簋"的铭文中的"咸畜胤士"或"胤士咸畜"等记载,认为"同其他诸侯国一样,秦国也实行世卿世禄的世袭制"。但是由于"秦国的国君……常常打破界限,在奴隶主贵族以外选拔人才。因此,秦国的世袭制不像其他诸侯国那样严格"。同时,他又认为秦国既没有分封制度,又缺乏严格的宗法制度。因之,秦国无世族。

著者略举一例。如图表1-1所示。

表1-1 孙氏收录之《春秋世族表》(仅秦国部分)

世族	别姓	始封	系统	地采	考证	杂记
百里氏	—	—	—	—	僖三十年有百里氏,杜注:秦大夫。林注:即百里奚。僖三十三年:"获百里孟明视。"《正义》曰:"《世族谱》以百里孟明视为百里奚之子。"	—
子车氏	—	—	—	—	文六年有子车氏之三子	—
杞氏	—	—	—	—	—	以下新增(按:意指以下几个世族是作者在前人统计的基础上再度考订所得的世族)
逢氏	—	—	—	—	—	—

续　表

世族	别姓	始封	系统	地采	考证	杂记
杨氏	—	—	—	—	僖三十年有杞子、逢孙、杨孙皆秦大夫	—
士氏	—	—	—	—	襄九年有士雅，疑亦士会之遗族，复士之旧氏	文十三年:秦人归士会之帑，其处者为刘氏。孔氏以其下一句为后人所增入，齐召南题其说，亦无考据。（见《汉书·高帝纪》考证）以康氏伪经考证之，必刘子骏矣。
子桑氏	—	—	—	—	—	公孙枝之后

从上表可查，孙氏所收录的秦国世族，其祖先、世系、封地，至今完全无可稽考，更遑论有准确的出土文献予以证实。

故而，著者非常赞成林公高论，亦是本节题目以"诸公子出行"替换下"世族出行"的缘由，是为记。

"公子"的称谓亦有学问。据《仪礼》卷十一《丧服》所言，"诸侯之子称公子……公子之子称公孙"，从严格定义上看，只有诸侯之子方可称为"公子"，而公子之子则被为"公孙"。本文中所论述的秦国"公子"的定义以"诸侯之子"为主，至于公孙，因篇幅有限，本文从略。

秦国诸公子亦拥有封邑，如秦武公的儿子公子白被封于平阳。秦国公子们亦以卿大夫身份辅佐秦君开展出行活动:如率军出征的有:秦穆公时期的公孙枝、公子絷穆公的儿子小子憖参加了城濮之战，秦哀公曾派公子蒲、公子虎率军击退入侵楚国的吴军等。

公子出使，具备浓厚的官方出行色彩。尽管公子与一般使者的职责、任务相同，但身份特殊。公子作为与国君血缘关系最为紧密的人，常以国君的代表为身份出使，此类出行往往并非由于具体事件，而是为了维护本国的政治利益。

诸公子代表人物公子絷,则更多的是以外交家的姿态,作为穆公东进政策的执行者。据《国语·晋语二》记载,秦穆公在帮助夷吾还是重耳的问题上,急需使者探听晋二公子的虚实,公子絷在出使返国后向穆公建议帮助夷吾夺取君位。再后来,秦军护送重耳归国夺取君位时,公子絷作为使者劝退晋军主帅,并以秦国代表的身份与晋文公的代表狐偃、晋大夫盟于耶,再次体现了其卓越的外交才能。

在外交方面的贡献,公子铖(或称后子铖)亦具备一定政治干才,他是秦桓公的儿子,秦景公的母弟。公子铖曾先后两次作为使者出使晋国缔结盟约。而且由于公子铖在桓公在位时受宠,还一度威胁到景公的君位。最终秦景公将公子铖驱逐出秦国,并剥夺其爵禄,但是公子铖却未因此发动叛乱,而是出奔晋国。公子铖在哀公即位后回到秦国,马非百先生评价其道:"然铖能自知其过,卒免于祸,而复归于秦,贤于郑叔段等远矣"①,充分肯定了公子铖在维护秦国稳定方面所做的贡献。

到了秦国公子群体逐渐退出历史前台的战国时代,秦昭襄王时期仍有公子池这样的宗室政治家。

如昭襄王九年,齐、韩、魏三国攻秦直至函谷,秦王最终"使公子池以三城讲于三虱之兵乃退"。据《战国策·秦策二》"胫山之事",秦赵共伐齐,齐赵私下达成和解后,秦再次遣公子池出行与赵交涉。

公子出使的另一种形式,则是"质子外交"。

又,昭襄王以母弟为人质换田文相秦。齐孟尝君田文以贤能闻名,秦王闻其贤,为此,秦昭王不惜以同母弟泾阳君为人质,"乃先使泾阳君为质于齐,以求见孟尝君"②。但田文孟尝君接受门客劝谏,并未征招相秦。直到后来被齐闵王派遣,方入秦国短暂为相。

综上所述,秦国诸公子群体在秦国史上是一个具有相当规模的政治群体,在秦国各个重要历史时期都可以看见秦国公子、公孙的身影,他们或作为谋臣出谋划策,或作为使者莅盟媾和,或率兵征战,或作为质子换取国家利益,他们的出行活动

---

① 田静.秦宫廷文化[M].西安:陕西人民教育出版社,1998:279.
② 司马迁.史记[M].北京:北京燕山出版社,2014:165.

均为秦国的崛起做出了极其重要的贡献。

第六节　游宦、任官出行

秦人宦游，多为谋得一官半职而离乡赴京，或由京城赴地方历练。官员除宦游之外，官员迁转制度也是影响官宦出行的重要因素。一般情况下，秦统治者通过升降迁调的手段来实现对官员的奖惩。这种迁转制度，使官员辗转千里赴任，从而使官员出行频率、出行效率非常之高。

孙毓棠曾在《秦汉的交通》中提道："秦代的官吏士大夫阶层的人多半走过很多的地方，这一点不仅影响到当时的秦人政治生活心理的健康，而且能够加强秦国文化的统一性。"通过秦游宦、任官出行的研究，可以管窥秦职官制度文化的演变过程。

一、秦行人出行

"行人"是《周礼·秋官》中经常提及的一种职官名称，早期主要负责周王室与诸侯、诸侯与诸侯之间的聘问活动。刘知几在《史通》的《言语》《叙事》《申左》等篇中，指出了先秦"行人"辞令的极高艺术水平以及"行人"辞令对邦国的重要性。

《左传》中多次提到"行人"一词，其中一些指的就是"行人"这个职官名称，此外一些并非具有"行人"官职的人也同样被称作"行人"，如《左传·襄公十一年》："书曰'行人'，言使人也。"此外，《左传》中"行人"还有如"行李""行理"之称。

杨伯峻先生在《春秋左传注》中指出，"行人"有专官和兼官之分，兼官就是一时奉使出行的官员，他们是临时代替"行人"。可见，担负出使任务的人也称为"行人"。

大争时代，周政下移，诸侯争霸，诸侯国的外交活动日益频繁，他们往往派遣能言善辩的人或是本国公族前往各国，这样"行人"就从专官慢慢演变成"使者"的通称。

行人、使者出行涉及道路、车马、符节、驿站等，学界对于道路、车马、符节、驿站中某一问题的研究较多(本书亦有相关专题探讨),但却很少与"行人""使者"出行研究联系在一起。

先秦古籍中大量出现"行人"的记载。如《周易·无妄·六三》中"无妄之灾,或系之牛,行人之得,邑人之灾";《管子·轻重》中"路无行人"。这里所说的行人都是指出使或出征的人。

秦"行人"作为职官最早见于《周礼·秋官·司寇》中的记载,即"大行人掌大宾之礼,及大客之仪,以亲诸侯";"小行人掌邦国宾客之礼籍,以待四方之使者"。以上两条史料表明周秦时代的行人的职责是迎来送往,接待宾客。依照接待对象等级的不同,"行人"区分为"大行人"和"小行人"。此外,《礼记》《公羊传》《谷梁传》《国语》等文献中都有关于秦国"行人"的记载。

杨伯峻先生认为,秦亦存在长期兼任"大行人"之官的宗族大员,如樗里子,常一时奉使,临时出行。不论是专官还是兼官。"行人"都是负责上传下达,沟通诸侯的出使人或外交使节。[①]

符节是秦使者身份的重要标志。"凡其使也,必以旌节。""行人"在出行时使用符节,在一定程度上保证了秦国信息的传递速度和准确性、真实性,使"行人"更好地完成秦君赋予他的使命。

符节除了有凭证、信物,证明持有者身份,使其顺利通过关隘的作用外,还有诸侯国结好的象征意义。《左传·文公十二年》记载,秦国为了进攻晋国,而派遣西乞术到鲁国结好,"宾客(西乞术)曰:'寡君愿徼福于周公、鲁公以事君,不腆先君之敝器,使下臣致诸执事以为瑞节,要结好命,所以借寡君之命,结二国之好,是以敢致之'"。

鉴于行人的重要性异常突出,秦始皇统一中国后,仍设有主管对外事务以及礼宾工作的职官——典客,位列九卿。

典客,秦官,掌归义蛮夷,有丞。因为秦统一六国后,又不断开疆拓土,对周边少数民族征伐,就必须有处理与少数民族关系的职官。

---

① 杨伯峻.春秋左传注[M].北京:中华书局,1990:927-928.

二、任官出行

"任官",有委任官职、授予官职之意,有时也特指荫补任职。本书任官出行以秦官制权力架构体系展开论述。

(一)公卿及其属官出行

著者仍以秦国公卿出行为主,兼有秦王朝公卿出行。公卿,在战国时代,因为周室势力式微,公卿在各诸侯已然出现,尤以秦国公卿制最为完备。本节仅论及有出行任务的公卿及其属官出行。

却说相邦出行。

(1)相邦出行。《岳麓书院所藏秦简》0556号简对秦任官出行记载有据可查:"丞相上庐江假守书言:庐江庄道时败绝不补,即道败绝不补而行水道。"①

秦武王时,始置左、右相。《史记·樗里子甘茂列传》:"秦惠王卒,太子武王立,逐张仪、魏章,而以樗里子、甘茂为左右丞相。"考古所见的秦封泥有"左丞相印"和"右丞相印",证明材料上的史实准确无误。《史记·樗里子甘茂列传》又云:"樗里子与魏和,罢兵。"樗里疾出行活动,前面多有提及,此处略之。本文所示例的人物,皆为嬴秦人,其他非嬴秦者,亦非本小节探研之列。

(2)邦尉出行。邦尉,后改称国尉,秦武官。考古所见秦封泥中有"邦尉之玺画"和"邦尉之印"。秦统一天下前各职官印均可称"玺",其他官印只称"印"。据此,"邦尉"一官于秦统一前已经存在。

昭襄王十四年,以白起为邦尉。白起的出行活动,自然以常年征战为主。略举数例,《史记·白起王翦列传》:"昭王十三年,白起为左庶长,将而击败韩之新城。其明年,白起为左更,攻韩、魏于伊阙伊,斩首二十四万,又虏其将公孙喜,拔五城。起迁为韩尉。涉河取韩安邑以栋,到乾河。"

需要说明的是:太尉,不同于邦尉。太尉一职,在秦战国时期已经存在。

御史出行。御史,为秦君执法近臣,掌治法令。《廉颇蔺相如列传》渑池之会

---

① 陈松长.岳麓书院所藏秦简综述[J].文物,2009(3):75-88.

有御史随秦王出行记录。

秦朝的御史大夫,有别于御史,却出自御史职能的转变。

(3)将军出行。战国时期,秦实行军功爵制,将军一职尤为重要,大都由近亲贵戚和重臣担任。将军出行,攻城略地,史料举例甚繁。

著者以简去繁,如下:

秦王政即位,以蒙恬、王翦、王骑等为将军,委国事于相邦吕不韦、舍人李斯和诸将军。于是,秦在兼并六国统一天下的过程中,形成了一系列将军世家。

一为将军世家蒙氏。《史记·秦始皇本纪》:"始皇二十六年,蒙恬因家世得为秦将,攻齐,大破之,拜为内史。秦已并天下,乃使蒙恬将三十万众北逐戎狄,收河南。"秦始皇统一天下后,蒙恬威震匈奴,获得秦始皇的尊宠。秦二世胡亥即位,重用奸臣赵高,而诛灭蒙氏。

二为将军世家王氏。秦始皇时期,以王翦为将军,在秦兼并六国的战争中功劳亦大。《史记·白起王翦列传》:"王翦者,频阳东乡人也。少而好兵,事秦始皇。始皇十一年,翦将攻赵阏与,破拔九城。十八年,翦将攻赵。岁余,遂拔赵,赵王降,尽定赵地为郡。明年,燕使荆轲为贼于秦,秦王使王翦攻燕。燕王喜走辽东,翦遂定燕蓟而还。秦使翦子王贲击荆,荆兵败。还击魏,魏王降,遂定魏地。"《史记·秦始皇本纪》:"(秦始皇)二十三年,秦王复召王翦,强起使将击荆。取陈以南至平舆,虏荆王。"

王氏和蒙氏两将军世家在秦统一中功劳最大。《史记·白起王翦列传》:"秦始皇二十六年,尽并天下,王氏、蒙氏功为多,名施于后世。"

将军有长史。《史记·秦始皇本纪》:"二世益遣长史司马欣、董翳佐章邯击盗,杀陈胜城父,破项梁定陶,灭魏咎临济。"

(4)奉常出行。奉常为宗庙礼仪之官,其举行的出行仪式,代表的是国家行为。《汉书·百官公卿表》:"奉常,秦官,掌宗庙礼仪,有丞。"秦奉常属官有祝、太史、太卜、太医、爨人、博士和诸陵官等。如:

奉常属官大祝出行。《秦石鼓文·吴人》:"□□大祝。""大"为今"太"之古字,"大祝"就为当今文献中的"太祝"。太祝,祭祀雍四时天帝。《史记·封禅书》:

"诸此祠皆太祝常主,以岁时奉祠之。"

宗祝为周官,秦因之。《秦诅楚文》:"有秦嗣王,敢用吉玉宣璧,使其宗祝邵蓉布敷(憿)告于丕显大神厥湫,以底楚王熊相之多罪。"

考古所见秦封泥中,有两枚"泰史"官印。古文字中"泰"与"大"相通用,"泰史"就为"大史",为当今文献中的"太史"。《周礼·大史》:"大史掌建邦之六典,以逆邦国之治,掌法以逆官府之治,掌则以逆都鄙之治。"

爨人为主食之官。"五畤在庞,故特置太宰以下诸官。"秦有爨人。《睡虎地秦墓竹简·法律问答(简一九二)》:"可(何)谓'爨人'? 古主爨灶殴(也)。""主爨灶"为主食者也。

(5)公交车司马出行。这一官职,本身就是秦人出行活动的主要践行者。在秦睡虎地秦墓竹简中有"公交车司马猎律",在秦封泥中有"公交车司马"之印。据此可知公交车司马为秦官。公交车司马有丞,在考古所见秦封泥中有"公交车司马丞"印。

在秦封泥中有"公交车右马",公交车右马,即公交车司马属官。

(6)邦司马出行。"邦司马",其实就是秦国的朝廷司。在秦官印中有"邦司马印"见《睡虎地秦墓竹简·秦律杂抄》,简二六。

(7)乐府出行。乐府主管音乐,出行活动多与封禅祭祀、丧行葬行有关。在考古所见的秦封泥中有"乐府"之印。在秦铜钟上亦见"乐府"二字,当为乐府之乐钟。

(8)少府出行,门类繁多,属官职能具体化、专门化。少府工室有丞,《五年相邦吕不韦戈三》载:"五年相邦吕不韦造,少府工室邻,丞冉,工九。武库。少府(背面)。"铭文中"丞冉"即指少府工室丞冉的出行活动。

秦有专门掌管秦君禁苑的职官。《龙岗秦简》简六:"禁苑吏、苑人及黔首有事禁中,或取其□□□。"《龙岗秦简》简三十九:"禁苑啬夫、吏数循行,垣有坏决兽道出,及见兽出在外,亟告县。"

秦之禁苑星罗棋布,有:上林禁、杜南苑、庐山禁、桑林、高栎苑、左右云梦、东苑、白水苑、阳陵禁、鼎胡苑、平原禁、阿阳禁、青莪禁、广襄禁、浴禁、圻禁、丽山园、霸园、具园、麇圈、宫狡士等官,掌治各禁苑,当为禁苑属官,其负责秦君禁苑出行的专职活动。

宦者为秦内臣,负责国君或皇帝的衣食住行。《史记·李斯列传》:"李斯以为上在外崩,无真太子,故祕之。置始皇居辒辌车中,百官奏事上食如故,宦者辄从辒辌车中可诸奏事。"

宦者有两丞。在秦封泥中有"宦者丞印"和"宦走丞印"。据此,宦者有丞和走丞。

虞人,主山泽事务之出行官。"虞人者,若田在泽,泽虞。若田在山,山虞。"①

都尉出行。《华阳国志·蜀志》:"周慎王五年秋,秦大夫张仪、司马错、都尉墨等从石牛道伐蜀。"《史记·秦本纪》:"(昭襄王)二十三年,尉斯离与三晋、燕伐齐,破之济西。"《索隐》:"尉,秦官。斯离,其姓名。"《正义》:"尉,都尉。斯离,名也。"

(二)地方职官出行

秦行郡县制。秦在春秋晚期始置郡,至秦统六国后,正式建立郡县制,以郡统县。《史记·秦始皇本纪》:"今海内赖陛下神灵……统,皆为郡县,诸子功臣以公赋税重赏赐之,甚足易制。""分天下以为三十六郡,郡置守、尉、监。"

郡守出行典型事例:

上郡守掌上郡。秦庄襄王时,以李冰为上郡守。《二年上郡守冰戈》:"二年,上郡守冰造,高工丞沐叟、工隶臣徒。上郡武库。"《三年上郡守冰戈》:"三年,上郡守冰造,漆工师瘩,丞口,工城旦口。"有学者认为"冰"为"李冰",据此推断它们为庄襄王时的一种兵器。

汉中守掌汉中。秦惠文王更元十三年,置汉中郡。秦昭襄王十三年,以任鄙为汉中守。《史记·秦本纪》:"任鄙为汉中守。"《集解》:"《汉书百官表》:'郡守,秦官。'"《史记·六国年表》:"秦昭王十三年,任鄙为汉中守。"秦昭襄王十九年,任鄙卒。

庐江守掌治庐江郡。《汉书·地理志》:"庐江郡,故淮南,文帝十六年别为国。"《岳麓书院藏秦简》:"丞相上庐江假守书言:庐江庄道时败绝不补,即庄道败

---

① 马楠. 比经推例 [M]. 北京:新世界出版社,2012:159

绝不通(补)而行水道,水道异远。"(昭庐江假守为庐江守的代理者)。《岳麓书院藏秦简》:"郡尉不存,以守行尉事,泰守不存,令尉为假守,泰守、尉皆不存,令吏六百石以上及守吏风莫(模)官。"

县令、县长属官出行。县令,为县的最高行政长官。《汉书·百官公卿表》:"县令、长,皆秦官,掌治其县。万户以上为令,秩千石至六百石。减万户为长,秩五百石至三百石。皆有丞、尉,秩四百石至二百石,是为长吏。百石以下有斗食、佐史之秩,是为令史。"

令史出行,有史料为证。《睡虎地秦墓竹简·封诊·告子》简五第一册:"即令令史已往执。令史已爰书:与牢隶臣某执丙,得某室。"《睡虎地秦墓竹简·封诊·贼死》简五五、五六:"即令令史某往诊。令史某爰书:与牢隶臣某即甲诊。"秦县之官长称令,有丞。《睡虎地秦墓竹简·语书》简五、六:"自从令、丞以下智(知)而弗举论,是即明避主之明法殹(也),而养匿邪避(僻)之民。"注曰:"令、丞,县令、县丞。"《睡虎地秦墓竹简·语书》简七:"此皆大罪殹(也),而令、丞弗智(知),甚不便。今且令人案行之,举劾不从令者,致以律,论及令、丞。有(又)且课县官,独多犯令而令、丞弗得者,以令、丞闻。"《龙岗秦简》简八:"所致县、道官,必复请之,不从律者,令、丞口。"

《龙岗秦简》简五三:"令、丞弗得,赀各二甲。"

县令之属吏有令史、卜和史。

迁陵丞为迁陵县之丞。迁陵丞见于里耶秦简中。例如:《里耶秦简》:"正月戊寅朔丁酉,迁陵丞昌却之启陵:廿七户已有一典,今有(又)除成为典,何律令?应尉已除成,匀为启陵邮人,其以律令。"注解:"丞,县丞。"(778)《里耶秦简》:"卅五年四月己未朔乙丑,洞庭假尉矫谓迁陵丞:阳陵卒署迁陵,其以律令从事,报之。"

再论县尉出行。

县尉掌县之军事。《睡虎地秦墓竹简·秦律杂抄(简二)》:"除士吏、发弩啬夫不如律,及发弩射不中,尉赀二甲。"

秦县设有左右尉,此类县有废丘、杜阳、曲阳、原都、高陵、栎阳、乐陶等。

道官出行。少数民族聚居的县称之为道。道官则为掌治道的官吏。《睡虎地秦墓竹简·秦律十八种·属邦(简二〇一)》:"道官相输隶臣妾、收人,必署其已禀年日月,受衣未受,有妻毋(无)有。"注曰:"道,少数民族集居的县。"

《睡虎地秦墓竹简·语书(简一)》:"(秦王政)廿年四月丙戌朔丁亥,南郡守腾谓县、道啬夫。"注曰:"道,少数民族集居的县。《汉旧仪》:'内郡为县,三边为道。'啬夫,古代官名,据简文,县及县以下地方行政机构及都官的负责人都可称啬夫。"

在秦封泥中有"御廷府印",役御廷府为秦职官,文献无载,待考。

第二章　秦人出行禁忌

古代文献中,"禁忌"一词最早见于《汉书·艺文志》:

阴阳家者流,盖出于羲和之官,敬顺昊天,历象日月星辰,敬授民时,此其所长也。及拘者为之,则牵于禁忌,泥于小数,舍人事而任鬼神。

那么,何谓"禁忌"呢?《说文·示部》:"禁,吉凶之忌也。"

秦人出行颇为讲究,所涉方方面面的禁忌,主要围绕着卜日择吉和月令择吉这两大途径选择出行时日,现继续结合传世文献与出土文献予以论述。

第一节　卜日择吉

卜日择吉,即占卜所得的出行日子,吉可行,凶则不宜出行。卜日又多以巫术形式择吉。秦人出行,以选择占卜问吉为主,上至帝王封禅、诸侯巡狩征战,中至官员出使、聘任,下至民众日常出行、迁徙、迎娶、工程建筑等,均要先行卜卦。

周家台秦简《日书》载:"命曰首仰足胎有内无外。行者闻言不行。来者不来。……角:斗乘角……占彳亍者,未发;占来者,未至。命曰首仰足胎有内无外。行者不行。来者不来与。[占行]者,不发;占来者,亟至。"①

类如周家台秦简出土的简牍中有不少的《日书》,是秦人选择吉凶宜忌时日的工具书。这显得《日书》的重要性,不言而喻。其内容所反映的秦社会状况和民俗文化,应引起学界高度重视。

如甘肃天水放马滩秦简《日书》甲种对巫术文化流派禹须臾亦有探研。

甲种:

---

① 刘信芳.周家台秦简历谱校正[J].文物,2002(10):80-83.

建除:执日,不可行。行远,必执而于公。一八壹

入月一日,旦西吉,日中北吉,昏东吉,中夜南吉。四三壹

入月二日,旦西吉,日中北吉,昏东吉,中夜南吉。四四壹

入月三日,旦西吉,日中北吉,昏东吉,中夜南吉。四五壹

入月四日,旦西〈南〉吉,日中南〈西〉吉,昏北吉,中夜东吉。四六壹

入月五日,旦南吉,日中西吉,昏北吉,中夜东吉。四七壹

入月六日,旦南吉,日中西吉,昏北吉,中夜东吉。四八壹

入月七日,旦南吉,日中西吉,昏北吉,中夜南〈东〉吉。四九壹

入月八日,旦南吉,日中西吉,昏北吉,中夜南〈东〉吉。五〇壹

入月九日,旦南吉,日中西吉,昏北吉,中夜南〈东〉吉。五一壹

入月十日,旦南吉,日中西吉,昏北吉,中夜南〈东〉吉。五二壹

入月十一日,旦东吉,日中南吉,昏北〈西〉吉,中夜北吉。五三壹

入月十二日,旦东吉,日中南吉,昏西吉,中夜北吉。五四壹

入月十三日,旦东吉,日中南吉,昏西吉,中夜北吉。五五壹

入月十四日,旦东吉,日中南吉,昏西吉,中夜北吉。五六壹

入月十五日,旦东吉,日中南吉,昏西吉,中夜北吉。五七壹

入月十六日,旦东吉,日中南吉,昏西吉,中夜北吉。五八壹

入月十七日,旦东吉,日中南吉,昏西吉,中夜北吉。五九壹

入月十八日,旦东吉,日中南吉,昏西吉,中夜北吉。六〇壹

入月十九日,旦北吉,日中东吉,昏南吉,中夜西吉。六一壹

入月廿日,旦北吉,日中东吉,昏南吉,中夜西吉。六二壹

入月廿一日,旦北吉,日中东吉,昏南吉,中夜西吉。六三壹

入月廿二日,旦北吉,日中东吉,昏南吉,中夜西吉。六四壹

入月廿三日,旦北吉,日中东吉,昏南吉,中夜西吉。六五壹

入月廿四日，旦北吉，日中东吉，昏南吉，中夜西吉。六六壹

入月廿五日，旦北吉，日中东吉，昏南吉，中夜西吉。六七壹

入月廿六日，旦西吉，日中北吉，昏东吉，中夜南吉。六八壹

入月廿七日，旦西吉，日中北吉，昏东吉，中夜南吉。六九壹

入月廿八日，旦西吉，日中北吉，昏东吉，中夜南吉。七〇壹

入月廿九日，旦西吉，日中北吉，昏东吉，中夜南吉。七一壹

《日书》甲种中还可见入室禁忌的记载：

久行毋以庚午入室。九五背贰

长行毋以戊亥远去室。九六背贰

正月七日·二月十四日·三月廿一日·四月八日·五月十六日·六月廿四日·七月九日·八月十八日·九月廿七日·十月十日·十一月廿日·十二月卅日。一〇七背

是日在行不可以归，在室不可以行，是大兇(凶)。一〇八背

正月乙丑·二月丙寅·三月甲子·四月乙丑·五月丙寅·六月甲子·七月乙丑·八月丙寅·九月甲子·十月乙丑·十一月丙寅·十二月甲子以。一〇九背

以行，从远行归，是谓出亡归死之日也。一一〇背

"行者"：远行者毋以壬戌、癸亥到室。以出，兇(凶)。一四〇

"入官"：久宦者毋以甲寅出室。一四一

甲骨文中提到秦人用舟出行前进行占卜。睡虎地秦简《日书》甲种载：

"除"交日，利以实事。……行水，吉。四正贰

"穆辰"敫……可以穿井、行水。三八正

(卜)曰：六壬不可以船行。九八背贰

"衣"丁卯不可以船行。六壬不可以船行。一二八背贰

秦简《日书》乙种载：

"鸡日"丁卯不可以船行。六壬不可以船行。四四贰

秦人占卜船行风俗,至今犹存。如江苏人就有清明节之后占卜择吉出海的活动。渔民有逢八不出海的出行禁忌。

第二节　相关的巫术活动

巫术通常是外在仪式与内在原理的结合,巫术左右出行禁忌亦如此。张紫晨先生说:"民间的一切文化创造,都是形成上层文化的根基。上层之礼,来源于下层之俗;上层之祭,来源于下层之巫。"

巫术出行文化同样如此,对于巫术的使用,上层文化与民间文化表现出了同样的热忱。但是,在传世文献中对于有关秦人出行的巫术活动的记载有限,而出土简帛资料则弥补了这一缺憾,如睡虎地秦墓竹简中的《日书》等。

我们可以借助这些简帛中的内容,继续探讨本章第一节未结束的话题。

一、禹　步

"禹步"是先秦巫者的一种步法,为秦人所推崇。《法言·重黎》云:"昔者姒氏治水土,而巫步多禹。"李轨注:"姒氏,禹也,治水土,涉山川,病足,故行跛也。禹自圣人,是以鬼神、猛兽、蜂虿、蛇虺莫之螫,而俗巫多效禹步。"

禹步是巫在行巫时所使用的出走步伐。这种步法,传为夏禹所创。因其步法依北斗七星排列的位置而行步转折,宛如踏在罡星斗宿之上,又称"步罡踏斗"。而病者,亦要求踏禹步,持咒语,念念有词。同时,还要"疾去,毋顾"。

睡虎地秦墓竹简《日书》甲种"诘咎"篇有:

人毋(无)故而忧也,为桃更(梗)而敂(敤)之,以癸日日入投之道。五四背贰

睡简《日书》甲种的"诘咎"篇中亦有两则转移鬼祟的记载,第一则是转移"不辜鬼",其简文载:

人生子未能行而死,恒然,是不辜鬼处之。以庚日日始出时五二背贰渍门以

灰,卒,有祭,十日收祭,裹以白茅,貍(埋)野,则毋(无)央(殃)矣。五三背贰①

意思是:"人生子"若"未能行而死",则因家里存在"不辜鬼"。当然,"不辜鬼"是人们想象中的妖魔鬼怪。驱赶不辜鬼要选在庚日日出出行之时,先用灰撒门,祭祀不辜鬼。祭罢,以白茅包裹祭品,而埋于野。

驱逐鬼怪的第二例:

一室井血而星(腥)臭,地虫斲(斗)于下,血上扁(漏),以沙垫之,更为井五三背叁,食之以喷,饮以爽(霜)路(露),三日乃能人矣。若不五四背叁,三月食之若傅之,而非人也,必枯骨也。旦而五五背叁最(撮)之,苞以白茅,果(裹)以贲(奔)而远去之,则止矣。五六背叁②

意思是:如果某秦人家的井水腥臭,这是"地虫"作祟使然。如果要摆脱地虫的肆意困扰,必须用沙土填平此井。之后新凿井,"食之以喷,饮以霜露"需要连续三个时日。时辰到了,用白茅将沙子裹住,随身携带迅速出行,必须长途奔走,到达目的地再把地虫扔掉,家里祸患随之即除。

上述活动,禹步巫术是巫者用来沟通人与鬼神的方式,但这并不代表所有的禹步都需要有巫者的亲自参与。它的施术者身份,既可以是巫者,亦可以是非巫者;既可以为民间活动,也可以是官方行为。

二、道中祀

秦人在出行之前有在道中祠祭行神的习俗禁忌。如睡虎地秦简《日书》乙种中有:

凡行者毋犯其大忌,西【毋以亥、未,东毋以丑】、巳,北毋以戌、寅,南毋以辰、申。行龙戊、已,行忌一四二。凡行,祠常行道右,左匡。一四三

简文"行忌",指的就是著者研究的秦人出行的禁忌。简文里的"常行",吴小强先生释为道路之神,著者从简文中发现,凡是要出行的秦人,都要在道路的右边祭祀道路神"常行",而这种祭祀有固定的仪式过程:

---

① 魏德胜.《睡虎地秦墓竹简》语法研究[M].北京:首都师范大学出版社,2000:306.
② 魏德胜.《睡虎地秦墓竹简》语法研究[M].北京:首都师范大学出版社,2000:308.

行行祠：

行祠,东行南〈南行〉,祠道左;西北行,祠道右。其活(号)曰大常行,合三土皇,耐为四席。席叕(餟)其后,亦席三叕(餟)。其祝一四五曰:"毋(无)王事,唯福是司,勉饮食,多投福。一四六"

按规定:秦人出行东南,则在道路的左侧祭祀;西北行,则在道路的右侧祭祀。祭祀之时,需要设置四个祭席,在每席的后面各自用酒洒于地面三次,并说祝词:"愿国家平安无事,只有幸福充溢四方;敬请大常行神和三位土皇多吃美食,多多赐福于我们。"

以上记载表明:道中祀是秦人日常生活中必不可少的一部分,这种行为后来长期流行于民间。

西汉高祖刘邦特别重视秦俗道中祀。他在高祖六年(公元前201年),设置诸祠:

诏御史,令丰谨治枌榆社,常以四时春以羊彘祠之。令祝官立蚩尤之祠于长安。长安置祠祀官、女巫。其梁巫,祠天、地、天社、天水、房中、堂上之属;晋巫,祠五帝、东君、云中(君)、司命、巫社、巫祠、族人、先炊之属;秦巫,祠杜主、巫保、族累之属;荆巫,祠而堂下、巫先、司命、施糜之属;九天巫,祠九天:皆以岁时祠宫中。其河巫祠河于临晋,而南山巫祠南山、秦中。秦中者,二世皇帝也。各有时(月)(日)。①

除枌榆社、蚩尤祠以外,其他巫祠也多用秦制之旧。可见,汉初在国家的官祠方面保留了秦朝大量旧有祭祀习俗。

只是,令人遗憾的是,西汉汉武帝天汉二年禁令"止禁巫祠道中者",刘彻希望通过打击民间道中祀行为,达到"矫端民心"目的,进而以抑秦兴汉的途径巩固自身"大一统"的政治统治。

三、其他诸巫术行为

1.建除择日。建除,是古代术数家以天文中的十二辰,分别象征人事上的建、

---

① 司马迁.史记[M].长沙:岳麓书社,1982:644.

除、满、平、定、执、破、危、成、收、开、闭十二种情况。后以"建除"指根据天象占测人事吉凶祸福的方法。《淮南子·天文训》:"寅为建,卯为除,辰为满,巳为平,主生;午为定,未为执,主陷;申为破,主衡;酉为危,主杓;戌为成,主少德;亥为收,主大德;子为开,主太岁;丑为闭,主太阴。"

睡虎地秦简《日书》甲种"除"篇及乙种中有大致相同的"建除"记载。如建除日的名目,睡简《日书》乙种中分别作:平达之日、成外阳之日、空外这日、魁外阴之日、成决光日(睡简《日书》甲种中则作"央光日")。建除日中,睡虎地秦简《日书》甲种中多出"见人",乙种却无"出征"而有"见人、入邦";"外阳日",睡简《日书》甲种则为"利以达野外,可以田猎。以亡,不得",乙种仅作"利以之四方野外";"外害日",睡简《日书》甲种内容基本相同,乙种作"不可以行,之四邻,必见兵";"阴日",睡简《日书》甲种为"不可以之野外",乙种为"不可远行,远行不返";"资日",睡虎地秦简《日书》甲种作"利以猎四方野外,行有得"。

睡虎地秦简《日书》甲种有"秦除"篇,"秦除"是秦人的建除系统,该篇所列全年的十二种日子中,有关出行禁忌的日子只有"挚(执)日"。原简文曰:

挚(执)日,不可以行。以亡,必挚(执)而入公而止。九正贰①

"执日",根据"秦除"篇中的秦除表,可知其在每月中的具体日子为:正月未、二月申、三月酉、四月戌、五月亥、六月子、七月丑、八月寅、九月卯、十月辰、十一月巳、十二月午诸日。放马滩秦简甲种《日书》第18号简文亦云:

执日不可行、行远,必执而于公。

虽然二者在文字表达上略有出入,但两"执日"在各月份所配的地支上则完全一样,说明它们都是属于秦人的建除系统。

此外,赤啻(帝)临日亦是大行、远行的禁忌日子。简文曰:

凡且有大行、远行若饮食、歌乐、聚畜生及夫妻同衣,毋以正月上旬午,二月上旬亥,三月上旬申,四月上旬丑,五月上旬戌,六月上旬卯,七月上旬子,八月。一二七

---

① 魏德胜.《睡虎地秦墓竹简》语法研究[M].北京:首都师范大学出版社,2000:188.

正上旬巳，九月上旬寅，十月上旬未，十一月上旬辰，十二月上旬酉。凡是日赤啻(帝)恒以开临下民而降其英(殃)，不可具为百事，皆毋(无)所利。节(即)有为也。一二八

正，其央(殃)不出岁中，小大必至。有为而禺(遇)雨，命曰央(殃)蚤(早)至，不出三月，必有死亡之志至。

凡是有为也，必先计月中间日，句(苟)毋(无)直赤啻(帝)临日，它日虽。一二九

正有不吉之名，毋(无)所大害。

意思是：勿在正月上旬午、二月上旬亥、三月上旬申、四月上旬丑、五月上旬戌、六月上旬卯、七月上旬子、八月上旬巳、九月上旬寅、十月上旬未、十一月上旬辰、十二月上旬酉等远行。"月中间日"指的是每月中除赤帝临日外的其他日子。

2. 行前除道。即：秦人出行前往往举行出邦门仪式。睡虎地秦简《日书》甲种简文曰：

行到邦门困(阃)，禹步三，勉壹步，謼(呼)："皋，敢告曰：某行毋(无)咎，先为禹除道即五画地，揪其画中央土——背而怀之。一二背"

3. 急行厌胜。周家台30号秦墓简牍《日书》给不及择日而须出行的人们一种相应的巫术应急办法：

有行而急，不得须良日，东行越木，南行越火，西行越金，北行越水，毋须良日可也。三六三

意思是：你有急事即刻出发，来不及等到吉日。你就在出行的方位举行简单的仪式就行了。出行方向为东，出行者就跨越木；为南，就越火；为西，越金；为北，则越水。

我们不难发现，这种权宜之法，显然是五行配五方思想的巧妙运用。

4. 行宿护身。马王堆汉墓帛书《养生方》载：

【一曰】：东乡(向)謼(呼)："敢告东君明星，口来敢到画所者，席彼裂瓦，何

人?"有(又)即周【画】中。一九一①

引文指出,画地的方法也不是睡简《日书》中的"五画地"或放简《日书》中的"质画地",而是"周画中",即在地上画一圆圈。出行者宿于其画定的范围内,可防御行宿中各种鬼魅对出行者的种种侵扰。

"东君明星",各家无释,唯袁玮先生认为其为"巫术的天神名"。

第三节　月令择吉

传世文献《吕氏春秋》对《月令》在分月叙述的方面,非常具体。该书对殷周时期所涉及的音律、数字、味道以及所遵奉的帝、神都有严格的规定,这些细节亦构成了秦人出行与《月令》择吉的相关联系。

在《月令》中,殷周人对四时的礼祭,所尊之帝分别为太白皋、炎帝、少白皋、颛顼,所奉之神分别为句芒、祝融、蓐收、玄冥。以秦周春季三月为例,正义引《异义》认为:"以东方生养,元气盛大,西方收敛,元气便小,故东方之帝谓之太白皋,西方之帝谓之少曙。"②而秦人所遵循的春、夏、秋、冬诸月出行所奉祭的神祇也大体与殷周相类。这些帝与神,在传统社会被认为是盛德君王,不仅具有崇高的地位,而且被奉为四季神明。如下表所示:

表2-1　殷周《月令》诸月崇奉神祇、虫声数味表

月份	孟春	仲春	季春	孟夏	仲夏	季夏	孟秋	仲秋	季秋	孟冬	仲冬	季冬
所尊帝名	太白皋	太白皋	太白皋	炎帝	炎帝	炎帝	少白皋	少白皋	少白皋	颛顼	颛顼	颛顼
所奉之神	句芒	句芒	句芒	祝融	祝融	祝融	蓐收	蓐收	蓐收	玄冥	玄冥	玄冥

---

① 湖南省博物馆.湖南省博物馆四十周年纪念论文集[M].长沙:湖南教育出版社,1996:106.
② 四库未收书辑刊编纂委员会.四库未收书辑刊:肆辑　伍册[M].北京:北京出版社,2000:322.

续　表

月份	孟春	仲春	季春	孟夏	仲夏	季夏	孟秋	仲秋	季秋	孟冬	仲冬	季冬
虫	鳞	鳞	鳞	羽	羽	羽	毛	毛	毛	介	介	介
音	角	角	角	征	征	征	商	商	商	羽	羽	羽
律	太簇	夹钟	姑洗	中吕	蕤宾	林钟	夷则	南吕	无射	应钟	黄镔	大吕
数	八	八	八	七	七	七	九	九	九	六	六	六
味	酸	酸	酸	苦	苦	苦	辛	辛	辛	咸	咸	咸
臭	擅	擅	擅	焦	焦	焦	腥	腥	腥	朽	朽	朽

一、月令出行的作用

出行禁忌亦是秦人政治生活的重要组成部分，是保障秦社会节奏与自然节律相契合，维护秦社会秩序的基本手段。"赏以春夏，刑以秋冬"的思想，在前经学时代逐步渗透到法律制度和司法实践中，形成具有强烈时令色彩的秦出行体系，为殷商《月令》与秦法制的结合奠定了历史基础。

就出土资料来看，秦时诸多出行管理均以法令形式颁定，其与时令的关系因此被强制性固定下来。青川秦牍记载了秦武王时期更修为田律的内容。其中，对阡陌封疆、桥梁陂堤等的除草、修缮进行出行时间规定：

"以秋八月，修封捋（埒），正疆畔，及发千（阡）百（陌）之大草。九月，大除道及除幤（会）。十月为桥，修陂堤，利津口。鲜草，（虽）非除道之时，而有陷败不可行。"

秦简《田律》规定："春二月，毋敢伐材木山林及雍（壅）堤水。不夏月，毋敢夜草为灰，取生荔、历蟘（卵）壳，毋口口毒鱼鳖，置罁罔（网），到七月而纵之。唯不幸死而伐绍（棺）享（椁）者，是不用时。邑之纺（近）皂及它禁苑者，麛时毋敢将犬以之田。百姓犬入禁苑中而不追兽及捕兽者，勿敢杀；其追兽及捕兽者，杀之。河（呵）禁所杀犬，皆完入公；其他禁苑杀者，食其肉而入皮。田律。"

简文中对自然资源的采伐使用有着明确的时间规定。可见，时令出行与秦律令的结合，已经开始贯彻到当时的社会管理中去了。

尽管时令出行与秦律令在实践层面开始结合,但秦时尚未形成统一的严格的"刑以秋冬"的制度。以劳役出行为例,睡虎地秦简《金布律》规定:"禀衣者,隶臣、府隶之毋(无)妻者及城旦,冬人百一十钱,夏五十五钱;其小者冬七十七钱,夏卌四钱。春冬人五十五钱,夏卌四钱;其小者冬卌四钱,夏卅三钱。隶臣妾之老及小不能自衣者,如春衣。"①"受(授)衣者,夏衣以四月尽六月禀之,冬衣以九月尽十一月禀之,过时者勿禀。后计冬衣来年。"

前文亦有秦以雍地四時祀上帝为主的出行祭祀体系。其中,秦襄做西時、文公东猎汧渭之间、文公设陈宝祠、宣公做密時于渭南、灵公于吴阳做上下時、献公做畦時于栎阳都有相应的月令礼仪。

由于秦以冬十月为岁首,故而,常以十月上宿郊见,出行而衣上白。这些祭礼成为秦沟通天人以和谐万民的基本政治方式。秦始皇统一六国后,时令出行更是制度化、反制化、实践化。秦始皇东巡郡县,"祠骆峰山,颂秦功业",封泰山,禅梁父,"其礼颇采太祝之祀雍上帝所用。"②

从出土的睡虎地秦简,我们发现,在基层社会的徭役征缴、土地授受、移民管理、生产组织、交通修建等各个方面,基层官吏都有具体的职掌出行细则,且秦统治者颁布的诏书律令,基层官吏也负责宣教于民。

睡虎地秦简云:

"故腾为是而修法律令、田令及为间私方而下之,令吏明布,令吏民皆明智(知)之,毋巨(止巨)于罪。"

这种"令吏明布,使民知之"的方式,将天子"与时偕行"的统治意志贯彻到秦千家万户。

尽管《月令》未能从科学的角度来正确解读人与自然的本质关系,但《月令》保存了相关的出行禁忌知识,参与了我们民族的自然观、世界观的塑造,深刻影响了我们的行为模式、心理样态以及价值取向。对于今天的我们而言,在对《月令》加以扬弃的基础上,要吸取历史教训,获得新知,增强文化自信,这亦是作者研究秦人

---

① 陈伟.秦简牍校读及所见制度考察:秦简牍研究[M].武汉:武汉大学出版社,2017:237.
② 夏曾佑.中国学术:中国古代史[M].南昌:江西教育出版社,2018:205.

出行的初衷所在。

二、月令出行禁忌

(一)婚嫁出行禁忌

睡虎地秦简《日书》甲种"除"篇中的"阴日"则为嫁娶之吉日。

原简文云：

阴日:利以家室。祭祀、家(嫁)子、取(娶)妇、入材,大吉。以见君上,数达,毋(无)咎六正贰。

据简文所示,"阴日"在每个月中的具体时间是:正月二月巳未、三月四月未酉、五月六月酉亥、七月八月亥丑、九月十月丑卯、十一月十二月卯巳。附表如下:

表　2-2

月份	正月	二月	三月	四月	五月	六月	七月	八月	九月	十月	十一月	十二月
日阴	巳未	巳未	未酉	未酉	酉亥	酉亥	亥丑	亥丑	丑卯	丑卯	卯巳	卯巳

又,睡虎地秦简《日书》甲种"秦除"篇简文曰:平日,可以娶妻、入人、起事。一七正贰

"平日"在每月中的具体日子为:正月巳、二月午、三月未、四月申、五月酉、六月戌、七月亥、八月子、九月丑、十月寅、十一月卯、十二月辰。另外,放马滩秦简甲种《日书》亦有"平日",其在每月中的具体日子与睡简《日书》甲种"平日"同,而其对应的宜忌事项中也有"可取(娶)妻"。

此外,睡虎地秦简《日书》乙种"除"篇简文涉及嫁娶宜忌的出行时日:

赢阳之日,利以见人、祭、作大事、取(娶)妻,吉。褎(製)寇(冠)带,君子益事。

作阴之日,利以入(纳)室,必入资货。家(嫁)子、攻击,吉、胜。一八壹

成决光之日,利以起大事、祭、家(嫁)子,吉。具有食,行有得,生子美二四壹。

复秀之日,利以乘车、冠、带剑、热祭、家(嫁)子,皆可。

上述嫁娶的出行禁忌仍是结合建除、时令的方法推定的。睡虎地秦简《日书》

甲、乙种所载建除名即是其例。虽然如此，但其用十二值配地支十二辰来安排一年十二月中每日吉凶的方法则一致，它们都是在阴阳五行思想的大框架下，基于人们对阴阳时气的变化以及天人交感式的宇宙观而产生的。在其发展中，它又被赋予人为宗教的神秘特色，使之与神灵相联系，最后形成一套以建、除、满、平、定、执、破、危、成、收、开、闭为名的建除十二神择吉系统，成为人们用来指导出行禁忌的理论依据。

另外，睡虎地秦简《日书》乙种"秦"篇中的采、危阳、敷、阴、彻等日也涉及嫁娶的宜忌。从该篇行文、内容上看，它与甲种"稷辰"基本相同，仅在日名上略有差异。如甲种的"秀"，乙种作"保"，甲种的"畴"，乙种作"爱"，其余日名均同。睡简《日书》乙种"秦"篇的采、危阳、敷、阴、彻等日的嫁娶吉凶情况与睡简《日书》甲种"稷辰"篇完全相同，只是乙种"秦"篇简文残损较大，不如甲种"稷辰"篇完整，是以甲种的"结日"，在乙种中已找不到，但这并不影响两篇简文是源自同一体系的东西。由于这两篇简文相同，故其有关嫁娶吉凶的信仰原理自然也相同，无须赘言。

以上有关嫁娶宜忌的时日分别为秀日、危阳日、敷日、阴日、彻日、结日，这些是属于丛辰家择吉系统的日名。

禹娶涂山之女日，为婚嫁禁忌日。睡虎地秦简《日书》甲种简文曰：

癸丑、戊午、己未，禹以取（娶）梇山之女日也，不弃，必以子死。二背壹

简文以癸丑、戊午、己未为禹娶涂山之女日，故于此日里忌行娶妻之事。我们对这一传说的原因细节部分，今人或以讹传讹，已无从考证了。

牵牛娶织女分离日亦为须避忌的时日。睡简《日书》甲种"娶妻"篇简文云：

戊申、己酉，牵牛以取（娶）织女，不果，三弃。

又，睡虎地秦简《日书》甲种"入官良日"篇末所附简文云：

戊申、己酉，牵牛以取（娶）织女而不果，不出三岁，弃若亡。三背壹

睡简《日书》以戊申、己酉为牵牛娶织女之日，因其婚事不吉而规避。

以上以秦人婚嫁为例，谈谈对时令出行禁忌的进一步认识。至于丧葬出行禁忌与时令的关系，著者将单节予以论述。

（二）葬行禁忌

睡虎地秦简《日书》甲种"衣"篇末附简文载：

葬日，子卯巳酉戌，是胃（谓）男日，午未申丑亥辰，是胃（谓）女日。女日死，女日葬三。正贰，必复之。男子亦然。凡丁丑不可以葬，葬必参。

睡虎地秦简《日书》乙种"人日"篇简文亦云：

凡子、卯、寅、酉男子日，午、未、申、丑、亥女子日。以女子日病，病廖，必复之。以女子日死，死以葬，必复之。男子日如是。

又"男子日"篇简文曰：

男子日，寅、卯、子、巳、戌、酉，女子日，辰、午、未、申、亥、丑。

何双全先生释读：

男日：卯寅巳酉戌。女日：午未申丑亥辰。以女日病，以女日疗，必可，日复之，以女日死，以女日葬，必复之。男日亦如是，谓亡隶之日。

结合上述睡虎地秦简相关内容，何先生的释读有需要订补之处。吴小强先生对此释读如下：

男日，卯、寅、巳、酉、戌。女日，午、未、申、丑、亥、辰。以女日病，以女日瘫，必可日复之。以女日死，以女日葬，必复之。男日亦如是。谓罔（亡）隶之日。

著者在前两位专家的基础上解读为：

简文是对男、女日丧行的规定。男子日为：寅、卯、子、巳、戌、酉；女子日为：辰、午、未、申、亥、丑。

这里，笔者整理出秦人对葬行禁忌日的界定：

（1）辰日葬行禁忌

"辰日"，即甲辰、丙辰、戊辰、庚辰、壬辰。睡虎地秦简《日书》甲种简文云：

毋【以】辰葬，必有重丧。五正贰。

"必有重丧"，即必定会再次发生死亡之事，知此日为丧葬之忌日。

武威磨咀子第六号汉墓出土的《日书》残简"日忌木简丙"亦云：

【辰】毋治丧。

"治丧"即处理丧事，在这里应指葬埋死者。这与上引睡简《日书》甲种简文

"毋辰以葬"意思相同。

此外,在敦煌悬泉汉简《日书》"死"篇中,有几条简文,有助于理解秦人对于辰日所涉禁忌事项的解读。

原简文:

辰死者,不幸。西南间一室必有死者,央(殃)凶不出西井上。辰不可穿。穿,不出三月有五丧。毋以死者。以死者,不出三年有五丧。勿以哭泣,以哭泣,不出三月复哭。①

著者注:"辰死者:辰日死亡,即甲辰、丙辰、戊辰、庚辰、壬辰等日。《日书》以干支记日者皆类似。""穿:穿地,如掘井、挖坑等,此处特指开挖墓穴毋以死者当为'毋以辰死者'之省。下文'以死者',即'以辰死者'。"

由上简文可知,不但此日里死亡是不吉的,而且于此日开挖墓穴、临行哭泣等出行日都是凶日,这一禁忌在睡虎地秦简《日书》乙种简文中亦有类似描述:

辰不可哭、穿肂(弹),且有三丧。

"肂",释为"萍""辰不可哭",具体指死了人时严禁哭行和葬行。也就是说,"辰日"为死亡丧葬之凶日,凡是与死亡有关之事,如哭泣、送别等均禁忌。

王充《论衡·辨祟》亦云:"辰日不哭,哭必重丧。"陈梦家先生指出,"辰不哭泣"与汉简"辰毋治丧"应是一事。可见秦战国同样以辰日忌行丧葬事。

丧葬忌日因何禁忌辰日?《颜氏家训·风操》给出了答案:

阴阳说云:辰为水墓又为土墓,故不得哭。高唐隆以土生于未,盛于戌,壮于丑,终于辰。辰为水土墓,故辰日不哭,以辰日重丧故也。② 隋萧吉《五行大义》卷二《论生死所》则以五行寄生十二辰说解释曰:"五行体别,生死之处不同,遍有十二月十二辰而出没。……水,受气于巳,胎于午,养于未,生于申,沐浴于酉,冠带于戌,临官于亥,王于子,衰于丑,病于寅,死于卯,葬于辰。土,受气于亥,胎于子,养于丑,寄行于寅,生于卯,沐浴于辰,冠带于巳,临官于午,王于未,衰病于申,死于酉,葬于戌。戌是火墓,火是其母,母子不同葬,进行于丑。丑是金墓,金是其子,义

① 贾艳红.汉代民间信仰与地方政治研究[M].济南:山东大学出版社,2011:267.
② 吕庆业,伍振忠.中国处世文化名著[M].延吉:延边大学出版社,1995:224.

又不合,欲还于未,未是木墓,木为土鬼,畏不敢入,进休就辰。辰是水墓,水为其妻,于义为合,遂葬于辰。……水土共墓。正取此也。"

这说明辰日葬行禁忌是以阴阳五行学说为基础的。

(2)葬行禁忌丁丑日

从睡简《日书》甲种简文"凡丁丑不可以葬,葬必参"可知:丁丑日为秦人葬行禁忌日。史料表明:在此日葬行死者后患无穷,必会让葬行人三次发生死亡事件。这一葬埋忌日也见于敦煌悬泉汉简《日书》"死"篇中:

丁丑不可入丧,丧,不出三年有人三死亡。

"不可入丧",即睡简《日书》甲种的"不可葬"。而"不出三年有人三死亡"与"葬必参(垒)"文义大致雷同。

(三)农事出行禁忌

秦早期先民在长期的农事生产实践中,已认识到了农作物的种植、收获及储藏等与季节变化之间的密切关系。但受客观条件的制约,秦人在应对自然界的突变时的能力有限,故而在农事生产中,常将农作物的种植、收获等的顺利与否与某些神秘的事项相联系,产生了一些有关农事生产的宜忌信仰。

现依旧以睡虎地秦简《日书》甲、乙种、放马滩《日书》甲、乙种等出土简文资料为主,将有关农事出行禁忌简叙如下。

(1)五谷良日

睡虎地秦简《日书》甲种"秦除"篇下端简文曰:

禾良日,己亥、癸亥、五酉、五丑。

"禾"有两解,一专指粟,即今天的谷子。一为谷类作物的总称。此处的"禾良日"即睡虎地秦简《日书》乙种中的"五谷良日"。故"禾"在此处当为谷类作物之总称。

"五酉",即癸酉、乙酉、丁酉、己酉、辛酉。"五丑",即乙丑、丁丑、己丑、辛丑、癸丑。这是说,己亥、癸亥、癸酉、乙酉、丁酉、己酉、辛酉、乙丑、丁丑、己丑、辛丑、癸丑等日是五谷作物的好日子。

又,睡简《日书》乙种简文曰:

五谷良日,己□□□出种及鼠(予)人。壬辰、乙巳,不可以鼠(予)。子,亦勿以种。

"出种及鼠(予)人",按,周家台30号秦墓出土简牍中载有祭祀"先农"的一条资料,其中有施术者在行祭先农后,要到同邑最富者家中与其一起参加"出种"活动,然后又"出种所"。这是就说,壬辰、乙巳为不可赠送谷物种子给他人的日子,而子日则为播种之忌行日。

(2)五谷忌日

睡虎地秦简《日书》甲种简文曰:

禾忌日:稷龙寅、秫丑(一八正)钏稻亥,麦子,菽、荅卯(一九正)麻辰,葵癸亥,各常口忌(二〇正)不可种之及初(二一正)获出入之。辛卯不可以(二二正)初禾(二三正)卷。

五谷龙日,子麦、丑黍、寅稷、辰麻、申戌叔(菽八壬辰瓜、癸葵六五)。

"禾忌",从本条简文内容看,当指"五谷"之忌日。"龙",各家注解有分歧,单依据《日书》记载可知,其意仍为忌日。

从简文提及的农作物种类来看,有禾、麦、黍、麻、菽、稻等六种,故此处的"五种忌"之"五"应是虚数。有关"五种忌"的记载,睡虎地秦简《日书》乙种亦有简文:

五种忌日,丙及寅禾,甲及子麦,乙巳(四六贰)及丑黍,辰卯及戌叔(菽),亥稻,不(四七贰)可以始种获、始赏(尝),其(四八贰)岁或弗食(四九趾)凡有入殴(也),必以岁后;有出(五〇贰)殴(也),必以岁前(五一贰)。①

此条与上引内容基本一致。

此外,出土秦简中有关"田忌"的两条资料,涉及初田的忌行日,与农事忌行有关。如睡简《日书》甲种简文:

田忌,丁亥、戊戌,不可初田及兴土攻(功)。一五〇背。

又,睡虎地秦简《日书》乙种简文云:

初田毋以丁亥、戊戌。三〇贰

---

① 魏德胜.《睡虎地秦墓竹简》语法研究[M].北京:首都师范大学出版社,2000:202.

"初田",即第一次耕田,也就是垦田后第一次耕田。农事出行禁忌与别的出行禁忌一样有信仰渊源,这自然与农神忌日大有关联。睡简《日书》甲种简文曰:

田亳主以乙巳死,杜主以乙酉死,雨帀(师)以辛未死,田大人以癸亥死−四九背。

"田亳主",秦简整理者无注。著者认为田主即田神,而"杜主",即社主。有学者把"杜主"附会为古蜀王杜宇,显然是没有任何根据的一种臆测。司马迁《史记》以杜主与社主互见,适以证明杜主确是社主,更何况古文字"社""杜"皆是"土"的孪生字。

由上,说明秦人在农业出行生产上的禁忌是与他们对农业神灵的崇拜有关。

不仅如此,秦人还通过占卜形式来确定年岁收割日。如:

(1)以"正月初七,不利于人"情况来占卜本年人的年岁出行吉凶。放简载:

入正月一日而风不利鸡,二日风不利犬,三日风不利豕,四日风不利羊,五日风不利牛,六日风不利马,七日风不利于人。[①]

"七日刮风,不利于人。"后世传世文献中载有类似岁首杂占:

《月令占候图》曰:"自元日至八日占禽兽:一日为鸡,天清气朗,人安国泰,四夷来贡。二日为狗,无风雨即大熟。三日为猪,天气明朗,君安。四日为羊,气色和暖,无灾,臣顺君命。五日为马,如清明,天下丰稔。六日为牛,日月光晴,岁大熟。七日为人,从旦至暮,日色晴朗,夜见星辰,民安国宁,君臣和会。八日为谷,如昼晴夜见星辰,五谷丰熟。其日晴明,则所主之物蓄息;阴晦则耗损。"

(2)以"正月一日八方来风",占卜本年年岁。由放简可知,当时的秦人认为,通过观察正月一日八方来风可以占卜年岁。

(四)土工建筑行忌

秦人在土工建筑方面亦有其独特的禁忌文化,并形成了有关秦人的建筑择吉俗信。放马滩秦简乙种《日书》简一三九主要讲述了正月、四月、七月、十月为他人修建院墙的方位禁忌,其原文如下:

---

① 陈伟.秦简牍校读及所见制度考察:秦简牍研究[M].武汉:武汉大学出版社,2017:13.

正月东方,四月南方,七月西方,十月北方,是谓咸池会月也,不可垣其乡(向)。垣高厚,死;取谷,兵,男子死;垣坏,女子死。

由简文可知,这种移徙方位禁忌以大时所居之方为凶向,不利移徙。《淮南子·天文训》:"斗杓为小岁,正月建寅,月从左行十二辰。咸池为太岁,二〈正〉月建〈起〉卯,月从右行四仲,终而复始。太岁迎者辱,背者强,左者衰,右者昌;小岁东南则生,西北则杀,不可迎也,而可背也,不可左也,而可右也,其此之谓也。大时者,咸池也;小时者,月建也。"由此可见,"斗杓为小岁","小时者,月建也"。

古人以斗杓所指之辰谓之斗建,也称"月建",即斗杓为月建,则小岁、小时为同一概念;"咸池为太岁","大时者,咸池也",则太岁、大时亦为同一概念。

我们可以将咸池会月土忌理解为:正月大时、小时会合于东方,不可垣东向;四月大时、小时会合于南方,不可垣南向;七月大时、小时会合于西方,不可垣西向;十月大时、小时会合于北方,不可垣北向,否则灾祸就会降临。

在放马滩甲、乙两种《日书》中,均有有关建筑择吉的记载,其相关简文如下(放简甲、乙两种《日书》所载《建除》内容完全相同,故只列放简甲种《日书·建除》内容):

盈日:可筑閒(闲)牢,可入生(牲)。利筑宫室,为小啬夫,有疾难瘳甲。

由简文可知,盈日为建筑吉日,可筑闲牢,即养马之所,利筑宫室。

著者现就已掌握的知识点展开论述,存在学术争论的,且与出行禁忌无关的土忌,就此按下不表。

(1)牝日土忌

关于五行理论运用的建筑土忌,普遍采用的有"牝日"土忌。睡简甲种《日书》中亦有有关"牝日"的记载,其简文如下:

春之乙亥,秋之辛亥,冬之癸亥,是胃(谓)牝日,百事不吉。以起土攻(功),有女丧-三六背。

"牝日"土忌中的"牝日"为春三月乙亥、夏三月丁亥、秋三月辛亥、冬三月癸亥,而秦简中的牝日为丑、辰、午、未、申、亥。

由此可知,五行理论运用于土工建筑方面主要表现为土忌。如五行生克、五行击冲、五行日不可做土功。

以五行相克理论与土忌例,有原文如下:

啻(帝)以春三月……四废庚辛乙。九五壹

啻(帝)以夏三月……四废壬癸乙。九六壹

啻(帝)以秋三月……四废甲乙乙。九七壹

啻(帝)以冬三月……四废丙丁乙。九八壹

四废日不可以为室、屋、内,为闲仓及盖乙。一〇三壹

此例有关系到"绝天气"日土忌的记载。简文如下:

凡甲申、乙酉,绝天气,不可起土攻(功),不死必亡。①

由简文可知,甲申、乙酉两日为"绝天气"日。著者认为"绝天气"为"阻绝天的元气",在此秦人不可起土功。因为:甲申,甲五行属木,申五行属金,金克木。乙五行亦属金,酉五行亦属金,金克木。放简乙种《日书》简一四〇有木日、土日、水日不可做土功的记载,其原文如下:

甲、乙、丙、丁、戊、己、庚、辛、壬、癸,凡是十二毁,不可操土攻(功)。木日长子死,土日中子死,水日少子死,百事皆然。

简文所述为"十二毁"土忌,其信仰原理为五行日不可操土功。甲、乙为木日,丙、丁为火日,戊、己为土日,庚、辛为金日,壬、癸为水日,木日操土功长子死,土日操土功中子死,水日操土功少子死,火日、金日操土功也应当有相应的惩罚。

(2)地杓日土忌

放简乙种《日书》简一三六、一三七载有有关"地杓"日土忌的内容,其简文如下:

寅、巳、申、亥、卯、午、酉、子、辰、未、戌、丑,凡是谓地杓,不可垣、穿地井,到䣛(膝),少子死,到要(腰),中子死。到夜(腋),长子死。乙一三六到颈(颈),妻死。没人,父母死。以它辰垣杓乡(向),不死大咎(凶);以辰垣它乡(向),咎(咎)。延(征)行以杓辰乡(向),必死亡。乙一三七。

① 武汉大学简帛研究中心,甘肃简牍博物馆,四川省文物考古研究院.秦简牍合集:4[M].武汉:武汉大学出版社,2016:93.

放简乙种《日书》简一三六、一三七与一三三壹简序相隔不远,简文句式结构一致,皆由十二地支、神煞、土忌三部分组成,且地支次序相同,由此可知,简一三六、一三七是讲述神煞"地杓"一年十二月所处辰位及其所值之日的土忌,其运行规律与"土禁"相同,即正月寅日、五月卯日、九月辰日不可垣、穿地井于东方,二月巳日、六月午日、十月未日不可垣、穿地井于南方,三月申日、七月酉日、十一月戌日不可垣、穿地井于西方,四月亥日、八月子日、十二月丑日不可垣、穿地井于北方,否则,按工程量多与少,出行的施工者会受到不同的惩罚,即:至膝,少子死;及腰,中子死;及于腋,长子死;入胫,妻死;无人,父母死。

此外,"土星"日土忌,亦值得学界加以重视。放简乙种《日书》简一三二壹载有有关"土星"日土忌的内容,其简文如下:

亥、酉、未、寅、子、戌、巳、卯、丑、申、午、辰,凡是土星,不可筑垣、土攻(功),大兇(凶)乙一三二壹。

简文主要讲述一年十二月神煞"土星"所处辰位及其所值之日的土忌,具体来说就是正月亥日、二月酉日、三月未日、四月寅日、五月子日、六月戌日、七月巳日、八月卯日、九月丑日、十月申日、十一月午日、十二月辰日为神煞"土星"所值之日,于此日不可出行兴垣、土功。

睡简甲种《日书》简一三二壹、一三三壹所载土忌与"土星"日土忌相似,其原文如下:

正月亥、二月酉、三月未、四月寅、五月子、六月戌、七月巳、八月

卯、九月丑、十月申、十一月午、十二月辰,是胃(谓)土一三二壹神,毋起土攻(功),凶一三三壹。

简文所述为"土神"日土忌,其与"土星"日土忌内容相似,原理大抵相同。刘乐贤先生认为:"土神是古时广为信奉的神祇,日者借用其名,并将其出行之日加以规定,谓该日不可起土功。"

第四节　礼俗禁忌

礼俗研究属于民俗学、社会学、历史学之间的一门学科。著者认为，该学科理论，本质上是人类学的理论。本节只讨论礼俗行忌内容，至于秦人出行礼俗，后面会有专章讨论。

我们先看祠墓行忌。放马滩秦简《丹》篇载有主人公丹所讲的祠墓禁忌：

八年八月己巳，圭丞赤敢谒御史："大梁人王里樊壁曰丹，葬为十年。丹矢伤人垣雍里中，因自刺殴。弃之于市三日志，葬之于垣雍南门外。三年，丹而复生。丹所以得复生者，吾犀武舍人，犀武论其舍人尚命者，以丹志二未当死，因告司命史公孙强。因令白狗穴屈出丹，立墓上三日。因与司命史公孙强北出赵氏，之北志三地相丘之上。盈四年，乃闻犬狋鸡鸣而人食，其状类益，少麋，四支不用。丹言：'死者不欲多衣。死人以白茅为富，其鬼贱胜于它而富。'丹言：'祠墓者毋敢设，设鬼去敬走。已，收掇而竖之，如此，鬼终身不食殴志五。'丹言：'祠者必谨骚除，毋以淘海祠所。毋以羹沃脓上，鬼弗食殴志七。'"[1]

北大秦牍《泰原有死者》与放简《丹》篇内容大体相似。现将《泰原有死者》简文摘抄如下：

泰原有死者，三岁而复产，献之咸阳，言曰："死人之所恶，解予死人衣。必令产见之，弗产见，鬼辄夺而入之少内。死人所贵黄圈。黄圈以当金，黍粟以当钱，白菅以当诱。女子死三岁而复嫁，后有死者，勿并其冢。祭死人之冢，勿哭。须其已食乃哭之，不须其已食而哭之，鬼辄夺而入之厨。祠，毋以酒与羹沃祭，而沃祭前，收死人，勿束缚。勿决其履，毋毁其器。令如其产之卧殴，令其釀（魄）不得蓉（落）思。"黄圈者，大叔（菽）殴，劳（势）去其皮，置于土中，以为黄金之勉。

以上引文的内容表明：主人公丹是在告诫生人：祠墓时不要哭泣。若哭泣，则会产生"鬼去敬走"的严重后果。著者注："敬"，应读为"惊"，即可吓跑死者的鬼

---

① 武汉大学简帛研究中心，甘肃简牍博物馆，四川省文物考古研究院．秦简牍合集：4［M］．武汉：武汉大学出版社，2016：181．

魂。由于其鬼魂受不到后人祭祀，则必然不会降福于祠墓者家人，这对秦人来说，是一件非常恐惧的事儿。

北大秦牍《泰原有死者》对祠墓者忌行提出了更为具体的要求："祭死人之家，勿哭。须其已食乃哭之，不须其已食而哭之，鬼辄夺而入之厨。"意思是："在死者的坟冢上用酒食祭奠，不要一上来就哭。要等死者享用完后再哭，这才是正确的做法。"在汉代的简牍文献中亦有有关祠墓"毋哭"的行忌硬性规定。悬泉汉简载："上冢，不欲哭，哭者，死人不敢食，去。"依照引文丹的祠墓要求，可解释"鬼去敬走"的直接原因，即无法安享祭品。

以上是当时的秦人所流行的祠墓礼俗行忌，即习惯在死者的鬼魂尚未享用完祭品之前哭泣，习惯在祭祀完死人之后，将祭品马上撤去或吃光。若死者鬼魂无法享用祭品，则必然祸及祀行者及其家人，乃至殃及其整个家族。

两简《日书》中所见的秦人日常出行礼俗多有记载。比如经常出现"复褐血"的字样，秦简《金布律》中还有这样的记载："囚有寒行者为褐衣"，说明秦人出行时，有以衣饰来分别贵贱的。

《日书》甲种《除》篇载："寇，制车，折衣常，服带吉二。"《稷辰》载："可取妇，家女，制衣常。"《衣》载："制衣，丁丑媚人，丁亥灵，丁巳安于身，癸酉多衣行。"

《日书》中还有很多"衣行"的良忌日的记载，对于什么时候衣行开始、什么时候才可以穿衣、什么时候带冠出行都有很多的规定。

《睡虎地秦墓竹简》："人奴妾居赎责于城旦，皆赤其上衣。"虑"衣赤衣，冒赤毡泌"，可以看出嬴秦人当时的服饰礼俗情况。《汉书·刑法志》也说，秦二世时，"赭衣塞路，囹圄成市"。意思是罪人要穿赭色的衣服"塞路"。

秦简中还有很多饮食礼俗禁忌的记载，秦简《日书》甲种有"秀利饮食"（正）"激不可饮食"（正）的规定。当时嬴秦人还有美酒，是用米酿的酒，"渍米为酒，酒美"（简），生孩子也都要喝酒庆祝，"丁酉生子，耆酒"，还要多喝，"白肥豚，清酒美，白粱到"。云梦秦简记载，秦代一个里，一个士伍被同里人认为有"毒言"，在宴饮时，人们都"莫肯与之""共杯器"。

综上，秦人出行禁忌，最能代表嬴秦人礼俗禁忌特点的就是两简《日书》，本节专就《日书》所体现出来的秦人出行的各种禁忌方式,一一论述至此。

　　写完了这一章,不觉东方之既白,因本章研究过程,著者付出了种种艰辛,但书而废寝,学而忘食,这大概亦是学人治学的一种境界吧。

第三章　出行礼俗研究

所谓"礼俗"，不仅包含了礼仪制度，还包括礼仪习俗，不仅是有顶层设计的"礼从俗，事从宜"礼制，亦包括从民间吸收的习俗，"礼制失而求诸野"，次之谓也。

梁启超于《中国之旧史》谈及中国史有四大弊端："知有朝廷而不知有国家、知有个人而不知有群体、知有陈迹而不知有今务、知有事实而不知有理想。"中国的历史似乎就是一部"帝王将相史"①，一部"成王败寇史"，是英雄人物创造的历史，人民群众创造历史，貌似轻轻带过。梁任公的这一见地，望学界予以重视。

钱穆说："中国人本不言社会，家国天下皆社会。"这一观点，从礼俗学角度而言，不无道理，著者深以为然。

幸好，我国古代史上尚有嬴秦这样一个民族，也恰好产生了以《日书》为代表的、能够体现嬴秦民族上下层一起产生该民族共同文化特征的嬴秦礼俗。而秦人出行礼俗，亦成了研究秦礼俗研究的一个支点。管中窥豹，其实可详见全斑。且看著者如何解析。

第一节　秦人出行礼俗化进程

本节主要是依据文献资料，结合考古学的研究成果，谈谈秦人出行礼俗的形成与发展。

一、早期秦出行文化

古本《竹书纪年》："秦无历数，周业陪臣。自秦仲以前，本无年世之纪。"自秦

---

① 龚鹏程.国学通识课［M］.长沙:岳麓书社,2019:99.

仲始,秦告别了有关秦史的传说时代。

著者所探究的早期秦人,亦正如绪论所言,是当时居住于今甘肃东部一带的秦人。殷商时,嬴秦先人中潏"在西戎,保西垂"之地,按《禹贡》九州分野来看,其地域范围包括陇南一部分、陇东诸县,区划含今礼县、西和、甘谷、秦安、天水、清水、张家川等市县,地理区域跨越长江流域、黄河流域上游、西汉水上游、渭河上游、牛头河流域。

由于秦仲之前,嬴秦和山东诸国联系甚少,其本身尚与戎狄或战或和,故而秦人出行礼俗尚处于萌芽或尝试阶段。早期秦人出行,与戎狄诸族出行,相互影响。如西戎、犬戎、荡社、亳、芮、彭戏、冀、小虢、茅津、大荔、义渠、绵诸等,不仅与早期秦人通婚联姻,还有其他社会生活往来。因此,生于戎狄保卫圈中的秦人,显然带有戎狄的印记,但这不能被认为秦族即是戎狄之一。

尽管早期秦人崛起于甘陇戎狄之间,但这丝毫并不影响他们与中原周人密切往来。秦人一向对殷周忠心耿耿,则因其坚称为炎黄直系后裔。秦人对西周末至春秋的礼乐文化颇有亲切感,是源于嬴秦本族的政治利益需要,于是,便突围戎、狄、蛮、夷的包围圈,他们心向华夏,可能杜撰附会具备华夏色彩的秦始祖的传奇故事。著者认为这才是早期秦文化的形成所在。中潏成为周王室镇守西部边境的部族,部族中心在西垂、西犬丘。这些记载应该都是信史。

早期秦人的出行活动区域,大致亦在此阶段常态化,其出行礼俗则是对中原人出行的认识和学习阶段,秦人正是由此开始了他们的东向学习阶段。

至非子,周孝王"赐姓嬴邑之秦,使复续嬴氏祀,号曰秦嬴",史载中第一次有了嬴秦连称。这在早期嬴秦史上是一件里程碑式的大事件。不过,这也是一件令秦人兴奋之后又尴尬的事件。因为周天子赐封秦嬴,表明了在西戎人的眼中,嬴秦人和他们并非同一个民族的;在周天子看来,嬴秦也非自己一族的,仅仅是代周人抵抗戎人的一枚活棋而已。

正因如此,早期嬴秦是一个和周、戎均保持有折中关系的独立的民族。春秋时秦成公作器秦公簋,刻文曰:"丕显朕皇祖,受天命,鼎宅禹迹,十又二公,在帝之坏。"①这表明,此时的秦人礼俗中没有宗周礼俗的宗法性质的。

周人尽管立秦仲为大夫,但嬴秦人的居地并没有改变,其后五十余年仍居于秦。因此,秦邑是秦人出行政治文化区域。从文献和可以确认的其他资料来看,这一阶段的出行群体,既包括了西垂地区以中潏为首的嬴秦部族,又包括活动于犬丘的大骆、大骆之后活动于犬丘的成族、活动于汾渭之间的非子族,这一时期他们处在自己的民族形成阶段。由是观之,早期秦人是一个多元的民族,有不明显的血缘性和较明显的地缘性特征。这样,早期秦人的出行礼俗既不同于当时的中原出行文化,又不同于戎狄出行文化。

二、部分承袭先周出行礼俗阶段

此阶段,由襄公立国至德公居大郑宫。秦人学习东方出行礼俗与其东进是同时开始的。秦襄公二年,徙都于汧。汧,故城在陇县南汧水右岸。襄公在此建都达十四年(公元前776—公元前762年),这是嬴秦东进的第一步。

《诗序》载:"美秦仲也。秦仲始大,有车马礼乐侍御之好焉。"其前,秦人已有车马出行活动,至此始有车马出行礼俗,这显然就是向东方诸国学习的礼乐的一个重要组成部分,诚如杜预所言:"秦仲始有车马礼乐,去戎狄之音而有诸夏之声处。"襄公七年,周幽王褒姒之乱,申侯、犬戎、西戎围攻周幽王。因襄公兵送平王迁都洛邑有功,襄公始晋诸侯,赐之岐西之地,秦始与华夏"诸侯通使聘享之礼血"。秦襄公"既侯,居西垂,作畤祭"。

据史籍统计,自襄公畤祭始,到秦献公立畤时,秦人大规模的畤祭活动先后持续达四百余年,其后还持续至西汉王朝。秦人畤祭不仅借鉴了周人礼俗,还形成秦人自身的一种特殊的礼俗。如:

"文公梦黄蛇自天下属地,其口止于鄜衍。"《礼》曰:"天子祭天地,诸侯祭其域内名山大川。"②

---

① 欧阳修.集古录跋尾[M].北京:人民美术出版社,2010:19.
② 黄帝陵基金会.黄帝祭祀与中华传统文化学术研讨会论文集[M].西安:陕西人民出版社,2007:60.

依周礼,祭天的规格已然很高了,唯有周天子才可以有此资格祀行。秦襄公仅是地方诸侯,其時祭以祭天,则是一种僭越行为。但笔者认为時祭是秦人有别于中原人的一种特殊的出行礼俗,如秦襄公、秦文公、秦献公、秦王政等都曾亲自時祭,即使后来在东方诸国的時祭也是秦始皇帝东巡时进行的。秦人時祭使秦极大地推进了赢秦政治势力向东方的扩展。

由上可知:此历史时期的秦時祭出行的地点是从西時(天水)开始出发的,与之后的鄜、密、吴阳、畦時联系起来观察,秦君時祭的路线亦是由西向东发展的,这与秦综合实力的提升是密切关联的。

到德公居大郑宫时,"以狗御蛊",就是在四门杀狗驱疫,这一举措,毫无疑问复遵循中原的出行礼乐传统。再后来,秦人从岐西、天水开始,走出原活动区域,沿渭水经雍逐步地一路向北、向东行进,后至咸阳;而往北抵栋阳,往东接渭南,这就为秦进一步逐鹿中原做好了充分的政治、军事准备。

此外,这一阶段秦人还有一个特殊的礼俗,已经有点后来的汉初阴阳天人感应特征。仅此,东方诸国是没有如此这般出行礼俗的。

三、大规模吸收中原人出行礼俗阶段

本阶段共分两小阶段。

(1)由宁公到穆公继续东进阶段。宁公二年(公元前714年),秦人东越汧水,徙居平阳,继续东向。平阳故城南临渭水,北接凤翔,是关中渭水流域肥沃的地方,为秦都自汧渭之会继续东向后的一个重要据点。

迁都平阳当年,宁公"遣兵伐荡社。三年,与亳战,亳王奔戎,遂灭荡社"。其后武公立,"伐彭戏氏,诛三父,夷三族",影响力"至于华山下"。秦人的势力推进到今咸阳、西安一带。

武公十年,"伐邽冀戎,初县之",开始有了置县的记载。武公二十年,卒,初以人从死,从死者六十六人。"从死"也是秦人和中原墓葬的不同礼俗。

到秦穆公时期,因殽之战秦军惨败,秦东向晋楚遭到了沉重的打击。其后穆公更欲继续东霸中原,皆遭晋军多次阻击。

是故,秦伯才把主要精力集中在对付戎狄方面。三十四年,诱降戎王谋臣由余。三十七年,"用由余谋伐戎王,益国十二,开地千里,遂霸西戎。天子使召公过贺缪公以金鼓"。秦穆公也因此成为"春秋五霸"之一。献公时,停止了秦人原有的从死习俗。

这一阶段,秦人的出行礼俗又发生了一次重大的变化。秦人在葬行文化中,从用鼎制度、器物配置组合、器物造型、装饰风格、墓葬形制葬式等方面,在原有赢秦就有的出行礼俗基础上,全面吸收和承袭周人出行文化。

(2)共公到桓公阶段。这一阶段的考古发掘主要有:秦公一号大墓(景公);传世的秦公砖、秦公簋,对它们的考释是20世纪初以王国维为代表的学者们开始秦史研究的开始;中国的石刻之祖石鼓文,对于石刻出行文化的起源,有人认为正是赢秦人带来的,还有的学者认为,《诗经·秦风》记载的事实就是与此有关;宝鸡益门二号墓的金柄铁剑,还依然保持着早期秦人就有的出行礼俗特征。

王国维曾把战国时期的文字分为西土、东去两个系统,西土文字就是《说文》中的籀文,也就是赢秦文字。

据《欧亚草原古代墓葬文化》[1],早期的秦瓦的纹饰中的动物纹都是单耳双腿的侧面形体轮廓,其中的奔虎逐雁纹瓦当、猎人斗虎瓦当的绘画风格、装饰布局,与黑山、阴山一带匈奴人岩画很相似。秦公一号大墓的发掘报告至今还没有发表,细节材料可以见于以下当事人的片言只语:平面呈"中"字形,是秦公陵园中规模最大的一座,也是目前发掘所见先秦墓葬中规模最大的,依然是赢秦传统的坐西朝东样式。主椁是我国现今发现最早的"黄肠题凑"式葬具,后代中原的这种葬式,应该也是受此影响才有的。

四、全面华夏化阶段

这一阶段起自秦献公即位,至公元前206年,赢子婴请降。

秦献公在礼俗上,"止从死"便是吸收了中原礼俗而进行的。但在军事上,献

---

① [日]林俊雄.欧亚草原古代墓葬文[M]//张志尧.草原丝绸之路与中亚文明.乌鲁木齐:新疆美术摄影出版社,1994:194

公时期,秦人被动挨打,大片国土被他国侵夺。面对这样的局面,解决雍城的地位问题已在献公的日程之中了。继位次年,献公就把首都从雍城向东移了一百五十公里,迁至栎阳。栎阳的位置,乃秦魏作战之前线,迁都于此,表明了秦人继续东进的决心。

献公迁都栎阳前,秦人对周的出行文化的吸收主要集中在实用性上,并无遵循先周以来的宗法制度中最基本的特征"亲亲""尊尊"。"今吾欲变法以治,更礼以教百姓,恐天下之议我也。"①现在孝公明白,一味地通过改变山东六国的礼俗来适应自己的需要可能要行不通了,也要适当改变嬴秦自身原有的礼俗,"今我更制其教",才能使诸侯们不再卑秦。

其变法图强的目的不仅在于收复河西失地,更在于富国强兵,东进中原与六国一争高下。故汉人贾谊《过秦论》说:"秦孝公据殽函之固,拥雍州之地,君臣固守而窥周室,有席卷天下,包举宇内,囊括四海,并吞八荒之心。"

著名政治家商鞅主持变法。商鞅之所以能够成功的原因之一,是在尊重了秦人原有礼俗的基础上进行了改造。

到始皇三十五年,秦人出行礼俗既全面华夏化,亦把华夏化秦俗以法制的形式颁布天下,万民践行。

一方面,"始皇以为咸阳人多,先王之宫廷小,吾闻周文王都丰,武王都镐,丰、镐之间帝王之都也,乃营作朝宫渭南上林苑中"。《史记·秦始皇本纪》载,秦军"每破诸侯,写放其宫室,作之咸阳北阪上自雍门以东至泾、渭,殿室复道周阁相属",这可以被认为是吸收东方诸国礼俗的一个表征。

另一方面,又将自己的礼俗文明推广到东方六国旧地。"悉内六国礼仪,采择其善",秦始皇本人亦多次东巡诸郡县,到泰山行封禅礼。

可见,统一后的秦王朝出行礼俗就是以秦国的出行礼俗为根本,吸收了东方六国的文化融合的一套综合的出行礼俗制度。

这一时期表现出来的秦人出行礼俗的另一最大的特点就是民间的鬼神崇拜和

① 张岱年.孔子百科辞典[M].上海:上海辞书出版社,2010:398.

多禁忌的出行礼俗。秦始皇出巡在泰山刻石中说的主旨,就是让山东的臣民能顺从地接受秦人制定的秩序。从石刻的内容来看,秦人要"大治濯俗,天下承风"的秦礼俗中并没有排斥儒家的文字表述。

第二节　出行礼俗化仪式

一、较行仪式

何谓"较行"? 目前,学界对较行的理解争论不休。我们从本义上看,"较行"与"祓行"相通。"祓"字源于甲骨文之"辜"(茇)。由于先秦巫术卜辞常见此"辜",可视为表示祭祀的通用名称,即相当于后人所说"祭""祀",后来由此字衍生出祓行、较行等词语。"祓"本义就是行祭,加"车"以示出行方式。而祓、跋亦在先周通用,"跋"有抬脚、拔脚意,故而研究秦人出行,首先从出行专有仪式较行礼俗开始。

《诗经·大雅·生民》亦云:"载谋载惟,取萧祭脂,取羝以较",传云"较道祭也"。《说文解字·车部》进一步解释:"较,出将有事于道,必先告其神,立坛四通,树茅依神为较。既祭犯较。磔牲而行为范较。"许慎说的"树茅依神为较",显然认可较是祭祀时的仪式化象征。

然而,现有的《诗经·鄘风·载驰》用的"跋",其云:"大夫跋涉,我心则忧。"传亦载:"草行曰跋,水行曰涉。"由此看来,较亦有草行、水行意也。

由上分析,"较行"所涉录行、草行、水行、山行等出行祭祀,它既是出行祭祀的专有名词,亦是祭行的礼俗仪式。著者这样的分析,结合上述传世文献的论述,显然是可信可行的。

秦人较行首先必有神主供奉,这一点与中原周人的祀行文化是极其相似的。许志刚对此有个总结说:"秦较为山神之名,山行之名;在仪式中又为坛,复可为封土树茅之山象之称,均宗周仪式中所设之物。"①《礼记·月令》"孟冬之月……其祀行。"郑玄的注曰:"祀行之礼,北面,设主于軷上"。

这样,我们可以大致还原秦人軷祭出场的镜头:首先,在秦庙门外之西或国门外,堆土为山象,以秦所信仰的多神之一为此次神主,然后秦君从左边控制驾驭马车,大驭下车祝告,祝告完毕后再登上车,从国君的手中接过辔绳,再驾车碾过祭軷的土山。

其次,要供送牺牲,燃香蒿与香脂。郑玄笺云:"至其时,取萧草与祭牲之脂,热之于行神之位。馨香既闻,取纸羊之体以祭神。又燔烈其肉,为尸羞焉。自此而往郊。"②

孔颖达疏云:以牲为軷祭而设,祇宜与鼓同文,脂则配萧而用,故先言之。"热之于行神之位",正谓祭鞍之位。以軷之所祭,即是七祀行神,故言行神之位。《犬人》伏用犬牲,此用岳者,盖天子、诸侯异礼。彼天子用犬,此诸侯用羊,礼相变也。秦君杀牲以羊。

"诸侯适天子"或者"诸侯相见"皆需"道而出"。《礼记·曾子问》载:

孔子曰:"诸侯适天子,必告于祖,奠于祢。冕而出视朝,命祝史告于社稷、宗庙、山川,乃命国家五官而后行,道而出。……诸侯相见,必告于祢,朝服而出视朝,命祝史告于五庙,所过山川;亦命国家五官,道而出,告者五日而遍,过是非礼也广。"

由于軷祭主要是国家层面上举行的祭行祀,因此,秦人軷祭除了有秦始皇巡狩、封禅外,也常有秦君亲征前或郊祭祈福等軷祭活动。

先秦史料中极少有关于民间祖道的记载。目前著者所见仅有一条,即《列子·汤问》,曰:"秦青饯薛谭于郊衢。"薛谭向秦青学习吟唱的故事发生在战国。依据"礼出于俗"的规律,著者猜测在祖道未成为礼法制度前,早期民间应当是流行祖道仪式的。但是,到周代,祖道成了礼制的一部分,被载入《仪礼·聘礼》和《周礼·大驭》中。礼制在当时主要是为了区分贵贱尊卑等级,维护奴隶制贵族的

① 许志刚.祖道考[J].世界宗教研究,1984(1):131-136.
② 祝秀权.诗经正义:上[M].北京:生活·读书·新知三联书店,2020:259.

等级秩序。为天子、诸侯、卿大夫祖道载祭,所用的牺牲分别为犬、公羊和酒脯就明确说明了祖道仪式的等级性。当时的平民百姓恐怕很难在出行时被允许举行祖道仪式。若可以的话,他们又当用什么牺牲祭品呢?再则,较祭过程需要设立载坛和神主,还需准备祭品和祝词,仪式如此复杂,这些东西恐怕也不是普通人能够预备的。所以祖道仪式可能仅限于贵族统治阶级出行时举行。

因而,著者揣测秦人民间送别可能只有饯行,无较祭仪式。饯行仪式在下文论述到巫行仪式之后,会有所交代。

二、巫行仪式

秦巫术出行,是秦人出行的通行祭祀仪式,甚至涵盖了秦人出行的方方面面,因此研究秦巫术出行,基本上等于研究完秦人出行礼俗的绝大部分内容。其主要含有三个要素:工具、仪式、咒语。巫术出行,实际上只能靠巫来体现。巫是巫术出行活动的真正执行者。也就是说,秦巫术出行,靠的秦籍巫执行和传承。基于此点,著者可将秦巫术出行活动的基本要素概括为:秦巫师出行、出行仪式和咒语。

(一)形体出行仪式

1.画地。画地施法仪式通用有三:五画地(或午画地)、直五横、周画地。

睡虎地秦简《日书》甲种"盗者"篇后载有一条有关出行的巫术方,施术者在念完咒辞后,有"五画地"的仪式。原简文曰:

行到邦门困,禹步三,勉壹步,谆(呼):"皋,敢告曰:某行毋(无)咎,先为禹除道。"即五画地,拟其画中央土——背而怀之。一二背

另外,在周家台30号秦墓发掘出土的一批简牍医方中,有一条是治"马心"疾的巫方:

禹步三,卿(向)马祝曰:"高山高郭,某马心天,某为我已之,并□侍之。"即午画三四五地,而最(撮)其土,以靡(摩)其鼻中。三四六

"马心",疑指马患疾。但《说文》云:"马心,马行疾也",则此为使马疾行的方术。无论端的,非著者论述的关注点。著者论的是"五画地"。

"五画地",先秦时期实际上"五""午"相通,古书于"五"字常有作"午"字者。

如《左传·成公十七年》有"夷阳五"句。"午"者,即纵横交错状。因此上引资料中的"五画地",即"十"字形符号。我国古代巫术仪式中的画地作"十"字的方法或与早期先民对太阳崇拜的信仰有关。

秦人在除道仪式中,在放简甲种《日书》亦载有巫术出行仪式"直五横":

禹有直五横,今利行,行毋咎,为禹前除。

直五横,可以理解为"四纵五横"的方术。若将后世道经中所载"四纵五横"的画地法与放马滩秦简画地法对比,可以发现,秦汉以来的许多巫术出行仪式实际上并非后人独创的,而是有其礼俗渊源的。

再说周画中。此为:行人宿于途中时,为了加强行宿中的安全,常有画地作圈以为法禁的仪式。

2. 披发驱邪。睡虎地秦简《日书》甲种"诘咎"篇简文云:

人行而鬼当道以立,解发奋以过之,则已矣。

意思是:秦人出行,鬼站于道中,行者只需解散发束勇敢地走出去,即可禳除此鬼。披发所具有的巫术功效又见于禳梦的仪式中。睡简《日书》甲种"梦"篇简文云:

人有恶誊(梦),欢觉,乃绎(释)发西北面坐,某,有恶普(梦),走归矜埼之所。约靖强饮强食,赐某大幅(富),非钱乃布,非茧乃絮则止矣。

秦人出行解散发束驱邪习俗,被后世行道术士效仿沿袭开来。事实上,"被发"有其文化渊源,乃狂者或佯狂者之装束也。《楚辞·惜誓》云:"比干忠谏而剖心兮,箕子被发而佯狂。"《楚辞·涉江》载:"接舆髡首兮,桑扈裸行。"

3. 毋顾。这种对当事人的基本要求。睡简《日书》乙种简文载:

【出】邦门,可口,(一〇二卷)行口(一〇三叁)禹符,左行,置,右环(还),日口口(一〇四卷)口口右环(还),日:行邦口(一〇五塞)令行。投符地,禹步三,曰:皋(一〇六)敢告口符,上车毋顾,上口。一〇七垒

睡简《日书》甲种"行"篇对"毋敢顾"的缘由谈得非常清楚:

凡民将行,出其门,毋(无)敢额(顾),毋止。直述(术)吉,从道右吉,从左咎。少(小)额(顾)是胃(谓)少(小)楮,咎;大额(顾)是胃(谓)大楮,兇(凶)。

意思是:你在出了家门后,千万不要回头看,也不要停止啊。走路要走中间道或者右边可能吉利,靠左行走则不利。小顾,会有小不利;大顾会有大凶。可见,秦人的出行礼俗观念中,"顾"会给出行人带来灾殃。

除此之外,秦帛所见的巫术出行活动中,尚有摩、涂、弃、捋等形体行为,它们多是一些较为常见的象征性动作,亦普遍存在于中原周人巫术出行行为中,故从略。

(二)口头出行仪式

1.咒语。在出土的简帛文献资料中,如周家台 30 号秦墓出土的文献中,仅用禁咒法来疗疾的巫方就有 7 条,涉及鹤齿(3 条)、病心(1 条)、痛(1 条)、马心(1 条)以及不知名疾病(1 条)的医治。

秦出行咒语以武力威胁式的词汇为主。施术者能以一种针锋相对的架势面对病魔,这也展现了秦人在与病魔做斗争中相信自己有力量战胜疾病的信心。

2.警告有神灵庇佑。涉及的神灵多是秦人的多神崇拜,前文有所述。

3.劝导类说辞。施术者用规劝性的语言来说服作祟者赶快离去,放简《日书》乙种简文:"某某年□今□。"又说:"病□□己,徐去徐已。"

4.唾。此为巫术出行活动中惯用的口头仪式。秦人出行驱鬼时,是先行"唾",再念咒词。在禁咒术中,施术者何以对"唾"最为青睐?笔者认为,这是因为秦人对自然科学知识有限,而对"唾"的物质机能产生神秘的兴趣,即对人的口舌有毒的迷信、畏惧和崇拜。《睡虎地秦墓竹简·封诊式》中即有"毒言"而人人畏之的记载。此外,先秦时期,"唾"亦是一方对另一方鄙夷的情感流露。《左传·僖公三十三年》记载了秦晋殽之战。战争的结果是晋国大胜,却因晋文公夫人文嬴之请,晋襄公轻易将秦军主帅孟明视、西乞术、白乙丙放掉了。先轸得知后上朝时"不顾而唾"。

(三)出行招魂仪式

对死者的招魂仪式,巫术是按阶层身份来安排的。例如,士丧礼。

秦人士丧礼,与《仪礼·士丧礼》通用。"燋用敛衾,复者一人。以爵弁服,簪裳于衣,左何之。扱领于带。升自前东荣中屋。北面招以衣,曰:'皋——某复!'

三,降衣于前。受用篋,升自昨阶,以衣尸。复者降自后西荣。"郑玄注:"'皋',长声也。'某',死者之名也。"①秦人在祭祀神灵时,与神灵交通的一种重要方式就是声音。

是故,出行祀神者,载歌载舞,歌有鸣鼓呼嗥,舞之蹈之,以取悦于神灵。

(四)通关巫符

关于秦巫出行仪式所用的"符",睡虎地秦简《日书》乙种提供有"禹符"。禹符的使用方法是施术者在相关的出行仪式中将其投之于地。秦人所用的巫符的载体,一般有木、石、绢帛、布等。巫符的载体不同,使用的方法自然亦不同。木符,常被挂或订于某处,或烧成灰和水而服;绢帛、布符,或随身出行,或亦烧成灰而服;石符,秦人最习惯的做法就是将其埋于地下。这些载体中,以桃木符最为常见,这与古人对桃木具有除邪驱魅灵力的信仰有关。

据古文献载,最早的符是在桃木板上绘制神荼、郁垒二神像。此类民俗信仰心理,正如王充《论衡·乱龙》所说,其目的在于"刻画效象,冀以御凶"也。

事实上,巫术出行活动使用的"符",本质上亦是对现实政治的直接反映。如秦周作为信物的兵符制作与其极为相似。再如各国诸侯用符作为派往他国的使节。关于出巫符之外的符文化,著者将在交通出行章节有专题探研。

(五)厌胜法则

何谓"厌胜"?

厌胜,"厌"字此处念(yā),《辞海》释义:古代方士的一种巫术,谓能以诅咒制服人或物。王力《古代汉语》特意对"厌"字做了解释,即用迷信的方法镇压的意思。后来厌胜法则被引用在中国民间信仰习俗上,转化为对禁忌事物的克制方法。厌胜法则的功用,则是魔镇之术。即古人认为无论是宫廷或民间,都有人利用它来加害他人。如果哪一户人家被用了"厌胜之术",轻则家宅不宁,时有损伤或惹上官非;重则患上恶疾,遇上灾劫,孩童夭折,甚至会家破人亡,是一种非常恶毒的

---

① [春秋]左丘明.春秋左传:4[M].陈戍国,校注.长沙:岳麓书社,2019:1325.

诅咒。

不过,"魇镇之术"有恶也有吉,因人而异,因事而异。

秦人出行,在巫术处理上所运用的厌胜法则主要有:

1. 灵物厌胜。秦巫术借助植物类桃木、桑木、棘木、白茅或动物类的虎爪、蝙蝠或矿物类的白石、黄土等武器开展厌胜活动。在秦人的出行信仰中,一向视桃木、桑木、棘木、白茅等物都是具有特殊灵性的物事。值得注意的是,笔者上章所提到的在云梦睡虎地出土的秦简《日书》甲种中,"诘咎"篇记载了多条驱鬼的方法,用桃木、桑木等物来驱除邪魅的方法主要有两种:一是将此类植物制作成具有攻击性的武器,当鬼魅来祟人时,直接用它去攻击鬼魅即可。见于"诘咎"篇中的此类厌胜物有桃杖、桃梏、桃梗、桑心杖、牡棘剑、牡棘刀。矿物类物事,秦简"诘咎"篇提及有对付"遽鬼"的白石、黄土。

此外,秦人也把良剑、铁锥等攻击性的武器,当作厌胜之物。"诘咎"篇说,鬼常跟随人,见到他人后就离去了,这是神虫伪装为人在作祟,可用良剑刺它的脖子,它就不敢来了。

2. 姓名厌胜。一种是借助某些神灵的名字来驱邪,这个不难理解;另一种是直呼鬼名以厌之。秦简"诘咎"篇亦记载了各种鬼怪的名字、特性以及如何应对这些鬼怪的方法。"诘咎"篇所见之鬼怪则多是围绕居住环境而言的,是鬼怪常常侵入人类的居住空间而作祟于人。因此,秦简"诘咎"篇更可能是为一般的秦民众日常生活中所提供的御凶专书。

3. 阴阳厌胜。"诘咎"篇中,用人鼓禳治鬼鼓,用人火来对付各种自然界的怪异现象。如野火、云气,到雷袭人等,这是阴阳学说在巫术活动中的运用。

此外,秦楚两地出现的"时傩送气"的傩仪以及闭阳纵阴的求雨之法实际上也是基于阴阳厌胜学说的巫术出行活动。

4. 秽物厌胜。秦简"诘咎"篇中,用秽物作为武器来对付的鬼魅主要有:"阳鬼"(燔豕矢)、"大神"(犬矢为丸以投之)、"祖口"(以犬矢投之)、恒从人女之"鬼"(自浴以犬矢)、"爰母"(燔豕矢)、"蛊"等。"蛊"作为一种病名,从现代医学来讲,它是由病毒、细菌、寄生虫等引起的严重疾患,但在先秦医学水平较低的情况下,秦人常将蛊疾看作是因某种虫物或邪魅作祟使然。

除人为造"蛊"作祟外,在秦人看来,某些邪气恶灵作祟也是蛊疾的病因。秦德公二年即用磔犬的方法来御蛊灾。

(六)无处不在的神秘数字"七"

巫术出行活动中,施术者除了对时间、地点、方位有特殊的要求(出行禁忌已有所论述)外,有时还要对巫术出行仪式中象征性动作的次数或医术出行的用药剂量等有严格的规定。

这是因为先秦巫术、医术基本通行,秦人对此做法亦遵从其礼俗。数字"七"及其倍数,在巫医应用中无处不在,乃至"七"数字民俗影响至今。

在简帛所见禁咒巫术方中,施术者在禁咒词前后多要进行一些象征性的摩擦、击打或唾的动作。而这些象征性动作多有以"七"或"二七"为动量标准者。

在出土简帛文献资料所载有关出行禁咒疗法的古医方中,施术者在念诵咒词的前后常要进行一些象征性的摩擦动作。如:

以月晦日之丘井有水者,以敝帚骚(扫)尤(疣),祝日:今日月晦,骚(扫)尤(疣)北。入帚井中。

秦人认为扫帚具有驱邪的功能。施术者行医则用"敝帚"在患疣部位象征性地扫十四次,然后口念咒语,并将扫过疣的扫帚扔进废弃的水井中,预示着病魔被移走。

又,治疗"欿(瘤)"疾的禁咒方云:

以月十六日始毁,禹步三,曰:"月与日相当,日与月相当。"各三;"父乖母强,等与人产子,独产颜(癞)尤,乖巳,操葭(锻)石股(击)而母即以铁椎改段之二七。以日出为之,令颜(癞)者东乡(向)。"①

"以铁椎改段之二七",即用铁椎在患病部位象征性地击打十四次。睡虎地秦简《日书》"诘咎"篇中亦有对付各种鬼怪的武器"棘椎""铁椎"等。

巫术出行疗法用物的数量或用药的剂量上,亦与"七"密切关联。有待说明的

---

① 詹石窗.百年道学精华集成:第 8 辑 礼仪法术 卷 4[M].上海:上海科学技术文献出版社,2018:240.

是："七"的物量与男女性别有差异。一般来说,男子仍以"七"为标准,而女子则以"二七"为准。

不仅如此,数字"七"在殷周其他领域内,同样亦被广泛运用。如《尚书·舜典》有"七政"、《尚书·咸有一德》有"七世之庙"、《周易·复卦》有"反复其道,七日来复"。天周二十八宿,而一面七星,四七二十八星;"七曜"即指日、月及金、木、水、火、土五大行星。《礼记·王制》载天子有"七庙",而天子崩,以"七日而殡,七月而葬","王自为立七祀"。《诗·标有梅》:"标有梅,其实七兮",《诗·秦风九》:"鹈鸠在桑。其子七兮。"

这说明"七"在中国古代文化中是有着其独特的文化背景。那么,数字"七"何以会如此神秘?学界对此多有论及。叶舒宪先生将"正月七日为人"的占候习俗与创世神话相联系:"原型数字七在混沌创世神话中充当了宇宙生成秩序的象征,世界从无到有的创生过程恰恰也是七日完成的。"①因此,"神话中的原型数字七不仅是无限时间的象征,同时也应是无限空间的象征"。而"由于现实的三维空间只有六个具体方位,加上中间为七,已经到了极限,所以七就成了宇宙数,标示无限大的循环基数"。

但著者对叶舒宪先生的观点恕难认同。在中国古代文化史中,被认为极限、无法再增的数是"九",并非"七"。著者个人认为:数字"七"的神奇性在于它体现了中国古代先哲对宇宙天体运动节律("天道唯七")、七星论和人体生命节律的认识。

三、饯行仪式

秦人的饯行,不同于当下一般意义的饯行。这里的"饯"的则是饮酒于祖侧。于本义而言,"饯,送也"。又,韦昭注:"送之以物曰赠,以饮食曰饯。饯,郊礼。"饯行的功用性,就是祈求出行人平安多福。

睡虎地秦简《日书》乙种"行行祠"有一段饯行时的祝词:

---

① 周作斌,任燕.秦文化与经济:上[M].西安:陕西人民出版社,2017:304.

席聂(餧)其后,亦席三聂(餧)。其祝(一四五)曰:"毋(无)王事,唯福是司,勉饮食,多投福。一四六"

秦人饯行,除了早期设有祖道仪式外,后来又学习东方诸国增添了新的内容,如宴请、饮酒作文、鼓瑟击筑、辩论等。这些出行活动显然不适合露天作业,于是便出现了供帐、祖帐仪式。

秦人饯别前的例行程序,必祭祀行神或道神,或祖神,这只是饯行最主要的祭祀。就著者所掌握的史料来看,秦人饯行仪式主要是祭祀山神、登山之神、河神、海神及日游神与夜游神,这是一些与旅游相关的山川神祇、山神水神,亦如前文分析,可称之为"旅游神"。

其实,在我国传统文化、语境下,除五岳四渎这些名山大川的发源地有专门的神祇外,几乎所有的山体也都有自己的山神。在后世盛行的道教的神话体系中,诸如三十六洞天、七十二福地这些道教神仙洞府每个名胜都有专门的山神管理,均有名有姓。这在世界神话体系中可能绝无仅有。又因中国古代文化中黄河泛滥,水害频仍,人们世受威胁。还有大大小小的河流,每逢山洪暴发,经常祸害生灵。而像国家动脉的运河也同样经常因黄河泛滥而蒙受灾害。因之,先民创造了诸如此类形形色色、大大小小的水神。许多忠君爱民敬业的人杰,如明清时期治理运河的名臣靳辅、况钟,传说他们死后都成了河神。在明清笔记小说中,多有此类记载。这些反映了国人对保护神认识的升华。

古代中国先贤给神下的定义是:"聪明正直之谓神。"只有活着时忠君爱民,为老百姓办实事,为人正直无私的聪明人,人们才相信或者说乐意让他死后成为水神,继续为国人谋福利。

如此分析,秦人行祭山川神祇也就不足为怪了。

且说登山之神。《管子》所述,古代有一种山神叫俞儿。据说只有霸主才能看到它并得到它的帮助。其身材矮小,仅高一尺,属于侏儒型。它只在霸王之君前面出现。这个登山之神还能借助某些动作,比如脱衣等动作指点霸王之君的队伍如何规避前方的危险。同时,它也是旅行者的保护神。《管子》所谈的俞儿神,即春秋战国诸国各通行封祀的旅游神。

关于海神,中国古籍中唯一记载人和海神强势对抗的是秦始皇。但民间风闻秦始皇也因此而死去,尽管学界并不认可这一说法,但对研究秦人饯行文化多少有所裨益。史料云:

始皇梦与海神战,如人状。问占梦博士,曰:'水神不可见,以大鱼蛟龙为候。今上祷祠备谨,而有此恶神,当除去,而善神可致。'乃令入海者赍捕巨鱼具,而自以连弩候大鱼出射之。自琅邪北至荣成山,弗见。

"至之罘,见巨鱼,射杀一鱼。遂并海西。至平原津而病。始皇恶言死,群臣莫敢言死事……七月丙寅,始皇崩于沙丘平台。"①

秦简关于秦人祭祀河神的内容记载,目前无据可考。

先秦神话系统中,除后世的妈祖、关公等护佑国民的旅游神无出现者外,日游神和夜游神多见文载。夜游神,顾名思义,他是夜晚值班,也是专找人麻烦的,谁碰上谁遭殃。夜游神最早的文献来源是《山海经》。根据《山海经》之《海外南经》记载,这个夜游神当时的名字叫"二八",其身体特征是"连臂",其职业特征是"为帝司夜于此野"。郭璞注释《山海经》时提到他"昼伏夜见"的工作特点。"夜行逢之,土人谓之夜游神,亦不怪也。"关于夜游神,按《山海经》的讲法,似为一连体人。但依《文选》薛综注的讲法,则系两个人。并且一个叫野仲,一个叫游光,但凶神的本质不变。在先秦民间信仰中,这个夜游神是专门窥探人家隐私的告密之神。

以上为秦人祖饯礼俗大体的行前程序,至于饯行主体之间的关系,有以下几种模式:(1)上级对下级型。如秦君给退休的老臣送别。(2)同僚之间的饯别。如百姓对优秀官员的感念。(3)好友之间离愁别绪。朋友在先周时期已为五伦之一,临别前饯行,甚至要互送信物等纪念品,或相互以诗文应和,此为文学类话题,姑且不叙。

如此看来,秦人对旅游神崇拜,不再是简单的神话歌颂,而是融入了秦人日常出行活动之中。直到今天,上述传统习俗尚在中国许多地方延续。

包括秦人在内的先周饯行,其最可贵之处则是其规范性与延续性。体现出无

---

① 李白.李白全集注评:上[M].郁贤皓,注评.南京:凤凰出版社,2018:10.

论何种等级何种出身,其出行仪式过程是完整的、严谨的,都包括两个主要方面:祭神和饯别;其延展性体现在:与中国文化重视人伦文化相合,延展出祖饯文化独特的一脉。古往今来,各色人等借由饯别演化出内涵丰富、意蕴隽永、喜悲相续的人间剧目,其中有幸流传下来的文献资料或成为文学遗产,或成为珍贵史料。持续性体现在:作为一种风俗和人情世故,为出行者饯行之风尚至今仍在中国盛行不衰,是为中国文化重视人伦传统之一斑。

秦人出行文化重视人伦传统,在节气、节日等民俗文化方面,更是可圈可点。欲知详情,且看下节分解。

第三节　传统节日出行仪式

二十四节气,既是中国民俗文化重要组成部分,又是中国独有的文化遗产。二十四节气所形成的知识体系,是先民通过观察太阳周年运动认知一年中时令、气候、物候等方面变化规律而形成的社会实践。二十四节气是先民们与自然相处的智慧和经验的总结,它不仅指导着农事活动,亦是人们衣食住行的准则。可以说,二十四节气是中国人独有的珍贵的文化遗产。

现结合月令文化,谈谈秦人的节气、节日出行习俗。

一、传统节气与月令出行

本章节所谈的月令出行,有别于上一章的"月令出行禁忌"篇。因为这是从月令习俗文化的根源与传统节日结合在一起的宏观论述,而非上一章的具体而微环节。

谈月令出行,依旧从节气续说。

如前所述,我国先民最初对节气的测定是从测日影开始的。在甲骨学界,有学者认为,在夏商时期就有了"日至"的概念。最早关于节气的记载在《尚书·尧典》中:"日中星鸟,以殷仲春;日永星火,以正仲夏;宵中星虚,以殷仲秋;日短星昂,以正仲冬。"①这一时期就已经有了"二分""二至"的概念。测日影所用的工具是一根土圭。《左传》中出现"凡分、至、启、闭,必书云物,为备故也",其中"分"意思是日夜平分,即春分、秋分;"至"有"最""极"的意思,即为夏至、冬至;"启"是"开始"的意思,即为立春、立夏。

到了战国后期,二十四节气理念基本形成。《吕氏春秋·十二纪》已有立春、立夏、立秋、立冬、夏至、冬至这些称呼。秦汉时代,二十四节气臻于完善。汉武帝时期制定的《太初历》,二十四节气正式被确定为历法。西汉后期的《淮南子·天文训》中首次完整记录了二十四节气,此后的节气名称两千多年没有任何改变,和现在的二十四节气的名称、次序均完全一致。

这样看来,秦人尚无二十四节气这个概念。但《礼记·月令》在先秦时令类文献中最具权威性,两千年来一直被奉为圭臬。它以一年十二个月为一周期,以众多自然现象包括天文、气候和节气物候作为指时标识,对天子生活和百官政务逐月进行严整安排,设计了一套相当理想模式化的国家时政礼制。这些依旧对秦特色节气产生直接影响。秦十二纪元,正是在此基础上加以改进、创新与发展。

关于时令、月令一类的篇章,在汉以前至少有三系:楚帛书、齐《玄宫图》和秦十二纪。在汉初以后的《月令》虽有六七种本子,大致上仍承袭秦十二纪的传统,足见秦纪强大的生命张力。

秦《吕氏春秋·十二纪》首章,是对早期月令知识思想的一次大整合,意义重大。从该书编纂过程与性质判断,则是以秦历为主、杂采列国"时宪"编撰而成的。《月令》有许多具体节气出行的规定:除天子生活外,共记载了出行事务59条,涉农耕、采集、巡守、商贸、征伐等诸多方面;其他出行事务53条,包括迎时、出宴、对外赈恤、祀行、磔禳、占卜等。此外还有各月禁举之事,即所谓"时禁"。所有这些活动都遵循太阳周年运动认知一年中时令、气候、物候等方面变化规律——传统节气展开。

《月令》对节气出行仪式的规制,主要集中在下列几点:

---

① 王力.古代汉语常识[M].北京:北京联合出版公司,2019:183.

首先,采用了"四时""五行"框架。"四时""五行"尚未见诸《夏小正》,可能是秦战国时代才开始采用的。

其次,明确了顺时而动的政治活动准则。作为一套服务于官民政治的制度设计,它整合长期积累的天象和物候知识,以明"天之所行",且逐月列举的"天命"意识,昭昭可见。

再次,对违时出行行为制定了明确的禁忌。《月令》中的所有出行禁忌乃至全部内容都具有环境史意义,因为它的总体目标是规范和约束人的行为。用《月令》自己的原话说,即"毋变天之道,毋绝地之理"。

总之,秦十二纪的月令出行文化,是从《七月》到《夏小正》再到《礼记》,指时方法不断多样化而形成秦文化体系,并逐渐形成了一年四季、八节、十二月和七十二候的完整时令系统。

二、秦人传统节日出行礼俗

节日与节气,在自然规律方面有许多相同或接近之处,但传统节日不等同于传统节气。著者依照今时令先后顺序,谈谈秦传统节日出行文化。

1.新年出行。秦新年,即春节。相关史料显示,秦新年包含腊月与正月。由于先秦历朝历法,均是先确定正月,正月的前一个月就是腊月。

秦人腊月的出行活动,即辞旧迎新的活动,主要是驱鬼兽、避邪神,以及郊外祭祖祈天,愿上天保佑新的一年风调雨顺、国泰民安。

《礼记》亦显示:诸侯、大夫,大量宰杀牲口祭天。在城门口,以及郊外专门祭祀天地、神鬼的场所,祈祷上天。"祠于公社及门间",类似于今天,在土地庙或交通要道等地方放鞭炮、舞龙舞狮,祈求风调雨顺、出入平安。

在腊月,秦人有一个重要的活动,就是祭"先祖五祀"。最早的五祀,就是"禘、郊、宗、祖、报五种祭礼",如"先祖五祀",是由秦卿大夫负责祭祀。

秦亦有腊八节,但被秦人称作"嘉平节",后来秦始皇统一天下后,把整个腊月都叫作嘉平节。秦国、秦朝的嘉平节的礼俗,就是出行给亲友送节礼。《夜航船·天文部》:"秦人以十二月为嘉平节,民间以酒果馈遗,谓之节礼。"

秦人彼此之间礼尚往来,不像今天是在正月。而是进入腊月,随便哪一天,都可以走亲访友,这一天,民间彼此提着自己的酒、丰收的农产品、食品走亲戚。

嘉平节,后来被演变为过节出门送礼传统的源头,也就是新年拜年的真正来源。而秦嘉平节,亦复成为今腊八节的前身。

新年新岁的前一天,秦人敲鼓奏乐,驱赶瘟疫疠鬼,这种活动叫逐除,也叫傩。

除夕,亦由此而来。《夜航船·天文部》:颛顼氏有三子亡而为疫鬼,一居江中为疟鬼,一居山谷为魍魉,一匿人家室隅中惊小儿。于是除夕制为傩神,赤帻玄衣朱裳,蒙以熊皮,执戈持盾以逐之,其祟乃绝。[①]

于是,各家各户在除夕,请傩神,就成为当时的风俗。最古老的除夕出迎请傩神风俗,也延续至今。

秦人除夕,亦燃爆竹,但这已不是秦人的出行活动内容了。

说完了腊月说正月。

2. 正月出行。三皇五帝与夏、商、周三代各时期,岁首(正月)分别不同。《夜航船》记载:颛顼以孟春建寅为元,据说颛顼规定:北斗星斗柄指向十二辰中的寅位时,为一年中的第一个月,即正(zhèng)月。

正,甲骨文通"征",本义就是"出行",后引申为征伐、平定、匡扶正义。《史记》曰:夏以正为建寅之月,商建丑,周建子。意思是:夏朝,沿用了颛顼帝时期的孟春建寅为正月(亦称颛顼历);商代则把夏历中的十二月(丑月)作为正月(商历);到了周朝,则把夏历十一月(子月)作为岁首的正月(周历)。

这里就涉及正月初一的演变过程。《夜航船》记载:伏羲置元日。《尚书大传》云:夏以平明为朔,殷以鸡鸣为朔,周以夜半为朔。[②] 但民间有另一种说法:尧禅让与舜,就是那一年的正月初一,地点是文祖庙。秦始皇一统六国后,采用秦历,以建亥之月(夏历十月)为岁首第一个月。不过,秦历中,还有一点与以前不一样,就是正月的读音。宋·《蔡传》:正本去声,秦始皇名政,故讳之,遂改读平声;唐·《史记索隐》:秦二世三年正月,以避秦始皇讳,改名端月,至汉始易。所以,在秦代之

---

① 张岱(宗子). 夜航船[M]. 成都:巴蜀书社,1998:32.
② 魏明远. 学生古代文化知识辞典[M]. 上海:上海辞书出版社,2005:263.

前,读音为正(zhèng)月;秦代之后,读音则为正(zhēng)月,这读音,也一直延续到今天。

秦正月初一,亦叫"新年""元日""立春节"。据史料记载,在周代天子亲自率领群臣出行东郊迎春,祈求风调雨顺大丰收,回来后赏赐群臣。这个活动影响到了民间,成了各诸侯国的全民迎春活动。立春日要举行"鞭春牛"的活动,正午时分鞭春仪式开始,各级官员、农民挨个用柳条鞭子鞭打土牛,把土牛打得越碎越好,代表人们对春天的热爱。

立秋代表夏天的结束,秋天的开始。这一天还是一个重要的岁时节日,流传着"戴楸叶""贴秋膘""啃秋"的习俗。周代,立秋这天天子会率领三公九卿到西郊去祭祀迎秋。秦国、秦朝代代承接此俗,立秋有"戴楸叶"的习俗。因"楸"和"秋"谐音,人们把它和秋天联系在一起,意在迎秋。据说立秋戴楸叶可以保一秋平安。

综上,秦人传统节日常见的出行仪式主要就是傩祭和祭祀。傩祭是一种以驱鬼逐疫、酬神纳吉为目的,以傩乐、傩舞、巫术为表现形式的习俗活动。《礼记·月令》中分别记载了当时季春、仲秋、仲冬三个时段的"时傩","季春之月……命国难(傩)九门磔攘,以毕春气"。这里就秦人而言,"国傩"是指秦君在国都城门上举行磔牲祈禳仪式,以逐疫鬼。"仲秋之月……乃难(傩)以达秋气。""季冬之月……命有司大傩,旁磔,出土牛,以送寒气。"①材料中的难(傩)和"大傩"都是指秦统治者按时固定举行的祈求仪式。

此外,出行仪式还包括有立桃梗、立桃人、聚宴、贺岁与扫尘等。所谓"八月剥枣,十月获稻,为此春酒,以介眉寿"。"九月肃霜,十月涤场。朋酒斯飨,曰杀羔羊,跻彼公堂,称彼兕觥,万寿无疆!"九月天高气爽,农业生产已结束,备上宰杀肥美的羔羊,出行与亲朋友人一起在指定的地点聚餐宴饮。

据考证,这些传统节日前后数天,后来亦成了秦人行周公六礼(纳采、问名、纳吉、纳征、请期、亲迎)的重要日子,这种古代传统婚姻程序的模板,流传至今。

从某种程度上而言,岁时节日系统是在秦汉稳定、统一的社会大背景下发展成

---

① 于一,四川省川剧艺术研究院.蜀戏新探:改革开放三十年戏剧研究文论选集[M].贵阳:贵州人民出版社,2011:124.

熟,整个中国社会形成了官方与民间、中央与地方、统治者与民众共享的社会时间秩序,年节习俗亦是如此。

至于有学界提及的"人日",绝对不是秦周时期形成的。尽管"人日"的名称出现在云梦出土的秦简《日书》中。秦简《日书》不仅有"人良日",还有"马良日、牛良日、羊良日、猪良日、犬良日、鸡良日、蚕良日、市良日、金钱良日、木良日"等名目。这与传统"人日"是两个不同的概念。《日书》中的"人良日"是指买卖奴隶的时日,与后世"人日"风俗没有任何关系。

以上是著者所总结到的秦人传统节日出行仪式,没有事实根据或有严重分歧的其他类仪式,不在著者的讨论之中。

在节日繁多的今天,我们不能忽视一个现象,就是外来文化、外来节日对中国传统文化、传统节日的冲击。一些崇洋的国人已经接受了圣诞节这个西方最重要的节日,满街圣诞老人形象、挂满礼物彩灯的圣诞树及圣诞节所传达的一种西方文化,其身上带有浓厚的西方宗教色彩。所以,我们要清醒地意识到,研究中国节日文化的重要性,深入挖掘节日习俗历史的意义性。

第四节　商鞅变法对秦人出行的影响

春秋末年,礼崩乐坏,许多传统习俗,往往流于形式。继之而来的是战国各方诸侯为实现富国强兵、称霸天下的目的而先后进行变法。作为法家的代表人物,商鞅固然极力提倡法治的重要性,同时也不讳言秦礼俗的作用和历史价值。

《商君书·更法》载,孝公问:"今吾欲变法以治,更礼以教百姓,恐天下之议我也。"商鞅答:"法者所以爱民也,礼者所以便事也。是以圣人苟可以强国,不法其故;苟可以利民,不循其礼。"而甘龙和杜挚则针锋相对反驳:"圣人不易民而教,知者不变法而治","法古无过,循礼无邪",认为遵循旧的法度和礼俗才是明智之举。为此商鞅进一步说道:"三代不同礼而王,五霸不同法而霸","拘礼之人不足与言事,制法之人不足与论变"。

由此看出,商鞅是重视秦礼俗的,只是他认为礼俗必须制度化,而非宗古。

对此,商鞅更新礼关于出行方面主要有以下几点:

1.弃仁爱,去礼乐。《商君书·去强》中讲:"国有礼,有乐,有《诗》,有《书》,有善,有修,有孝,有弟,有廉,有辩。国有十者,上无使战,必削亡;国无十者,上有使战,必兴至王。"他将诗书礼乐以及儒家所提倡的孝悌廉善等品质修养视为阻碍国家兴旺的异端邪说,国家若拥有这些东西,定会导致被削弱的局面。他主张轻罪重罚,以刑去刑,这对秦人带来了前所未有的影响。关于出行方面,分户令的实施情况,我们可以在秦简中找到其踪迹:"以某县垂某书,封有鞠者某里士五(伍)甲家室,妻、子、臣妾、衣器、畜产。……妻日某,亡,不会封。子大女子某,未有夫。子小男子某,高六尺五寸。臣某,妾小女子某。牡犬一……"在这篇简文里,我们可以看到"某里士伍甲"家有妻子、未嫁女儿、儿子、妾四人,由此可见这种中、小家庭已成为秦国家庭规模的主要形式。分家对于当时人来说是件大事,《日书》中专门为分家、出行设定了禁忌日期,而这种禁忌,是商鞅推行分户令后新增的。

虽不能确定离日究竟起源于何时,但可以肯定的是,对于离日的信仰在商鞅推行分户令后增强了许多。

2.奖励耕战。商鞅治国注重"农战"思想,他认为农战是国家兴旺的基础,"国之所以兴者,农战也","国待农战而安,主待农战而尊",这种将农业和军事结合在一起的治国方略,大大增强了秦国的实力,为日后统一六国奠定了坚实的基础。商鞅变法,赏农耕的治国思路收到了十分显著的效果,《汉书·地理志》言:"秦地天下三分之一,而人众不过什三,然量其富居什六","虎贲之士百余万,车千乘、骑万匹,粟如丘山"。

由于粮食生产不仅关系到物质生活水平,还关系到自身政治地位的提升,因此,秦民不仅热切希望粮食丰收,而且对粮食种植亦怀有一种小心翼翼的谨慎态度。

3.什伍连坐。"令民为什伍","其战也,五人来薄为伍,一人逃而罪其四人"。① 在战争中,编五人一组,若有人逃亡,其余四人同罪。如此,"伍之人祭祀同

---

① 陈志坚.诸子集成 第3册[M].北京:北京燕山出版社,2008:800.

福,死丧同恤,祸灾共之。人与人相畴,家与家相畴,世同居,少同游。故夜战声相闻,是以不乖;昼战目相见,足以相识。居同乐,行同和,死同哀。是故守则同固,战则同强"。这种福祸与共、生死同行的军队编排方式大大增强了战士之间的信任度、熟悉感,从而提高了军队的战斗力。在后来出土的秦简中也充分体现了什伍连坐制度对秦人出行的影响:

> 律曰:"与盗同法",有(又)"与同罪",此二物其同居、典、伍,当连坐之……同居所当坐,户为"同居",坐隶,隶不坐户谓殹。(《法律答问》)

> 教(屯)长、什伍智(知)弗告,赀一甲;耐伍二甲。(《秦律杂抄》)

这使得原本就有些粗犷尚武的秦人为追求功名厚禄而更加善战崇武,商鞅也正是通过这种以杀敌论功的方法极大地增加了秦人的战斗力,随之而来的是秦人变本加厉对外在物质利益的渴望以及日益功利化的风俗习惯,以至于需长期积淀才能形成的宗教思维模式、日常出行禁忌里也充满了功利主义色彩,《日书》中就有许多简文体现了出行禁忌这一点:

> 达日,利以行帅(师)出正(征)、见人。(甲种《除》)秀,是胃(谓)重光,利野战,必得侯王。(甲种《极辰》)亢,祠、为门、行,吉。可入货。生子,必有爵。(甲种《星》)营室,利祠。不可为室及入之。以取妻,妻不宁。生子,为大吏。(星)。

从简文中我们可以得知,频繁的战争使得秦人十分看重出兵日期的吉凶,据统计,从商鞅变法到秦始皇即位的一百零九年间,秦国与六国的战争共六十五次。战争和军功爵制的刺激使秦人对生子抱有很高的期望,"生子,为大吏","生子,必有爵"就是这种出征期望在思想上的直接反映。

4. 由多神崇拜变多神、杂神崇拜。除对神灵的信奉外,还有如对"神虫""神狗""会虫""女鼠""鸟""芬"等动物的信奉,这些动物虽不是神,但秦人也认为它们能决定秦人出行的吉凶。

5. 削弱臣出行礼地位。臣礼削弱,首先即表现在祭行用鼎规格的下降上。考古发掘,在椁室长度大于四米的战国中期以后的秦墓葬中,即相当于应有五鼎随葬品的大夫规格的墓葬中,只能发掘出两鼎甚至一鼎,这只能说明,秦国士大夫用鼎礼制在商鞅变法后被严重削弱了。

6.移风易俗,民勇于公战。商君之法"行之十年,秦民大说,道不拾遗,山无盗贼,家给人足。民勇于公战,怯于私斗,乡邑大治"①。

商鞅强制更礼,与秦人自身的伦理道德无任何关系,有的是杰出可见的世俗的功利主义。礼乐兴废、仁义盛衰、修身养性与否,并不在秦人的关注范围之列,他们所注重的是与日常出行联系密切的生产、作战等直接利害关系,这种价值取向应与秦不严谨的宗法制、与其"重功利、轻伦理"的商鞅礼俗观有关。

秦国之所以最终能"六王毕,四海一",这绝不是偶然之事,"非幸也,数也"。

第五节　秦王朝出行礼制的统一

尽管出行礼俗的正式统一,出自秦王朝顶层设计与规划,意味着是天下百姓出行的礼俗,但嬴秦人亦是其万民其中的一员,故而研究本章节,在某种程度上仍有其借鉴意义。

一、封禅之礼

《史记·封禅书》云:"自古受命帝王,曷尝不封禅",张守节《正义》引《五经通义》中亦云:"易姓而王致太平,必封泰山、禅梁父,荷天命以为王,使理群生,告太平于天,报群神之功",这说明秦始皇亦把封禅视为改朝换代之大礼,似乎只有行过此礼才能成为被上天认可的天子,才能名正言顺地驾驭天下臣民。

秦始皇出巡封禅首次将传说中的封禅之礼转化为实践的行动:

"即帝位三年,东巡郡县,祠驺峄山,颂秦功业。于是徵从齐、鲁之儒生博士七十人,至乎泰山下。诸儒生或议曰:'古者封禅为蒲车,恶伤山之土石草木,扫地而祭,席用菹稭,言其易遵也。'秦始皇闻此议论各乖异难施用,由此绌儒生;而遂除车道,上自泰山阳至巅,立石颂秦始皇帝德,明其得封也。从阴道下,禅于梁父。其

---

①《社会主义核心价值观国学参考读本》编写组.社会主义核心价值观国学参考读本[M].北京:新华出版社,2015:162.

礼颇采太祝之祀雍上帝所用,而封藏皆秘之,世不得而记也。"①

封禅之礼对后世影响深远,不只因其是中国历史上第一次封禅实践,还因为后世封禅礼,多采用始皇礼制。秦始皇举行封禅之礼的目的有二:首先,显示自己无可置疑的受命帝王形象,昭示天下自己统治的合理性;其次,秦始皇自认德过三皇功盖五帝,自称"始皇帝",秦代周而有天下,是水德战胜火德,为加强秦皇帝的权威,必须通过封禅来昭告天下。

二、祭祀之礼

本来,在秦人的宗教信仰中,天和上帝是等同的。《蒙恬列传》中说"蒙恬喟然太息曰:'我何罪于天无过而死乎'";占卜用书《日书》中也有类似记载:"戊子以有求也,必得之,虽求(告)音(帝)必得",这些例子表明在秦人心目中,上帝或天是掌管生杀予夺、兴衰成败的至上神,秦人对天的祭祀,就是对上帝的祭祀。

秦人祭祀的上帝,共有白、青、黄、赤四位。对天或上帝的祭祀,是秦祭礼中非常隆重的一种,共有六畤,分别是西畤、鄜畤、密畤、吴阳上畤、吴阳下畤、畦畤。但《封禅书》云:"唯雍四畤上帝为尊",雍四畤的地位出现了变化,大大高于其他畤祭。

《史记·封禅书》中还说:"诸此祠皆太祝常主,以岁时奉祀之",诸如此类祭祀平时皆由太祝主持,按时奉祀,但每三年,国君必须亲自去做一次畤祭,称之为"三年一郊"。郊祭的时间在岁首,秦以冬十月为岁首,祭祀前要斋戒,祭祀中要穿白色衣服。国君亲自祭祀的只有雍四畤,对于西畤和畦畤,国君是不必前往祭祀的。

秦始皇统一六国后,其祭天之礼与先秦时代明显不同。由于始皇相信终始五德之说,以为"周得火德,秦代周,德从所不胜,方今水德之始"②,水德代替火德,自然也就产生了与水德相适应的祭天礼仪。

不仅如此,秦王朝建立后,对天下的名山大川皆有资格祭祀,《史记·封禅书》载:"及秦并天下,令祠官所常奉天地名山大川鬼神可得而序也",可见秦始皇对山川的祭祀是有整齐统一的秩序的。《史记·封禅书》中对秦朝所祭祀的名山大川

---

① 陈戍国.秦汉礼制研究[M].长沙:湖南教育出版社,1993:16.
② 吕思勉.秦汉史:上[M].长春:吉林出版集团股份有限公司,2017:8.

有详细记载,具体如下:"及秦并天下,令祠官所常奉天地名山大川鬼神,可得而分也。于是自殽以东名山五,大川祠二,曰太室。太室,嵩高也,一恒山,泰山,会稽,湘山;水曰济,曰淮。春以脯酒为岁祠,因泮冻,秋涸冻,冬塞祷祠,其牲用牛犊各一,牢具珪币各异。自华以西名山七,名川四,曰华山、薄山。薄山者,衰山也。岳山,岐山,吴岳,鸿冢,渎山,渎山,蜀之汶山。水曰河(祠临晋),沔(祠汉中),湫渊(祠朝那),江水(祠蜀)。亦春秋泮涸祷塞,如东方名山川,而牲牛犊牢具珪币各异,而四大冢鸿、岐、吴、岳皆有尝禾。陈宝节来,祠。其河,加有尝醪。此皆在雍州之域,近天子之都,故加车一乘,骝驹四。霸、产,长水,沣,涝,泾,渭,皆非大川,以近咸阳,尽得比山川祠而无诸加。汾、洛二渊,鸣泽,蒲山、岳渭山之属,为小山川,亦皆岁祷塞泮涸祠,礼不必同。"

由这段文字看来,秦王朝祭祀的山川数量是最多的,殽山以东之山川、华山以西之山川、东方名山川等祭祀礼节各有特点,如对四大冢鸿、岐、吴、岳的祭祀,除了一般名山祭祀所用的牺牲劳具珪币外,还有"尝禾"之礼,所谓尝禾,就是把新产的谷物奉献给山神。

但秦王朝祭祀山川,为什么会出现这种重视华西、轻视殽东的现象? 众所周知,华山以西原本就是秦国故土,是秦人的龙兴之处,重视华山以西山川的祭祀,实际上就是在抬高本土山川之神的地位和权威,本土神地位的提升,也就相应地增强了秦人的权威,加强了秦人的统治地位,贬损山东六国,巩固秦王朝的统治。

祭祀是礼制中的重要内容,"国之大事,在祀与戎",祭祀是秦人生活中的重要内容,在秦朝官方意识形态中,对祭祀也非常重视。秦朝设有专门负责祭祀的官员,见于史籍记载的有:奉常、太祝、太卜、太史、太宰、宗祝等,他们在祭祀中各司其职。而在一些重大的祭祀中,秦统治者还会亲自出行祭祀。

秦王朝所统一的上述礼制,实际上亦是帝国的根本大礼,对后世影响深远,构造了此后两千多年封建王朝礼制的基础。汉朝建立后,在出行制度和礼仪上多袭用秦朝的制度,汉承秦制。在叔孙通制定的朝仪上,秦上朝大礼是其最主要最直接的来源,对此,史称汉朝"大抵皆袭秦故","颇采古礼与秦仪杂就之",这是在朝礼方面对秦礼的继承。除此之外,宗庙之礼也大多采自秦礼,《封禅书》载:"叔孙通因秦乐人而制宗庙乐,因其故礼仪。"由此可见,汉礼与秦礼之间是一脉相承的承继关系。众所周知,汉礼在中国礼制发展史上占有重要地位,在中国封建时代,历来被誉为不刊之典,从某种意义来说,秦礼在某种程度上才是历代王朝礼制的基础。

然而,对中国贡献如此大的秦王朝,却一直没有取得准确的评价,其中原因,自然与汉朝官方舆论通过不同的媒介做了过多的贬损有关。

尽管秦王朝统一过的出行礼俗、礼制、礼文化并不完美,有精华也有过多的糟粕,但毕竟是先周无数圣贤和人民群众的智慧结晶,我们在对待它时应以理性的、客观的态度对其进行辩证的合理的扬弃。在构建社会主义和谐社会、建设中国特色社会主义事业的今天,我们坚信,传统的出行礼制文化一定可以找到与现代社会建设相结合的最佳着力点,成为实现中华民族伟大复兴的文化动力。

第四章　相关的交通课题

秦人出行,离不开交通工具如水路、陆路以及相关的步马舟车。严格地来说,用腿脚行走的"步"不算借助交通工具,属于人的本能行为。但在研究本课题时,为了更全面地反映秦人出行的发展状况,著者从广义上来理解交通工具,把"步"交通亦作为交通工具进行研究。鉴于此类探究的内容过于繁杂,为系统化厘清计,著者故而单独成章。

第一节　秦传车邮驿

秦战国时期,所谓大争时代,"国之大事,在祀与戎",战争成了当时秦人政治生活的首要大事。在争霸的过程中,秦人逐步建立了一套较为完善的邮驿系统。

邮驿,又称邮传。事实上,溯及以往,在秦地,与邮驿有关的称谓,常见的主要有驲、遽、传、邮、置等。"驲"甲骨卜辞中一般写作"篏""总"等。而秦常见的称谓主要有"驲""遽""传遽""遽传""遽驲"等。"驲""遽",典籍中一般都释为传。如《尔雅·释言》:"驲、遽,传也。"《说文·马部》:"驲,驿传也。从马日声。人质切。"《说文·辵部》:"遽,传也。"

至于"邮",早在先周的文献中已经出现,秦战国时期已普遍使用了。《说文》曰:"邮,竟(境)上行书舍也。从邑垂,垂,边也。"孙希旦集解曰:"邮,田间庐舍也。表,田间道路。"正如《尔雅·释言》曰:"邮,过也。"郭璞注:"道路所经过。"

事实上,邮最早设在秦边陲地区,后来在秦国的腹心之地亦常设邮。如秦国南郡郡守腾颁发的一篇文告"别书江陵布,以邮行"[1],又有睡虎地秦简《田律》规定地

---

① 《国学经典文库》丛书编委会.秦始皇嬴政[M].北京:现代出版社,2018:162.

方上报农业材料汇总时,采取"近县令轻足行其书,远县令邮行之"。

"置",与邮传有关,见于《韩非子·难势》:"夫良马固车,五十里而一置,使中手御之,追速致远,可以及也,而千里可日致也。"

"传",是各国通用的称谓。"传"在殷商时期已经出现,如商周金文中有"传尊""传卣""王命传"等记录。秦地常见的有"传""传遽""传舍""传室""驰传"等。《说文·人部》:"传,遽也。从人专声。"《释名·释宫室》:"传,转也。人所止息而去,后人复来,转转相传,无常主也。"《广雅·释宫》:"传,舍也。"《韩非子·爱臣》的"非传非遽,载奇兵革,罪死不赦",其中的"传",均是泛指。也有狭义的概念,其中与邮传有关的主要有传车、传舍、通关的符传等。之后,传往往专指传车,如《史记·孟尝君列传》:"秦昭王后悔出孟尝君,求之已去,即使人驰传逐之。""传",另有"传舍"之意。比传更能提供车马服务的则是"驿"。由于马不能适应长时间的连续快速奔跑,因此跑一段路就要休息,因此出现了供车马休息、换马的机构——驿站。秦人"驿""传"大体通用,且"驿"比"传"更为具体化、全面化,故而秦人常把传车与邮驿并用。

一、传递方式

秦邮驿的传递方式,按其工具分类,有车传、徒步、马传、船传等。

车传是秦人普遍采用的传递方式。在睡虎地秦简《金布律》中,有维修传车的专门法律条文,从中可以看出当时使用传车是非常普遍的。这一时期的很多文献典籍,有相当多的车传记录。

徒步,指的是让善于行走的秦人担任传递任务,是一种最简便易行的传递方式。这种传递方式于文献中主要有三种称谓,即"徒""轻足"和"走",其中"轻足"最为常见。如睡虎地秦简中的《秦律十八种·田律》载,若遇到水旱虫灾,上报时,可采取"近县令轻足行其书,远县令邮行之"的办法。

"轻足",即徒步疾行的意思。可见,在相距较短距离里,秦徒步传递,最为实用。关于"走",里耶秦简有"走贤以来""即走印行都乡"等。"走"亦为行走迅捷之人,与上文的"轻足"相当,"走"后面的"贤""印""诏"均为人名。

马传,即骑乘驿马。此外,秦人还存在牛传、驼传等传递方式,在此就不一一赘述了。

秦人除了有车传、徒步、马传、船传等传递方式外,这一时期出土的简牍上还有一些具体传递方式的记述。如"以邮行""以县次传""以次传""以轻足行"等。如睡虎地秦简中《语书》有"别书江陵布,以邮行"的记载。又如里耶秦简中有"迁陵以邮行洞庭","邮人得行"等。

一般认为,"以邮行"是通过邮亭机构,由专门居间的邮人来完成传递,不必由官府另外派人。"以邮行"方式传递的文书,一般是特殊文书,并且这些文书的种类也有很多。一些远距离的文书可以通过"以邮行"方式来传递,如睡虎地秦简中《秦律十八种·田律》记载,各县每年定时上报农田的基本情况时,"远县令邮行之"。

有一些文书,主管部门特别提示要用"以邮行"方式来传递。如睡虎地秦简《语书》中提到,文告的副本在发往江陵时,即采取"以邮行"的方式传递;里耶秦简中"迁陵以邮行洞庭"①,也是洞庭郡下发到迁陵县的文书,"以邮行"的方式来完成。

再看秦人"以县次传"。睡虎地秦简中《封诊式·迁子》记载甲请求有关部门将其子丙迁至蜀边县,采用的传送方式,即"以县次传诣成都"。"以县次传",一般认为是由相关人员把文书、物质、人员等按照邮路上所经之县,一县一县依次传送,不可逾越其中的一县。

秦人"以次传",一般认为是上级下发到所属县或道的文书,并要求县或道继续向辖区下发传阅。睡虎地秦简《语书》记载南郡郡守腾下发所属各县、道负责官吏文告,要"以次传",其文云:"三月庚戌,迁陵守承敦狐敢告尉,告贰春乡、司空、仓主听书从事,尉别书都乡、司空,司空传仓,都乡别启陵、贰春,皆勿留[脱],如律令。"

秦简中关于传的管理主要体现在领取、使用两个方面。

---

① 陈伟.秦简牍校读及所见制度考察:秦简牍研究[M].武汉:武汉大学出版社,2017:50.

一是领取传书。

取传书乡部稗官。其[田]及□[作]务(《龙岗秦简》简10)

《龙岗秦简》简文大多和禁苑有关系,可能是因为官府组织人到禁苑中劳作,这些人需要到乡部去领取传书,作为证明。乡部属乡一级官府,这和私事用传由乡啬夫级官员申请的程序是一致的。

二是使用规定。[《里耶秦简牍校释》(第一卷)简8-1517]前引《龙岗秦简》中提到,持传者进入禁苑后,必须按规定行事,甚至所走的道路也已经事先规划好了,不服从规定可能要受到处罚。因中途遇雨,官方需提供更多次食宿,故要相关机关重新审核、书写加封原来的"传"。

虽晚至东汉,驿才取代传占据主要地位,但秦甚至先秦之时已出现驿,《说文解字·马部》云:"驿,置骑也。"段玉裁注曰:"言骑,以别于车也。马日为传车,驿为置骑,二字之别也。"可见自古以来,驿与传区别较为明显,传主要用车,驿主要用马,"乘传骑驿"即为此意,驿骑制度虽非乘传发展而来,但二者关联极为紧密,学界认为驿比传的概括外延更为全面。颜师古曰:"传者,若今之驿。古者以车,谓之传车。其后又单置马,谓之驿骑。"①"置驿往来相约结";"置驿马千里,传问起居";由于传舍亦需提供车马等,因此后世多见传驿并称或驿代之传例:"桥瑁乃诈作三公移书,传驿州郡,说董卓罪恶,天子危逼,企望义兵,以释国难。"驿骑速度取得飞跃性发展,传在此后一二百年内才彻底退出历史舞台。

此不多述,紧接下文。

二、通行凭证

通行凭证,即秦邮驿系统的传递者的出行凭证,如通过关津、亭传、食宿和更换车马,必须有信物为凭证,这种信物指的是符节、符传。因为是通关凭证,必须保证其真实性。若持伪传通关,就要受到法律的制裁。睡虎地秦简有一则关于伪传的

---

① 仓修良.汉书辞典[M].济南:山东教育出版社,1996:724.

案例:"今咸阳发伪传,弗智(知),即复封传他县,他县亦传其县次,到关而得,今当独咸阳坐以赀,且他县当尽赀?咸阳及他县发弗智(知)者当皆赀。"

秦简中关于符的史料较少,《龙岗秦简》中有一些记载:

关合符,及以传书阅入之,及诸佩(佩)入司马门久(?)(《龙岗秦简》简5)简(81)

说明持符出入津关时,关吏合符的同时,还查看传书。传书是"对持传人的情况,如职务、姓名、任务、起止地点、经由路线、随行人数等,有简明扼要的介绍"。关吏检阅传书,有相关凭证才能通行。

秦通行凭证,亦可称之为"验"。《史记·商君列传》云:"商君亡至关下,欲舍传舍。"此处的"验"就是通行凭证。联系上引《睡虎地秦简》所载秦律,想要住宿传舍,肯定是要有通行凭证的。

不仅如此,与邮传相关的通行凭证秦符节,目前考古发现的主要有虎节、马节、鹰节、熊节、雁节等。

此外,出土文献还出现了"券"。"券"在先秦时就已产生,《睡虎地秦简》中有"可(何)谓'亡券而害'?亡校券右为害"的记载。此种券或一分为二,或一分为三,形制及使用方法和符类似。《龙岗秦简》云:"于禁苑中者,吏与卷辨券。"整理者注:"一式三份的券书,一份留档备查,一份交门卫,一份交进入禁苑的人。"张伯元认为,出入禁苑需要有卷辨券,这种凭证一方面作为劳务凭证使用,另一方面就是作为出入证使用。

从上引史料看,券的使用场所很多,在当时人的生活中很常见,类似于我们今天的身份证,在某些场所下具有通行功能,但并不是严格的制度意义上的通行凭证。

秦邮驿系统除为持相关出行凭证者提供饮食服务外,有时,还特地为他们提供交通工具,如传车、驿马等。

秦邮驿系统中传递人员的身份亦颇为讲究,对他们的职能分配,亦很细致。大部分成员则来自秦各地官府中的属吏,如佐、求盗、令史等;还有一些有爵位的人员,如不更等。同时,一些刑徒之人也可传递文书,如隶臣、隶妾等。地方邮传机构

中的邮人配置、任免,由地方政府决定。里耶秦简有"除邮人"简,其文如下:

卅二年正月戊寅朔甲午,启陵乡夫敢言之,成里典、启陵邮人缺,除士五成里匂、成。成为典,匂为邮人,谒令、尉以从事,敢言之。

从简文可知,邮传系统中的邮人任命权归属县丞、尉。

佐,属于官府中的低级属吏,睡虎地秦简《置吏律》有"啬夫之送见它官者,不得除其故官佐吏以之新官",《秦律杂抄》也有"县司空、司空佐吏、士吏将者弗得"等。里耶秦简中有佐传递政府文书的记录,如"九月庚午旦,佐壬以来","四月甲寅,佐处以来",又有"即令佐壬行司空"等,其中"壬""处"均为人名。

求盗是秦时亭长属员,主要职责是追捕盗贼。《史记·高祖本纪》:"高祖为亭长,用以竹皮为冠,令求盗之薛治之。"应劭认为:"求盗者,旧时亭有两卒,其一为亭父,掌开闭扫除,一为求盗,掌逐捕盗贼。"[1]但求盗有时也传递文书,如"七月癸卯,水十一刻下九,求盗簪袅阳成辰以来"。簪袅,是爵名。阳成,里名。辰,人名。令史,即为县令的属吏,职掌文书等事,有时也可传递文书。如"己未旦,令史犯行"等。令史、求盗、佐等均为具体官府中的属吏。有时还有比较笼统的称谓,如守府。守府,官署泛称。例如"守府快行少内",又有"守府快行旁"等。

三、文书与情报

秦邮驿信息的传递,主要分为官府文书、军事情报等。官府文书按其行文方向,主要分为下行文书、上行文书和平行文书。下行文书是上级对下级的文书。根据文献及相关考古发现,邮传传递的下行文书主要有命(制)书、文告、解送文书等。

命书,是战国时国君下达的文书。秦统一后,秦始皇改"命为制"。《史记·秦始皇本纪》集解引蔡邕云:"制书者,帝者制度之命也。其文曰'制'。"由此不难看出,在秦统一前,使用的是命书而非制书。睡虎地秦简中《行书律》规定:"行命书及书署急者,辄行之;不急者,日觱(毕),勿敢留。留者以律论之。"其意为:"传送命书及标明急字的文书,应立即传送;不急的,当天送完,不准搁压。搁压的依法

---

① 吕思勉.吕思勉文集:读史札记 上[M].南京:译林出版社,2016:515.

论处。"

据考古材料,可知邮传传递的上行文书内容涉及社会的方方面面。有关于地方上农业材料的汇总,如睡虎地秦简《田律》中记载,如果下了及时雨和谷物抽穗,要"辄以书言澍稼、诱(秀)粟及狼(垦)田畴毋(无)稼者顷数"。

如果庄稼生长后下了雨,"亦辄言雨少多,所利顷数"。不仅如此,如果遇到旱、涝、暴风、蝗虫、其他害虫等灾害,也要及时上报"其顷数"。同时还根据路程的远近,确定了传递这些文书的方式,"近县令轻足行其书,远县令邮行之,尽八月口口之"。可见,如果遇到上述情况,各县应该通过邮传的方式来向上报告有关情况。

有的是关于下级向主管上级请示的文书,如里耶秦简有一则下级向主管上级请求协助的案例。秦王政廿六年,迁陵县司空樛上书报告迁陵县丞,说前些日子已经告知竟(竞)陵县荡阴一个叫狼的人,借迁陵县公船一条,"袤三丈三尺,名曰樛,以求故荆绩瓦",但是后来没有送回所借之船。狼是司马昌官属下,因此"谒告昌官,令狼归船。报曰:狼有律在复狱,已。卒史衰、义报"。于是司空樛就办理了一份文书,准备上达已、卒史衰、义,请他们协助查实公船的下落。并云如果公船丢失,"为责券移迁陵";如果公船未丢,"(谁口)属,谒报"。以请示上级主管即迁陵县丞予以批示。

除此之外,押解一些犯罪之人,有时也可通过邮传的方式来解送。如睡虎地秦简中《封诊式·迁子》的案例,主管部门规定"以县次传"将犯人丙解送到成都。

物质的传递,也可用邮传的形式来实现。睡虎地秦简《秦律杂抄》有一简记录了军备物资的传递,内容如下:

轻车坁张引强中卒所载傅(传)到军县勿夺夺中卒传令尉赀各二甲。

睡虎地秦墓竹简整理小组读为:

轻车、坁张、引强、中卒所载傅(传)到军,县勿夺。夺中卒传,令、尉赀各。

整理小组所认为轻车、坁张、引强、中卒当应是并列的四兵种,即轻车为车兵,坁张为脚踏的弩兵,引强为强弓箭兵,中卒为中军之卒。那么这则简文的意思是轻车、坁张、引强、中卒这四种兵用传车运送到军的物质,县不得截夺。如果夺取中卒传送的物质,县令、县尉各罚二甲。整理小组的断句似可商榷,如果把"轻车""坁张""引强""中卒"看成并列的四兵种,"轻车""坏张""引强""中卒"则成为这句的主语,而随后的简文只言"夺中卒传",则前后有不一致之嫌。如果是省略语,仅仅省略前面的三个兵种,只保留"中卒",也不符合古汉语的修辞法。

《秦律杂抄》中的这则简文我们可以理解成:战车、硬弩、强弓这类军需物质,有军中劲旅(中卒)负责用传车来押解,所到县不得截夺。夺取中卒传送的物质(战车、硬弩、强弓),县令、县尉各罚二甲。可见,一些军备物质也可以用传车来运送。

四、邮驿程限

秦人邮驿时递送信息的所用工具不同,则规定之"程"亦不同。始皇御驾"吉行日五十里,师行三十里",传车约为日七十里。"邮人行书,一日一夜行二百里"。步递因为传送距离短,故基本一日一夜之内皆可返回,传递不分昼夜,邮人需要日夜兼程、夜以继日地工作。可见秦人驿骑递送效率之高。

秦人邮驿程限稍有不同,但其规定及执行皆异常严苛。秦简牍中常可见"当行""定行"字样,"当行一时六分""定行八时三分""定行九时""定行十时",规定应行时限已精确到"分"。甚至烽燧传递亦有程限,"府去降虏燧百五十九里,当行一时六分"。按规定时限送达称为"中程",未在规定时间内送达则为"不中程"或"留迟"。

由于邮驿有程限,则两地往返所需时间亦可据以推断,这不仅有利于秦政府军事及其他政令之迅速传达,亦极大便利了秦民生产与生活。

以上足见秦人在交通通行管理方面的经验和制度成果,对秦之后的历代王朝的影响应该是显而易见的,且对今人亦有某些正面的借鉴意义。

第二节　秦传食

上一节的论述,给著者引出了许多具有启发性的思路,譬如秦人传食考证。选择秦传食作为秦人出行研究的新的对象,主要基于以下四个方面的考虑:第一,传食制度本是一个崭新课题。"再餐律"一词,目前仅见于睡虎地秦简,其他简牍材料和文献典籍中均未有记载,本节所要论述的传食制度也是秦人出行研究这方面的一个尝试。第二,有必要系统考察秦人传食制度。第三,著者已经查阅了有关秦传食内容的简牍材料和传世文献典籍,这为深入地了解秦传食的整体情形提供了可能。第四,当然是为了本书秦人出行研究的内容更加系统化、具体化。

秦传车邮驿,不等于秦传食,但"传"的义项大致相同。不同点则是"食",显然这是秦人出行的另一课题。

探究"传"与"食"的字义,理解"传食"的本义,首先必须考察"传食"一词的本义,要正确区别传食与邮传的不同,以往的研究居然将二者混淆在一起,这是十分轻率的结论。传食是驿站要供给出行人食、宿和马匹草料,其主要提供的服务有:为官员因公旅差提供免费食宿,兼顾一定秩次的赴任、卸任官员及军吏、县道有急事或言变事等;传舍设有"厨"和"厩"来专门供应"传食",服务对象不仅包括官吏及其随从,还要为马匹提供食物。需要加以说明的是,睡虎地秦简《传食律》中,所称"传食"包括人员饮食和马匹草料,指具体的物质种类诸如米、酱、羹、刍蒙、盐等;传食制度中的传食,则主要包括交通、食宿、接待等服务与保障内容,涵盖秦人出行诸多律文规定。学界一般把传食制度简称为传食,用传食代指传食制度,这同样是不严谨的治学态度。

著者依旧用出土文献与传世文献做比较分析。睡虎地秦墓竹简中,"传食"共出现四次。第一次为:"月食者已致稟而公使有传食,及告归尽月不来者,止其后朔食,而以其来日致其食;有秩吏不止。仓四六"①第二至四次集中在《秦律十八种·传食律》,具体为三条末尾记有"传食律"的律文。《史记》《汉书》《后汉书》等文献典籍中,有着大量关于"乘传""传舍""传信"的记载,这些进一步明确了秦传食的概念内涵。

一、传食律

大秦帝国一统天下后,为适应大一统集权统治的需要,秦始皇遂建立了庞大的

---

① 魏德胜.《睡虎地秦墓竹简》语法研究[M].北京:首都师范大学出版社,2000:367.

官僚体系,形成了较为严密完善的传食管理系统。在中央,三公九卿中,与传食管理联系密切的有典客、太尉、法曹等。九卿之一的典客,主要负责掌管对诸侯和各少数民族的交往、接待等事务;再考察秦代其他的中央机构和官吏,如太尉"掌武事",太仆"掌舆马",少府"掌山海池泽之税",典属国"掌蛮夷降者"等,均与传食管理有间接关系。综上可以认定,秦代中央政府直接负责传食管理的理应是典客及其属官"丞"。

就传食制度而言,交通管理与制度涉及传、车马的类型、乘坐等级、车马配备、车辆维修养护、马牛草料供应及其日常管理等几个方面。

不同类型的传车,对应不同的等级;传车等级决定于乘坐者的秩级高低和事务轻重缓急。秦汉时期,一般根据官员秩级高低、事情缓急等情况,按照规定使用不同等级的传车。餐饮供给之令,睡虎地秦墓竹简《传食律》曰:

御史卒人使者,食稗米半斗,酱驷(四)分升一,采(菜)羹,给之韭葱。其有爵者,自官士大夫以上,爵食之。使者之从者,食䅵(粝)米半斗:仆,少半斗。传食律不更以下到谋人,粺米一斗,酱半升,采(菜)羹,刍果各半石。宦奄如不更。传食律上造以下到官佐、史毋(无)爵者,及卜、史、司御、寺、府,䅵(粝)米一斗,有采(菜)羹,盐廿二分升二。

上述表明了对于不同等级之人所提供米、酱、菜等饮食亦各异,其中应包括对管理驿传吏员之食物分配。粮草仓管理之法,睡虎地秦墓竹简《仓律》载:

有事军及下县者,贵食,毋以传斋(贷)县。仓月食者已致禀而公使有传食,及告归尽月不来者,止其后朔食,而以其来日致其食;有秩吏不止。仓驾传马,一食禾,其顾来有(又)一食禾,皆八马共。其数驾,毋过日一食。驾县马劳,有(又)益壶〈壹〉禾之。

《仓律》记载了驿传人员自备口粮与沿途驿站供给之不同情况,亦规定了马匹喂饲之事。

二、物品管理

相比轻传、"六乘传""七乘传",传食活动中使用较多的是乘传、驰传、置传,属于传车的主要类型。乘传,四马下足,乘坐者以一般官吏居多。睡虎地秦简《金布律》《司空》、张家山汉简《金布律》及敦煌悬泉汉简中的有关材料,充分反映出秦汉时期传车管理已基本实现了规范化和制度化。

即:传舍是秦传食的正式机构,邮、置、亭、驿其他四者是正规传食机构的有益补充。它们在机构设置、主要职能等方面各有特点,相应的主管官吏也存在差异。就邮、置、亭、驿而言,其长官分别为邮吏和邮佐,置啬夫、置丞、置佐,亭长、亭佐,驿佐、驿令史、驿小吏。作为主要传食机构的传舍,其长官为传舍啬夫,其下负责具体传食事务的人员有厩佐、徒、厩御等。驿置传舍系统的传食管理,接受郡县的监管,传食官吏往往由郡县直接根据传食制度的法律地位受到管理,主要体现在三个方面:第一,以"律"的形式管理传食。《秦律十八种》中有律无令。第二,传食制度是关乎政权运行和国家巩固的基本法律。《传食律》与其他律存在着密切联系,如睡虎地秦简中的《传食律》所规定的内容,涉及了《田律》《厩苑律》《仓律》《金布律》《效律》等其他五种律之多。第三,原有的传食制度已健全完备。现存《传食律》只是对原文的摘要。除了与其他律令存在密切关系外,《传食律》中又多次提到"县舍食人马如令",可以推断出"传食律",当时还应当有关于"乘传""传舍""传车马"等的一系列"令",作为管理传食的补充。

第三节　秦马政

何为马政? 著者认为马政就是关于马匹蕃息、牧养、采购、分拨、使用等各方面管理工作之总称。因为马政与军事制度、赋税制度、邮驿制度、法律制度、上计制度、买卖制度等息息相关,因此研究秦人出行这个专题是无法绕开对马政的探究的。

也就是说:本文若脱离马政而只谈秦人交通工具"马"的状况,显然是非常不成熟的表现。

一向尚武的秦人重视马政建设的原因,亦是显而易见的,无非是:秦人传统养马习惯的影响;特殊的地理位置及自然出行条件;与戎狄长期杂处;受商周马政制度的影响。

秦马政发挥的首要功能则是培养骑兵的战马。早期秦人与戎狄交战过程中，他们能够深深体会到步兵作战远不如戎狄的骑兵作战的成效。秦人要对付戎狄，就必然学习戎狄发展骑兵。事实上，秦的骑兵在春秋战国时期已经达到相当规模，大大领先其他诸侯国，尤其是穆公时期秦骑兵有"畴骑两千"。《韩非子·十过》记载秦穆公为了帮助重耳回到晋国，"革车五百乘，畴骑二千，步卒五万，辅重耳入之于晋，立为晋君"。秦赵长平之战时，"秦骑兵两万五千人绝赵军后，又一军五千骑绝赵壁间，赵军分而为二，断粮绝"。骑兵作为秦军的独立编制，单独执行任务，为长平之战的胜负起了关键作用。

因此秦骑兵对战马的数量与质量均要求很高，这自然对战马的管理提出更高的要求。

一、厩苑管理

秦人靠养马起家，故而高度重视厩苑管理。云梦睡虎地秦简《秦律杂抄·厩苑律》中有关于"大厩""中厩""宫厩"的记录。始皇陵东侧马厩坑亦出土了一批与厩苑有关的器物。器物底部刻有与厩苑相关的铭文，如"大厩四斗三升""小厩""中厩""左厩容八斗""宫厩"等。从这些出土文献来看，秦国厩苑种类非常繁多。西安相家巷新出战国后期至秦代封泥中亦有厩苑官员设置的资料，如"章厩丞印""宫厩""宫厩丞印""太厩丞印""都厩""中厩""中厩丞印""中厩将马""中厩马府""左厩""左厩丞印""右厩""右厩丞印""小厩丞印""小厩将马""官厩丞印""御厩丞印""下厩丞印""上家马丞""下家马丞""泾下家马"等。

由以上资料，我们不难看出，秦管理厩苑既有严密的内部管理系统，又存在有关提高战马数量和质量的高标准的运行机制。

不仅如此，养马技术的提高也是厩苑管理的表现之一。秦人养马技术的提高首先表现在相马术的发展上。鉴于马的地位很重要，为了保证马匹的数量能够满足秦骑兵的需要，厩苑工作人员就有必要进行人工驯养马匹。

事实上，秦人普遍把养马当作传统习惯，在总结前人经验和自身实践过程中，他们便能够不断地驯化和选育良马,他们亦凭借眼力,从外观上鉴别马匹来判断马匹的优劣。这种特殊的本领即相马术。

秦厩苑专门设有相马士,穆公在位时期就出现三位杰出的相马大师即孙阳、伯乐和九方皋。秦穆公于仲夏调马出战,相马者孙阳曰:"今时值仲夏,炎暑熏蒸,疫症大作,未敢轻出。"穆公遂停兵罢战以待秋成,阳施剂制疫气,群骥,望之如云锦,秦人以孙阳为能。秦穆公谓伯乐曰:"子之年长矣,于姓有可使求马乎?"伯乐对曰:"良马,可以形容、筋骨相也。天下之马者,若灭若没,若亡若失。臣之子,皆下才也。臣有所与,九方皋其相马,非臣可比也。"①

养马技术的提高也表现在对马匹的喂养上。"乘马服牛禀,过二月弗禀、弗致者,皆止,勿禀、致。禀大田而无恒籍者,以其致到日禀之,勿深致。"这告诉我们公家马匹食用的饲料由国家统一发给,过期不候。马食用的饲料是刍稿,秦人为了保障马匹有足够的饲料,专门设立一套严格的收刍稿的制度,"入顷刍稿,以其受田之数,无垦不垦,顷入刍三石,稿二石"。即根据受田数量来上交刍稿,不管开垦还是没有开垦,每顷田上交刍三石,稿二石。

在喂养马匹上,除了保障饲料充足外,秦厩苑还按一定的时间喂养马匹,"驾传马,一食禾,其顾来有(又)一食禾,皆八马共。其数驾,毋过日一食。驾县马劳,有(又)益壶(壹)禾之"。

至于马匹的训练及保护,同样得到秦人重视。马者,军之大用。为了保证马匹能够在战争中发挥其作用,必须对马匹的速度、耐力及如何指挥马匹等进行训练,"蓦马五尺八寸以上,不胜任,奔挚(絷)不如令,县司马贾二甲,令、丞各一甲。先赋蓦马,马备,乃粼从军者,到军课之,马殿,令、丞二甲:司马贾二甲,法(废)",如果马匹不符合标准,还要对其负责的厩苑官员进行一定的惩罚。

吏员设置完备也是秦厩苑发展的表现之一。从现有的材料来看,设置了厩啬夫、皂啬夫、苑啬夫、司马等职官。

厩啬夫,即主管厩马的行政长官。睡虎地秦简《秦律杂抄》记载:"肤吏乘马

①《国学典藏》丛书编委会. 文字上的中国:寓言[M]. 北京:中国铁道出版社,2018:170.

笃、窗，及不会肤期，货各一盾。马劳课殿，货厩啬夫一甲，令、丞、佐、史各一盾。"由简文可知厩啬夫负责管理县厩马的使用。

苑啬夫指的是苑的日常负责人。云梦秦简中有两条关于苑啬夫的记载："苑啬夫不存，县为置守，如厩律"和"禁苑啬夫、吏数循行，垣有坏及兽道出及兽出在外，亟告县"。司马一职也值得注意。秦封泥中也记载很多厩苑中设立的各种官职，如"章厩丞印""宫厩丞印""太厩丞印""中厩丞印""中厩将马""中厩马府"等，都可以反映出秦国设置的马政职官非常完备。

二、禁苑设置

苑，一般称为苑囿，是古代畜养禽兽供帝王玩乐的园林。到春秋战国时期战争频繁，为了能够在战争中取得胜利及更好地运输军事物资，各个国家都需要饲养大量的战马。这时，苑囿的种类和作用开始发生变化，睡虎地秦简就专门出现了"公马牛苑"这一词。秦苑囿发展成两种不同功能的苑：一种是禁苑；另一种则是牧苑。

龙岗秦简中专门有条关于禁苑的律文，不但规定禁止出入禁苑，且诸禁苑附近的地方也不许随便出入。从古代文献、封泥、简牍中我们发现秦人设立了许多禁苑。龙岗秦简中出现很多秦代设立的禁苑，名称各不相同，有的称"某苑"，有的称"某禁"，如"沙丘苑""云梦禁""河禁"等。

傅嘉仪著的《新出土秦代封泥印集》一书中出现的明确是禁苑的封泥多达七条。首先是东苑，即东陵之禁苑。其次为"华阳禁印"，注释说为华阳禁苑令之印。还有圻禁丞印，圻即《尔雅》之斥山或成山，秦始皇出游曾两次到成山，所以也在此地设置禁苑。然后是"卢山禁丞"，《汉书·地理志》载"琅邪有横县"，班固自注："故山，久台水所出……久台水就卢水，水出山得名。"秦始皇出游，多宿于禁苑，而卢山在其北游琅邪道上，所以设有禁苑。再有"宜春禁丞""阳陵禁丞""平阿禁印"等。

禁苑，最重要最有名的则是上林苑。上林苑的名称起始于秦，后世逐渐发展成为皇室御苑的代名词。古代文献记载上林苑在秦昭王时期已经产生。《史记·秦始皇本纪》中有"乃营作朝宫渭南上林苑中"的记载。上林丞主管上林苑，这个职务一般由嬴秦宗室且是最高统治者的心腹充任。

华阳苑,亦闻名于天下。该禁苑之地有数处。其一在河南密县南;其二在陕西商州之地,顾名思义,即华山之阳。秦将太后弟芈戎封华阳君,昭襄王太子夫人封于华阳夫人,皆在此地。我们可以推断:新出土的"华阳禁印"应该为华阳禁苑之令。华阳丞印则是华阳禁苑令之副职。

春禁苑在杜南一带。《史记·秦始皇本纪》云二世被杀后,"以黔首葬二世杜南宜春苑中",可知秦杜南设有宜春禁苑。

圻禁苑。圻即《尔雅》之"斥山",亦即成山或荣成山。《史记》记载秦始皇出游时曾两次到过成山。所以,其地设禁苑行宫也在情理之中。

三、马的影响力

事实上,早期秦人是一个以牧业发展起来的群体,更可直接地说秦人是靠养马而慢慢发展起来的,如前所述,秦之祖先都是以养马闻名于世的杰出人物。因而秦人出行,对马车的应用必然非常广泛。而马车的广泛应用,必然会促进秦道路的发展。无论是春秋战国的秦国,还是统一之后的秦王朝,都注重秦交通的发展,形成非常完备的陆上交通网。

(一)对秦交通道路的影响

春秋战国时期,秦国战车的动力就是马。"乘"是对马作为动力的战车的称谓。秦非常重视对战车的普及。当时秦已有"千乘之国"的称呼,"秦带甲百余万,车千乘,骑万匹"[1]。随着战车广泛应用于战争中,适合其发展的马道就自然而然地得到修建。所以秦国的道路修建得非常完善,这在本节下一个环节会有具体论述。且因早期秦人主要在我国西部地区出行,这样,秦人率先对我国历史上的西部交通的发展做出了不可磨灭的贡献。在秦国迁都咸阳后,开始以都城为中心开辟道路,以咸阳为中心初步建立起四通八达的便利、快捷的交通网。秦朝统一全国后,更加注重交通系统的完善。秦始皇把过去错综复杂的交通路线按"车同轨"的

---

① 夏征农.辞海:中国古代史分册[M].上海:上海辞书出版社,1988:237.

要求进行修筑。

马政系统的完备,使秦马普及。由于马具有载运能力大、速度快、行驶里程远等优势,因此马成为重要的交通工具,并改善和加速了道路的发展,对秦交通系统的完善起到重大作用。

(二)对信息传递的影响

春秋战国时期,诸侯国之间战争频繁发生。若想在战争中取得绝对优势,每个诸侯国都需要传递战争情报以及迎敌策略,这些都必须保证信息的快捷和畅通。这样,随着文字的普及、交通工具的广泛应用,马传递信息的优势就开始体现出来了。用马传递信息不仅传播速度快,而且准确度亦大大提高。

为此,秦专门设置管理传递信息的制度,即邮驿制度。置和邮在春秋时期已经被秦国广泛设立来传递信息。

始皇统一后将"邮"作为为传递信息的专有名词,并设立邮驿制度来管理秦朝通信。一般公文书信需要长距离的传递都会交"邮"负责,短距离的文书传递一般用"步传"。在邮传方式上,秦人基本上采用接力的方式传送文书。在传递信息的过程中,都会设置固定的信使进食和住宿处所。这些休憩处或称为"亭",或称为"驿"。

秦帝国统治时期疆域辽阔,地方与地方之间需要进行文书传递,且很多需要长距离传递,只能依靠交通工具马。那依靠马传递消息的站点就是驿站。为了保证文书能够及时、迅速而准确地到达所在地,秦王朝颁布一系列律令进行管理。秦朝睡虎地秦简专门设有《行书律》。

(三)对战争的影响

鉴于骑兵具有高速、突然、攻击力强等特点,所以马不断地被秦人用于战争中,使得善武的秦骑兵发挥着极具机动性的战斗力。

首先是战车在军事上的应用。马拉战车会对战争的规模、大小产生重大影响。春秋战国时期,经常发生战争,每个诸侯国参战的人数越来越多,规模也越来越大,那战车就可以派上用场。车战的规模小者达数百乘,大者达上千乘,秦在战争中可以大规模使用马匹。

其次是促进秦骑兵的发展。骑兵是古代战争中非常重要的一个兵种，凭借"以人为体，人马一体"的特点，在战争中有高速、突击、攻击力强等优势。

尤其战国这个大争时代，战争的规模不断地扩大，动用的兵力亦会越来越多。秦国为了适应战争的发展，就把戎狄的骑兵加以改编，变成秦国的骑兵。秦将骑兵大量运用于战争中，并将骑兵与步兵、车兵等方式结合在一起，在和其他诸侯国进行战争时发挥了巨大的作用。

秦王朝建立后，依然注重对骑兵的发展。可以从秦始皇陵兵马俑中体现出来。秦始皇陵兵马俑中发现一百一十六件骑兵鞍马俑，说明骑兵已经成为秦的独立兵种，是一支非常重要的军事力量。

通过观察秦始皇陵兵马俑，我们可以看出秦骑兵具有以下三大特点：第一，装备齐全。秦始皇陵中的骑兵俑的穿戴风格和胡服很相像，而且还穿戴甲衣。且穿戴很讲究，肩无披膊装束，手无护甲遮掩，既行动灵活，又具有防御性。第二，骑士选择更加严苛。骑士必须具有超乎常人的体魄和才智，才能克服遇到的各种困难，发挥其优势来战胜敌人。第三，对战马质量严格要求。秦俑坑出土的鞍马，体型均很高大。秦对军马考核也极为严格，秦简记载秦上交的军马必须"五尺八寸以上"。每次训练中都会对马匹进行考核，如果考核不及格，主管官吏就会受罚，甚至被革职。

最后，马匹在后勤上运用也非常频繁，作为战争物资的重要运输工具，马可以大规模运输粮草。马在战争中作用非常之大，所以有人说马是一种有"灵气"的武器，随军移动的"粮仓"。

（四）对农业生产的影响

秦能够从一个式微的小国逐步发展成一个庞大的诸侯强国，这与秦统治者重视农业发展密切相关。秦农业最主要有两种耕作方式，即牛耕和马耕。所以马的普及对秦国农业的发展也产生直接影响。

在秦地，马耕甚至与牛耕并驾齐驱。岳麓书院藏秦简四《金布律》有段秦在农业中使用马耕这一耕作方式的记载：

禁毋敢以牡马、牡马高五尺五寸以上,而齿未盈至四岁以下,及垦田、为人僦载及禁买人毋得以牡马、牡马高五尺五寸以上者载以买市及为人僦载,犯令者皆赀各二甲,没入马县官。有能捕告者,以马予之。乡亭啬夫吏弗得,赀各一甲。丞、令、令史赀各一盾,马齿盈四岁以上当服车、垦田、僦载者,令厩啬夫丈齿令、丞前,灸右肩,章曰:当乘。不当乘,窃久(灸)及诈伪令人久(灸),皆迁之,没入马县官。

另外,在农业中,不是所有的马都符合条件。秦为了延长马的使用寿命,使马匹能够健康地成长,也为了马匹能够更好地在农业中服务,规定幼马不能过早使用。如果马匹的年龄达到标准——"马齿盈至四以下",想要使用马匹,还必须得到相关官吏的应允,"令厩啬夫丈齿令、丞前,灸右肩,章曰:当乘"[1],让厩啬夫测量它的年龄,还要烙马印进行证明,才可以使用。同理,年老或生病的马也不能耕作。所以在农业方面对马的使用管理比较严格。农业本来就非常累,借助外来畜力才能更有效率地完成,是因为畜力比人力要大很多。农民在农忙时可以使用马匹进行耕作,在农闲时就可以使用马匹运输粮食来进行买卖。所以,秦农民很乐意养马,这样就可以在农业中使用马来提高农业生产效率。

马如果大范围使用,必须涉及饲养马的问题。那就不得被提到马的主食:刍稿。睡虎地秦简《田律》规定:"入顷刍、稿,以其受田之数。无垦不垦,顷入刍三石、稿二石。"《仓律》规定:"入禾稼、刍、稿,辄为廥籍,上内史。刍、稿各万石一积,咸阳二万一积,其出入、增积及效如禾。"根据上述简文可知:第一,秦会向农民征收刍、稿。第二,刍、稿税的征收,以土地数量多少为依据,每一百亩土地缴纳刍税三石、稿税二石。第三,刍税、稿税都以实物缴纳。我想秦注重对刍稿的征收,主要就是为了饲养马匹。所以,秦马的普及也会使秦民大范围种植刍稿。

由于马作为农业的动力相比人来说具有很多的优势,所以秦人在农业中广泛使用马匹,一方面可以提高农业耕作效率,这样农民可以更加广泛地种植粮食;另一方面,马匹可以长距离运输粮食,为农民收获粮食及买卖粮食都会带来有益影响。秦马的普及还会使秦民大范围种植刍稿。所以,秦马的普及对秦农业发展产

---

① 邢义田.今尘集:秦汉时代的简牍 画像与文化流播 下[M].上海:中西书局,2019:339.

生重大影响。

（五）对物质层面其他方面的影响

首先,御马技术的快速发展。秦马的广泛使用,使秦人在日常生活中对驾车的技术练习与掌握非常重视。《秦律杂抄》记载:"驾骑除四岁,不能驾御,赀教者一盾;免,赏(偿)四岁(徭)戍。"即如果驾驹已经任命四年,却仍然不会驾车,不但本人要被免职,还要补服四年内应服的徭役,连负责训练的人也要被罚一盾。所以,秦人都有很高的御马技术。

其次,秦人为了养马,对马的品种的培育、饲养技术、预防疾病等都有一套可行的办法,使秦人的养马技术大大提高。此前著者已有所述,此处,仅是总结。

再次,亦能解决秦人温饱问题。马的肉可以食用,可以进行出售。睡虎地秦简《厩苑律》记载:"其乘服公马牛亡马者而死县,县诊而杂买(卖)其肉,即入其筋、革、角,及索(索)入其贾(价)钱。"虽然秦很重视对马的保护,但并没有禁止食用马肉。对于特殊的马匹如马匹意外死亡或者老马等是可以食用的。

最后,秦马的发展对秦的娱乐活动必然会产生影响。皇家厩苑饲养这么多马匹,一定经常被秦皇室及贵族子弟当作座驾进行大规模狩猎活动。秦还多次出动大规模车仪仗队进行巡游活动。

（六）对礼俗仪式的影响

马在秦代社会政治、军事、经济生活等方面都发挥了巨大作用,使马的地位得到前所未有的提升。秦人把马当作神一样崇拜。马对秦代社会思想层面的影响主要涉及对思想信仰、价值判断、文化艺术、礼仪制度等多方面的影响。

马对秦代思想层面的影响我们可以通过云梦睡虎地秦简《日书》之《马裸篇》窥探出来。《马裸篇》内容如下:马裸祝曰:"先牧丙日,马裸合神。东乡(向)南乡(向)各一马□□□中土,以为马葆,穿壁直中,中三展,四厩(厩)行。大夫先兕席,今日良日,肥豚清酒美白粱,到主君所。主君笱屏调马,驱其央(殃),去其不羊(祥),令其□者(嗜)□,□者(嗜)饮,律律弗御自行,弗驱自出,令其鼻能模(嗅)乡(香),令耳惠(聪)目明,令头为身衡,脊为身刚,脚为身口,尾善驱□,腹为百草囊,四足善行。主君勉饮勉食,吾岁不敢忘。"

祝词属于祝祷文,一般指"求福禳灾"的意思。《马祼篇》也不例外。通过《马葆篇》可知秦把先牧和马葆合为一神进行祭祀。先牧就是始养马的人。《周礼·校人》载:"先牧为神名","夏祭先牧"。郑玄注:"先牧,始养马者,其人未闻。"先牧受到秦人的崇拜,祈求能够保佑马匹质量,这其实就是马的保护神。在秦人的思想意识里,"鬼犹求食",即鬼神对饮食的需求非常重要。所以,秦人祭祀马神的食物种类很齐全,有肥猪、清酒、上好小米等,以此来满足鬼神的口腹之欲,这样才能得到马神的保佑。

由《马祼篇》同样可以看出秦代祭祀马神的仪式十分浓重。祭祀马神的目的很单纯,就是保佑马匹每个部位都健康,使秦能够出现一匹匹昂首嘶鸣、健美匀称、腾跃如飞的千里马。

秦人出行工具马对秦文化艺术也产生了深远的影响。秦人在长期养马的过程中,慢慢形成好田猎、习骑射、尚武、善作战、有集体精神等文化心态。这方面可以通过《诗经·秦风》表现出来。《诗经·秦风》主要包括《车邻》《驷驴》《小戎》等诗歌。从这些诗歌我们可以窥探出秦代具有不同于其他朝代典型的文学艺术形式。此部分,将在文学领域再接着表述。

除上述方面,马亦对秦的礼仪制度产生影响。《史记·秦始皇本纪》记载:"数以六为纪,符、法冠皆六寸,而舆六尺,六尺为步,乘六马。"同时秦会把马当作祭祀用品来祭祀先王。《史记·封禅书》记载秦襄公被周封为诸侯时,自以为是少皞神的代表,用骝驹、黄牛、牴羊各一头祭祀白帝。秦始皇统一天下以后,经常巡游,在雍州地域碰到的神都会进行祭祀,且"加车一乘,马驹四"。雍州诸神祠中祭祀场面最隆重的是陈宝祠。祭祀陈宝祠时,"春夏用驿,秋冬用骝。畤驹四匹,木偶龙栾车一驷,木偶车马一驷,各如其帝色"。[①] 从这些可以说明秦代祭祀活动中,马体现出独特的地位。

秦国真正的交通历史,是从秦人立国开始春秋战国时期秦国僻处西北,在东周

---

① 张大可.史记全本新注:第 2 册[M].武汉:华中科技大学出版社,2020:810.

迁都洛邑后,秦国在西部交通上扮演了极其重要的角色。自穆公以来,面对与邻近诸国的频繁战争,秦国四面出击,在东方扼住豫西通道并巩固东北、东南方向通道,同时,还相继打开了西北、西南大门。这为秦人出行提供了极为便利的交通条件。

第四节　船政管理

水上交通是一种比较成熟的交通出行方式。古人徒步涉水过河叫溯,《水部》:"无舟渡河也。""徒涉曰冯河,徒搏曰暴虎",故有成语"暴虎冯河"。"溯"这字,在文献中多借"冯"字示意。

秦尚水德,秦人水路出行,以舟船方式为主。出土文献中有关于"都船"的记载,如相家巷出土的秦代封泥中,就有"都船"和"都船丞印"的封泥,证明秦人确有都船一职,且被细分为"阳都船印""阳都船丞"和"阴都船丞"三种不同的封泥。事实上,根据《吕氏春秋》等史籍记载,秦国时已设专职水路的司空,其主要职责是巡视全国、督促地方修筑堤防、疏浚河渠等。秦代船政方面,在各地均设置都水长、丞,主要掌管河道、灌溉、修筑河堤等。秦汉简牍文献对地方管理人员也有所提及,大致有船人、津吏、船官、县司空、县丞等。他们构成一套地方船官体系。

一、船政活动

出土文献多次提及秦地有船人、津吏一职。在众多"船人"之中,有一种称为"津渡船人"。他们一般由官府管理,具有官方性质,大多负责摆渡行人和运输货物。

里耶简8-651提道:

启陵津船人,启封当践十二月,启陵乡守绕劾。

简文提到启陵津的船人启封需要出外服徭役。当时律文规定,这种情况船人需要亲自向当地政府上报,并由官府核实之后方可外出服徭役。不难看出,这类船人应当属于地方官府的小吏。

稍晚的《二年律令·贼律》对此也有所记载:

船人渡人而流杀人,耐之,船啬夫、吏主者赎耐。其杀马牛及伤人,船人赎耐,船啬夫、吏赎迁。其败亡粟米它物,出其半,以半负船人。舳舻负二,徒负一;其可纽系而亡之,尽负之,舳舻亦负二,徒负一;罚船啬夫、吏金各四两。流杀伤人,杀马牛,又亡粟米它物者,不负。

在这条律文中,主要提及了三种有关船人在摆渡过程中若发生事故处罚的相应规定:第一种情况是"流杀人",即指淹死人的情况。若发生这样的情况,"船人"及其管理者都会被处以耐刑。不过,"船啬夫、吏主者"也可以通过赎刑免除刑罚。第二种情况是"杀马牛及伤人"的情况,这种情况船人可以赎耐刑,而其上层的管理人员也可以赎迁刑。第三种情况是"败亡粟米它物",即指在摆渡过程中,因操作不当而致使粟米等物损失,应予以何种处罚的规定。若是由于未捆绑结实而导致财产损失,则船人要负全部责任;若是其他一些原因导致财物损失,则船人需要承担一半的责任。值得注意的是,简文在最后还特别提到,若是一人身犯数罪,则应当以其重罪论之。这是指如果船人同时触犯了不同的罪,则要以最重的罪论处。

通过这些规定不难发现,"船人"的职责除摆渡行人之外,还有摆渡牲畜(牛马等)、粟米等货物的职责。若是船人犯罪,上级官吏也需受罚。很显然,"船人"是负责具体摆渡运输任务的地方基层公职人员。

以上两条律文不仅明确规定了船人在外出服徭役时需亲自上报乡守,而且对其职责划分也相当明确。在摆渡过程中,若发生事故,不仅船人需承担一定的责任,其上级官吏(如船啬夫等)也需承担连带责任。可见,船人的官方身份确认无疑。

此外,简文还有对于营救船只的补偿问题。若帮助他人捕捞船只,并且该船只仍旧可以使用,则奖励该人黄金二两。若船只长度不满七丈,则依据船的长度,每丈赏五十钱。若船只本身有明显的标记,则要将船只归还主人,并由主人自行决定赏赐。

二、船舶管理

由早期秦人到秦代时期,秦地的船舶类型渐趋丰富。

1.渡船。以《里耶秦简》提及的迁陵官员外出为例,渡船在此过程中显得尤为重要,此时多是由于处理日常公务而使用官府船只。如廿八年七月……启陵乡赵敢言之:令令启陵捕献鸟,得明渠雌一。以鸟及书属尉史文,令输。文不肎(肯)受,即发鸟送书,削去其名,以予小史适。适弗敢受。即畀适。已有(又)道船中出操枑(楫)以走赵,臾訽畀赵。谒上狱治,当论论。

该简文主要是关于洞庭郡守礼派卒史嘉、毂等人到所属县内进行工作检查的例子。通过简文内容不难发现,渡船具备秦人日常生活、公务出行的必要性和普遍性。除处理公务日常所需的渡船外,还有一些专门的运送货物、兵器等物品的运输船,大致有漕粮运输船、刑徒运输船以及兵器运输船三部分。

2.漕粮运输船。对于粮食运输的描述,秦人称为"转漕。"《史记·秦本纪》中就提到秦穆公十二年时,晋国发生严重的旱灾,迫于无奈,只得向秦国请求借粮。秦穆公应允了晋国的请求,以船漕、车转运粮,出现了"自雍相望至绛"的情景。在秦国多次对外战争中,为了保障充足的战略物资供应,水上运输起到了重要作用。

里耶简 8-2191 记载:

鞫之:又(有)留不传阆中漕。

这段律文所提到的是一份审讯罪犯的记录。从简文内容大致可以看出这名罪犯私自截留了漕船。《二年律令·均输律》对此又有着明确规定:"船车有输,传送出津关。"[①]由此可知,汉初私自"留船不传"的行为属于犯罪。

3.刑徒运输船。除运送粮食以外,还有不少关于运送刑徒的例子。秦代,由于帝王征战、兴修陵墓等大规模的行动,从中央到地方整个管理体系中都普遍存在着使用刑徒工作的现象。里耶简就有诸多徒簿的记载,传世文献也提到沛县亭长刘邦"为县送徒郦山"。

另外除有关中央与地方的传送外,在地方各县之间也有水运联系的相关记载。如里耶简 8-145 就是一份徒簿,其中"一人□徒酉阳""二人传徒酉阳"就是关于运送刑徒转徒酉阳的明确记载。刑徒由迁陵输往酉阳的方式无非陆路与水路,在当

---

① 青川县文物管理所.青川郝家坪战国墓木牍的发现与研究[M].成都:巴蜀书社,2018:156.

地陆地交通不便的情况下,沿酉水船运是很好的选择。

4.兵器运输船。秦汉时期,船舶除用于日常出行、运送粮食、输送士卒劳力之外,还多应用于军事方面。秦代多次发生水战,兵卒、武器与军粮通常均由船载。

5.战船。水军在秦地已有了初步的发展。随着水战不断增加,水上战船的种类日益丰富,技术更为先进,为后世水战的发展奠定了基础。

秦水师最有名的则是楼船。楼船是一种可攻可防的多层建筑型战船,只因其外观似楼,故而称为"楼船"。由于楼船的独特性,加之它在水上如同一座堡垒,故而演变成秦人水战的主力,战士也被称为"楼船之士"。后来,在楼船的基础上,秦地还出现了一些豪华的大型船只,如"豫章大船""十层赤楼帛兰船"等,这毫无疑问是秦地楼船的变种。

楼船的战斗力,亦为史料证实:如秦始皇曾派大将率领用楼船组成的舰队攻打楚国。"南取百越之地,以为桂林、象郡"时,"使尉(佗)屠睢将楼船之士南攻百越",利用先进的水上战船楼船的运输和战斗力,为南征战争胜利铺平了道路。此外,文献记载秦始皇还"使监禄凿渠运粮,深入越"①。为了解决北方驻军的粮饷问题,秦始皇"使天下"通过船只运输五十石粮食,保障了南征战争中的后勤粮草补给顺畅和将士们的饮食需求。可见船舶在秦统一过程中的重要作用。

斥候——《释名·释船》载:"五百斛以上还(环)有小屋曰斥候,以视敌进退也。"从其名称分析来看,所谓斥,有衡量、推测之意;而候,则有候望之意。因此,判断斥候在水战中应是一种负责侦察的战船,船上会设有专门用来刺探敌方军情的地方。在正式作战的过程中,斥候战船可以更好地负责侦查沿线的各种情况;另一方面也可以与"赤马"战船通力合作,为水战的成功打下基础。

秦战国时期,长江水系的航运也有一定的发展。虽相对黄河而言还有差距,但在巴蜀地区,秦地水运仍有所发展。睡虎地秦简中《日书》篇也有"可以行水""行水吉""不可以船行"等记载,岳麓秦简中的《占梦书》也有"梦乘(舟)船,为远行"等简文,在一定程度上也反映了当时的社会风貌,说明在秦代的江汉地区水路似乎

① 白寿彝.中国通史:第4卷　中古时代　秦汉时期　下[M].上海:上海人民出版社,1995:103.

已经较为普及。

第五节 秦道路与秦交通业的发展

本节谈的是交通工具,"路"。秦路主要分为两大类:陆路、水路。

先说陆路。

一、陆路交通

秦人出行所用的陆路,亦有区别。譬如,供人和牛马徒步行走的小路称为"径"。径多是指山野小路,因狭窄崎岖,车则无法通行。《论语·雍也篇》:"行不由径。"

田间小路,主要供农人耕作时出行之用,时人称之为"阡"和"陌"。路之南北为阡,路之东西是陌。但是也有的地方的称呼刚好相反,《史记·秦本纪》:"为田开阡陌。"司马索隐引《风俗通》:"南北曰阡,东西曰陌;河东以东,东西为阡,南北为陌。""畛"既作为秦田的界线,亦可称田间的小路。《尔雅·释言》:"障,畛也。"陆德明释文:"畛,田间道也。"

但略宽一些的路是可以容车马通行的,这样,小路成中路,称之为"途"或"涂"。秦文字早先无"途","涂"即为途,亦写作"塗"。

至于"轨"指的是车两轴间的距离,大致相当于车的宽度。

此外,城市居住区的路,有术、街和衢。《说文·行部》:"术,邑中道也。"段玉裁注:"邑,国也。"即指国都,因此术是指国都中的道路。《说文·行部》:"街,四通道也。"而《说文·行部》又云:"四达谓之衢。"

除上述,秦道路在概念方面的基本区别,交通业的发展,显然具备浓厚的军事战略色彩。也就是说,秦交通业的发展与兴旺,军事战争的胜利,才是其最为主要的驱动力。

(一)三条极为重要的军事战略通道

秦人自从立国后,渐渐与东方诸国政治、经济、军事、文化等各方面联系紧密。

但在穆公时期的秦国,因为地形、水文等自然地理条件的限制,秦人出行中原的陆路干线却仅有三条:豫西通道;晋南、豫北通道;商洛、南阳通道。由于秦战国不断向外开拓领土,这三条通道被赋予了新的战略意义。于是秦人于这三条通道上相继修建了函谷关、临晋关和武关,三关相守唇齿相依,"一方不戒,三险俱失",作为一个整体有机战略防御体系,来阻挡邻国军队的侵扰。

秦国待国力日盛后便开始了稳进的东向扩张,它与关东诸国的外交、战争活动基本亦是沿这三条通道进行的。

1. 豫西通道

豫西通道,西出长安,起于潼关,过秦函谷关,经陕州,由获石关、雁岭关抵今新安县东,出函谷关至洛阳,全长约四百里。此为长安和洛阳间的一条天然的通道,系秦战国东出关中最重要、最便捷的交通道路。因自然地理因素,长安与洛阳之间,亦仅有此通道,地势平缓,适合往来。

作为长安与洛阳之间的一切出行必经之地,豫西通道对一直图霸中原的秦国而言自然具有举足轻重的军事意义。

豫西通道的军事要塞,当属函谷关。春秋时期,函谷关为晋国所据,时称"桃林塞",晋文公时已派兵长期驻守此地,以期力阻秦军东出,不使秦人"结外援,东西图己"。直到献公时,秦国相继与晋、魏战于石门、少梁并获得胜利,始据此地。

秦战国控制了函谷,进可以出兵豫东,逐鹿中原;退可以保八百里秦川而不失,赳赳老秦人,秦风猎猎;函谷关故址在今豫西灵宝县旧城西南,因"路在谷中,深险如函,故以为名"。此后在秦与六国近百年的战争里,函谷关所在的崤函地区由于军事意义的重要,成为双方争夺的热点。诸侯联军伐秦的进军路线,主要是自荥阳、成皋西行,经巩、洛,穿过崤山后攻打函谷关,以求进入秦国腹地关中平原。如:

《史记·楚世家》怀王十一年,"苏秦约从山东六国共攻秦,楚怀王为从(纵)长,至函谷关,秦出兵击六国"。

《史记·韩世家》襄王十四年,"与齐、魏王共击秦,至函谷而军焉"。

《史记·魏公子列传》:"公子率五国之兵破秦军于河外,走蒙骜。遂乘胜逐秦军至函谷关,抑秦兵,秦兵不敢出。"

《史记·春申君列传》:"春申君相二十二年,诸侯患秦攻伐无已时,乃相与合从(纵),西伐秦,而楚王为(纵)长,春申君用事,至函谷,秦出兵攻,诸侯兵皆败走。"

因为合纵攻秦多走此途,秦王才会对楚王这样威胁说:"寡人积甲宛,东下随,智者不及谋,勇士不及怒,寡人如射隼矣。王欲待天下之攻函谷,不亦远乎!"

另一方面,秦与山东六国作战,也多次兵出函谷,穿越豫西山区来进军中原,所以纵横家有言:"六国从(纵)亲以摈秦,秦不敢出兵于函谷关以害山东矣。""且夫秦之所以不出甲于函谷关十五年以攻诸侯者,阴谋有吞天下之心也。"

众所周知,地理环境是人类进行战争的客观物质基础,正确地认识和利用地理条件,是交战获胜的重要原因之一。秦与六国的军队统帅在策划、指挥战争时,也充分地考虑了山川、道路、城市、人口、资源等各种地理因素对军事行动的影响,从而选择了函谷关所在的豫西通道作为主要的行军路线和作战方向。

2. 晋南、豫北通道

晋南、豫北通道,由陕晋边界的临晋(今陕西大荔)东渡黄河,沿中条山北麓东行,从轵(今河南济源)穿过太行山麓南端与黄河北岸之间的狭长走廊,即可进入河内,来到赵都邯郸所在的冀南平原。走廊的西端为太行第一径,古称轵道,山险路狭;东端是宁邑(今河南修武),战国时属魏。《修武县志》称当地"西扼秦韩,北达燕赵,兵车冲为之区也"。

史念海先生对此道的描述尤为通俗易懂:"由咸阳循渭水东行,经过栎阳和大荔王城……秦已取得蒲坂,而魏国又献安邑……这条道路已经伸入魏境。其后,被顶太原,设太原郡,这条道路更溯汾水北上,抵达太原郡。"[1]

由此可知:这条道路被晋陕边界的黄河天险一分为二,对秦国军事战略意义最大的则是河西,即黄河以西地段。之后,秦人对该通道的争夺,最主要体现在与魏国的河西之争。

公元前408年,魏国侵占了秦河西地区,建立河西郡。秦因丧失黄河天险,魏

---

① 史念海.河山集:七集[M].西安:陕西师范大学出版社,1999:138.

国自此成为秦国东进的心腹大患。为收复河西地区，秦国耗时近四十年（公元前366年—公元前329年），历经献公、孝公、惠文王三位君主，秦军才完全控制了河西一带。

至此秦筑起临晋关和长城，掌握了战争主动权，奠定了进军中原的基础。

3. 商洛、南阳通道

商洛、南阳通道，亦名武关道。改道由咸阳沿灞水、丹水东南行，穿过秦岭、商洛山区，经蓝田、商县、丹凤，在今陕、豫、鄂交界处出武关，进入楚国的南阳盆地，东行至宛（今河南南阳）后，南下穰、邓，可达楚都郢城所在的江汉平原。自宛东行夏路，出方城，又能进入华北平原的南端，即汝水、颍水流域，北上到达韩都新郑，东进便是楚国名都上蔡、陈。

春秋战国时期楚、秦两国先后崛起，商洛、南阳通道在两国时而亲善时而攻伐过程中，得以进一步开拓并初具规模。秦孝公时在丹江上游地区建了"商城塞"，楚国建置了少习关，即武关（秦人夺此关后，易名为"武关"）。

武关自古为兵家必争之地，素有"三秦要塞"之称。战国中后期，秦国先后三次过武关对楚国发动大规模战争：公元前312年，楚怀王因受张仪欺诈，发兵攻秦，秦中路军出武关，斩首八万，杀屈匄，大败楚师于丹阳，且"遂取丹阳、汉中之地"；公元前298年，秦昭王"发兵出武关攻楚，大败楚军，斩首五万，取析十五城而去"；公元前279年，白起"攻楚，拔鄢、邓五城。其明年，攻楚，拔郢，烧夷陵，遂东至竟陵。楚王亡去郢，东走徙陈。秦以郢为南郡"。借助武关这一重要战略基地，秦国屡败楚军，夺得了楚国大片领土。

（二）秦蜀栈道的概况

栈道作为一种秦人特殊的道路交通方式，始于战国时期，这与史书最早记载"栈道千里，通于蜀汉""栈道千里，无所不通"时间是相吻合的。即指今川陕两省。

秦蜀栈道，有"北栈"和"南栈"两条："北栈"是指褒斜道，"因有褒斜两水发源于秦岭太白县衙崖山，南流入汉水者为褒水，北流入渭水者为斜水。故以二水名名之"。"南栈"是指金牛道，"是从陕西汉中勉县向西南行，越过今宁强县、七盘关，至四川北部广元的朝天驿,进入嘉陵江谷地,通向广元西南的剑门关,全长 247 公里"。这两条栈道南北相接构成了由关中入蜀的交通要道。

蜀道常成为难以行走的代名词,唐代诗仙李白曾作《蜀道难》一诗,具言蜀道之艰难。但却诚如司马错主张:"欲富国者务广其地,欲强兵者务富其民……夫蜀,西辟之国也,而戎狄之长也,而有桀纣之乱。以秦攻之,譬如使豺狼逐群羊也。取其地足以广国也,得其财足以富足,缮兵不伤众,而彼已服矣。故拔一国,而天下不以为暴;利尽西海,诸侯不以为贪。"①

当是时,司马错占蜀伐楚的主张,与秦惠文王的想法不谋而合,这一战略规划因而被用之。巴蜀地区,成了秦国为完成统一而必取的大后方基地。

然秦惠文王深知:秦军要出兵伐蜀,必清除山高水险、令人望而生畏的天然屏障。时至今日看来,在现代交通方式产生之前,栈道无疑是平直近捷的交通设施。而且"史书上记载当时中国西南许多地区属于新构造带,河谷深切岩层分布而裸露,再加上历史时期西南河谷地区森林众多,这些为栈道产生提供了必要的石基和栈木",这使得秦蜀栈道产生有了必要性和可能性。

"北栈"褒斜道,在秦惠文王伐蜀以前,进入官府组织开凿阶段,在原来古道的基础上逢山开路,凿孔架栈,"组织人力在旧路基础上进行拓宽整平施工,并在悬崖峭壁之处,首次架设栈道"。把该道扩修成了可令大军辎重通行的栈道形式。但关于"南栈"金牛道,在当时生产力条件还很低下的情况下,要想在绝壁沟壑间重新凿石筑路,不仅工程艰险耗资巨大,而且势必会引起蜀国防备与侵扰。为此秦人心生一计,即"石牛粪金、五丁开道"。关于秦惠文王时修筑道路一事,历史上曾流传着一个神话,扬雄《蜀王本纪》、来敏《本蜀论》《华阳国志》《水经注》《括地志》均有记载。"惠王喜,乃作石牛五头,朝泄金其后,曰'牛便金',有养卒百人,蜀人悦之,使使请石牛,惠王许之,乃遣五丁迎石牛,既不便金,怒,遣还之,乃嘲秦人曰:'东方牧犊儿。'秦人笑之,曰:'吾虽牧犊,当得蜀也'。"这个故事固然不为信史,但虽看似无稽之谈,会心读来却也能发现一些隐匿于其后的真实,至少可知,能够行军的

①《中华大典》工作委员会,《中华大典》编纂委员会.中华大典:历史典　人物分典　先秦总部[M].上海:上海古籍出版社,2016:398.

秦蜀栈道在此时是被打通了。

公元前316年,在这条黄金通道刚建成不久,秦国便派张仪、司马错、都尉墨等即从石牛道闪击古蜀王国。"蜀王自于葭萌关拒之,败绩王遁走,至武阳,为秦军所害。其相傅及太子退至逢乡,死于白鹿山,开明氏遂亡。"

周慎王五年秋,秦国出军伐蜀,是年"冬十月,蜀平,司马错等因取苴与巴"。自秦出兵伐蜀至吞并整个四川盆地,其间仅用了短短三个月的时间,这一切正得益于秦蜀栈道的修筑。

秦得巴蜀,意义深远。"得蜀即得楚,楚亡则天下并。"秦取得巴蜀后,正如苏秦所言:"秦必起两场,一场出武关,一军下黔中,则鄢郢动矣。"

(三)秦复道与秦甬道

复道,即悬崖间有上下两重通道,或楼阁间架空的通道。裴骃集解引如淳曰:"上下有道,故谓之复道。"《史记·秦始皇本纪》载:"自雍门以东至泾渭,殿屋复道周阁相属。"唐杜牧《阿房宫赋》云:"长桥卧波,未云何龙?复道行空,不霁何虹?"秦汉史籍亦多处说到"复道"。秦始皇时大治宫室,曾"为复道,自阿房渡渭,属之咸阳",又"令咸阳之旁二百里内宫观二百七十复道甬道相连"。复道比较复杂。

综合上述文献内容,著者个人认为,秦复道的修建是比较复杂的。因秦复道应指离开地面,在空中架设的通道。这种方案一般有三种:一是连接亭楼馆阁的空中道路。这在皇宫大院里应属经常,比如传说中的阿房宫,各宫殿间的连接通道,应属复道。二是某种交通枢纽。复道凌空而行,并不必与下边的道路方向一致。因此,在行人车马繁错拥杂的地段,可用复道解决连通问题,以立体交叉形式起到便利交通的作用。这一点,类似现在的立交桥或过街天桥。三是某种长距离的复道。按照上述史载,秦汉时期有长达数十里的复道,考虑到当时的工程技术因素,数十里的出行复道恐怕有些夸张,但数百米乃至数里的复道,虽然没有考古证据,恐怕还是可能的。

至于秦阁道,或许系秦复道的一种变化形式,即上有顶,侧有壁的空中楼廊。硬要加以区别,大约有以下两点:一是复道可长可短,而阁道往往很短,就在一个院子里,两个楼之间的道路。二是复道可以无顶,而阁道是全封闭的,可以在两壁开窗。

再说甬道。

秦始皇二十七年（公元前 220 年），"自极庙道通郦山，作甘泉前殿，筑甬道，自咸阳属之"。所谓"甬道"，裴骃集解："应劭曰：'筑垣墙如街巷。'"张守节正义："应劭云：谓于驰道外筑墙，天子于中行，外人不见。"

秦始皇三十五年（公元前 212 年），卢生进言："人主所居而人臣知之，则害于神。""愿上对居宫毋令人知，然后不死之药殆可得也。"于是秦始皇"乃令咸阳之旁二百里内宫观二百七十复道甬道相连，帷帐钟鼓美人充之，各案署不移徙。行所幸，有言其处者，罪死"。① 意思是：方士卢生对嬴政说，皇帝去哪里、住哪里，都要保密，这样就能避开恶鬼，得见真人，可得不死之药。于是嬴政下令咸阳城周围二百里内的二百七十处宫殿楼台，都用复道、甬道相连接，他想去哪里就去哪里，想在哪过夜就在哪过夜，无人能知。

可见秦甬道作为"隔离带"，是令外人不见的特殊的出行通道。

著者概括通俗易懂，即：甬道又称夹道，是一种外侧筑墙的遮蔽型道路。甬道与复道的区别在于，甬道建在地面上，而复道则是凌空架设的。

此外，秦还有专门作为军事运输通道的甬道。司马迁在描述巨鹿之战中有这样的描述："章邯令王离、涉间围巨鹿，章邯军其南，筑甬道而输之粟。"裴骃《集解》："应劭曰：'恐敌抄辎重，故筑墙垣如街巷也。'"项羽军队破釜沉舟，"与秦军遇，九战，绝其甬道，大破之"。即破坏甬道成为战役取胜的关键。

同样，《史记·张耳陈余列传》也曾提及章邯军"筑甬道属河，饷王离。王离兵食多，急攻巨鹿"，"项羽兵数绝章邯甬道，王离军乏食，项羽悉引兵渡河，遂破章邯"。

（四）北边道

秦统一后，秦王朝将原有燕、赵、秦的长城连贯为一，修筑了秦长城，"因地形，用险制塞，起临洮，至辽东，延袤万余里"。长城作为军事防御设施也必然要以交通

---

① 白寿彝，廖德清，施丁. 中国通史：第 4 卷　中古时代　秦汉时期［M］. 上海：上海人民出版社，2015：798.

道路作为辅助结构,以形成连贯一体的防御体系。因此,秦朝在长城内侧修建了与城墙平行的"北边道"用于集结、调动军队和组织长城施工、运输物资。北边道因其属于土质道路,现在已难以考证其原貌。

据载,秦始皇三十二年,东临渤海,刻碣石门,又巡北边,从上郡入,大致经行了北边道的大段,北边道自当有可适应帝王乘舆通过的规模。由此推测,北边道的规制应远较普通道路为高,很多重要地段的规制应当不在驰道之下。

里耶秦简中的一部分道路里程简,可以让我们探明当时北边道沿途县郡状况,进一步复原秦代甚至秦以前的北方交通路线。里耶秦简中出土有三枚记载有地名和里程的木牍,木牍在出土前都已残断,该三枚木牍的释文已全部发表。其中一枚木牍载有今河北省境内地名,这对于复原秦代河北境内的政区设置和交通地理有很重要的价值。现抄录地名如下:

高阳:秦封泥有"高阳丞印"。《汉书·地理志》载涿郡有高阳县,"莽曰高亭"。应劭曰:"在高河之阳。"《读史方舆纪要》(下称《纪要》)卷12《北直三》:"战国时燕邑。《战国策》:'燕封宋荣盆为高阳君。'即此。汉为高阳县治。"秦高阳县,初属巨鹿郡,后属河间郡,其故址地望在今河北省高阳县。

武垣:传世战国赵兵器有"五年邦司寇"剑,剑身铭文有"武垣"。《史记·赵世家》载:赵孝成王"七年,秦围邯郸,武垣令傅豹、王容、苏射率燕众反燕地"。《集解》引徐广云:"河间有武垣县,本属涿郡。"《正义》引《括地志》云:"武垣故城今瀛州城是也。"清嘉庆《大清一统志》(下称《一统志》),故城今河间县西南三十五里,内外二城,外城周四十里,内城十六里。俗名曰元城遗址。今河北肃宁县有雪村遗址,平面呈方形,分为外城和内城。时代为战国至汉,秦置武垣县。

乐成:秦封泥有"乐成之印""乐成"。

武邑:战国赵有"武邑"布,先秦文献未载。

信都:《汉书·地理志》载信都国治信都县。简文所载信都与位于今邢台之信都不同,见王先谦补注。简文所言之信都,应即"春秋时,晋之东阳地。战国属赵。秦属巨鹿郡。汉为信都国"。

武□:武下一字残泐难辨,《里耶发掘报告》(下称《报告》)称,以地望推之,今河北清河县东北的武城与之略相当。著者认可这种看法。

宜成:《报告》暂释为"宜成",言其地点应在今河北清河以南至山东临清之间。"宜"字,依字形我们认为或为"历",即历成。《纪要》卷31《山东二》:"齐历下邑,汉置历城县,属济南国,后属济南郡。《一统志》,故城今历城县治。"

若是,则秦时已置历城县。

里耶秦简道路里程简所载交通路线,即是秦时邮驿交通线路,秦帝国就是凭借其发达的邮驿设置和交通网络,控制着辽阔的领土。

上述秦代"高阳—武垣—饶阳—乐成—武邑—信都—武城—历城"的这一段交通路线,传世文献失载,原因已不可知,里耶秦简中道路里程简的发现却给我们揭示了北边道沿途交通路线。

结合秦始皇时期的主要交通线,我们将"高阳—历城"一线进行延伸,自高阳向北,可把易县(战国燕国都城)、涿州、蓟州连为一线,再向北就与秦北边道交会。而南段的历城,向东可到临淄(战国齐国都城),南到泰山,西至聊城可与邯郸(战国赵国都城)直通。

如此,则这条路直接沟通了燕、齐、赵三国,那么这条线路的重要性不言而喻。而这条路或许就是史念海等先生所说的北边道沿途所行经的"燕齐大道"。

(五)新　道

新道,即五岭通道。

"五岭"一词首见于《史记·张耳陈余列传》:秦"北有长城之役,南有五岭之戍";《淮南衡山列传》:秦始皇"使尉佗逾五岭攻百越"。相关文献虽提及五岭,但没有指明五岭的具体位置。今日的"五岭"是指南岭山脉中五座著名的山岭,即大庾岭、骑田岭、都庞岭、萌渚岭及越城岭。这与《史记》所记载的五岭是有出入的。

秦代的五岭,目前所指均有所模糊,但从史料上来解读,秦代五岭则以岭之所在的县而得名。《元和郡县图志》卷三四载:"秦南有五岭之戍,谓大庾、始安、临贺、桂阳、揭阳县也。"大庾县始置于隋,故这秦朝五岭之戍,除大庾为山岭名称外,其余的四岭无具体所指,仅以所在四县笼统称之,或四县境内各有同名四岭,设县之时,皆以岭为名。由此观之,秦代五岭的范围,已经东至闽粤交界的南岭余脉揭

秦人出行研究

阳岭。

穿越五岭通岭南的道路定型于秦始皇三十三年(公元前 214 年)出兵平南越,开"新道",设立南海郡、桂林郡和象郡。《淮南子·人间训》记载了秦始皇对岭南用兵的情况:"使尉屠睢发卒五十万为五军,一军塞镡城之岭;一军守九疑之塞;一军处番禺之都;一军守南野之界;一军结余干之水。"①镡城,秦县,位于今湖南靖州境内,镡城之岭即东南与始安(今广西桂林)相隔的越城岭,这一支军队在秦五岭最西面的始安县越城岭构筑要塞。九疑,亦作"嶷",即九嶷山,位于汉桂阳县(今广东连州市)北境,西连萌渚岭,这第二支秦军驻守五岭的桂阳县九嶷山塞道。番禺,秦县,治所在今广州市仓边街附近,这第三支秦军越过五岭,直插番禺。南野,秦县,位于今江西南康市章水南岸,南临大庾岭,这第四支秦军驻守在大庾岭界口。余干,秦县(今江西余干县),余干之水即今鄱阳湖东南的信江,这第五支秦军于信江边集结,准备由闽越迂回。秦朝当时整治的新道自西向东有四条:始安的越城岭、临贺的萌渚岭、桂阳的都庞和骑田岭。

秦新道是沟通中原与岭南地区文化商贸交流的主要通道,此后,亦是历代兵家用兵、运送粮草的重要途径,其在中国发展史和军事作战史上发挥着至关重要的作用。

(六)江北干道

里耶秦简牍出土前,已知长江以北的汉水中游地区有两条干道:一为江汉之间的陆路走廊,即从南阳盆地循南襄夹道南下,经邓、鄀,抵江陵。其中,鄀到江陵的直线陆路是距离最短的路线,与今宜城至江陵的国道相符。后代称这条干道为秦楚大道,也有学者据《尚书·禹贡》"浮于江、沱、潜、汉,逾于洛,至于南河"的记载,称此路为荆州(或荆襄)贡道。简所记鄀到江陵的邮路正是这条干道的南段。

另一条江北干道是随枣走廊,即从今湖北随州至枣阳之间的陆路通道,西北接南阳盆地,东南连江汉平原。从古至今,这条陆路走廊一直是沟通长江中下游与关中或中原地区的重要通道。今汉水下游一带陆续发掘有盘龙城等商代城址,说明

① 卢美松. 福州通史简编[M]. 福州:福建人民出版社,2017:27.

· 144 ·

早在商代晚期,商人已控制此通道,以便将大冶铜绿山等地的铜矿石北运中原。周人"大赂南金"也由此途。西周早期,汉阳诸姬的随国已迁至此,地处随枣走廊南段,当与南铜北运有关。春秋中期以后,随国逐渐成为楚国附庸。楚人遂控制随枣走廊,其物资北运仍由此途;同样,中原地区的手工业品和楚宛地的铁器,都经由这条走廊南输。战国晚期至秦朝,秦人也通过这条走廊南下。睡简中的安陆市也是通过随枣走廊与关中地区联系。

对秦人来说,以上两条江北干道同样重要。战国中晚期,秦军正是通过这两条干道,才攻取了江汉之间的楚国腹地。以上干道之间也有一些支线,如安陆与江陵之间就有支线陆路相连。此外,从鄂南下江陵,也可沿汉水—扬水—江水这条水路捷径或沿汉水东侧的支线陆路(经销县)绕行。

(七)江南干道

战国末至秦朝时期,秦人南下沅湘路线与楚人南渐大致相同。在张家山汉简和里耶秦简牍出土前,有关沅澧下游陆路通道的文献记载缺失,故以往史地学者,如史念海、王育民等先生均认为,秦人是从洞庭、湘江等水道南下长沙郡,即从汉水下游的衡山郡,溯江水至洞庭,再溯湘水而上,就可至长沙郡。

现据新出简牍材料可知,这条水道以西的陆路通道也很重要。从上引里耶简文和张家山汉简《行书律》看,秦朝汉初时期,"南郡江水以南,至索南水"一直有邮路存在,是当时的干道。结合其他文献记载看,秦朝后期,以上干道与秦始皇巡游路线有着密切联系。

一般来说,秦始皇所经路线多为驰道。由此推测,临沅以北的邮路很可能属秦驰道。

(八)秦驰道

秦始皇统一东方诸国后,"为了巩固新兴地主阶级的专政和国家的统一,严厉打击了没落奴隶主贵族的复辟活动,同时坚决抵御匈奴奴隶主贵族的骚扰。他大力建设交通道路,作为加强军事力量的一项重要措施"。秦王朝穷全国人力、物力,在战国原有的道路基础上,"决通川防,夷去险阻",将各国道路纳入以全国为规模的交通系统之中,修治、连接或进一步拓展,建成了以国都咸阳为中心,通向全国各个重要地区,纵横交错的驰道网。与此同时一条全新的"战备高速路"——秦直道也崛起于秦帝国北边。

本小节谈谈秦驰道。

史料显示:秦始皇二十七年(公元前 220 年),"治驰道"。驰道的修筑,是秦朝交通建设事业中最具时代特色的成就之一。秦王朝的版图,"东至海暨朝鲜,西至临洮、羌中,南至北向户,北据河为塞,并阴山至辽东"。可见要维系这样一个大秦帝国国家机器的运转,政令畅通是其所必需,而发展交通则是保证政令畅通的必备条件之一。

秦驰道的建筑标准是相当高的,正如汉初人贾山所述:

"道广五十步,三丈而树,厚筑其外,隐以金椎,树以青松。为驰道之丽至于此,使其后世曾不得邪径而托足焉。"①

由于贾山是西汉政论家,他对秦驰道奢丽的描述,不免有个人的感情色彩。即便如此,在全国各地修筑这样高规格的道路,其耗费人力财力之大亦是可以想象得到的。主持其事的李斯自己就说:"又作阿房之宫,治直、驰道,赋敛愈重,戍徭无已。"由此看来,贾山之表述,并非过分夸大其词。

秦驰道的修筑,道路交通网的初步形成,多用于军需、贡赋等方面的运输。尤其是修筑长城与北击匈奴用人之多、耗费之大、长途转运粮草之繁重可谓空前。

《淮南子·人间训》说:秦筑长城,"发卒五十万","中国内郡,挽车而饷之"。秦始皇令蒙恬北击匈奴,更是劳师动众。

(九)秦直道

关于秦直道的定义,学者在研究中从未给予明确界定。《史记》载:"三十五年,除道,道九原,抵云阳,堑山埋谷,直通之",成为秦直道最早的注解。现在普遍流行的说法亦是秦始皇三十五年(公元前 212 年)至三十七年(公元前 210 年)修建的由甘泉宫(今陕西省淳化县梁武帝村)至九原郡(今内蒙古包头市西南孟家

湾)的道路。秦直道是秦始皇时期蒙恬所督建而成,南起咸阳军事要地云阳甘泉宫(陕西淳化县北),北至九原郡(今内蒙古包头市西),全长七百多公里,因其道路南口、北口大体相对,又南北相直,故称直道。

司马迁在《史记》中记载直道:

"始皇欲游天下,道九原,直抵甘泉,乃使蒙恬通道。自九原,抵甘泉,堑山埋谷,千八百里。"

"三十五年,为直道,道九原,通甘泉。"

"而通直道,自九原,至云阳。"

"三十五年,使蒙恬除直道,道九原,抵云阳,堑山埋谷。"

对于直道始建时间,《史记·秦始皇本纪》和《史记·六国年表》皆有明文记载,谓在秦始皇三十五年(公元前212年),史书记载言之凿凿,争议不大。但对于建成时间,当下学术界多有争议,因《史记·秦始皇本纪》有记载,秦始皇(公元前210年)崩于沙丘后,秦二世、赵高等"遂从井陉抵九原……行从直道至咸阳,发丧"。学者据此多认为秦直道修建共历时两年,建成于公元前210年。

关于秦直道具体走向,史学界尚未有定论,路线主要有史念海和王开的两种代表性观点。虽然两种路线有很大分歧,但都确定秦直道是延展于子午岭之上的。子午岭沿途山峦起伏,山势雄伟,岭谷交织,高低悬殊,受地形影响和经长期的流水侵蚀,地面被切割得十分破碎,在此施工困难重重。史念海先生曾指出,秦朝统一这一地区之后一年内外光景,就要辨明地形,选定线路,也确是劳动人民的巨大贡献。选线不易,施工更难。以当时的技术条件,单说在遍地森林的子午岭剪除丛生在路基上的树木,也非易事!

由于秦始皇建直道的初衷是抵御匈奴势力南侵,故而其与长城一样,是具有战略意义的国防工程。秦始皇三十二年(公元前215年),因为国力强盛,为消除边患,遂使蒙恬将兵三十万北击匈奴,尽取河南地,设为44县,重置九原郡。

直道的重要作用,主要集中在三点:帝王出巡、官员出使、运兵作战。

此外,秦陆路交通还有三川东海道。此道是一条从关中通向东部沿海的大道,建于秦始皇三十五年(公元前212年)。三川东海道的贯通无阻,联系了长安和洛阳,并且这条道路上的人流量也特别大,因为这条线联系的地区经济地位十分重要,自然人口密度也就比较大,这条交通路线成了当时运输量最大的交通路线。此外,三川东海道的贯通也有利于秦汉皇帝向东巡幸,也有利于关东人民进入关中。

二、水路交通

秦水路交通,实际上是从秦王朝统一全国后才形成一定的规模。秦战国晚期,随着兼并战争的方向不断地向南方发展,以内河航运为主的漕运亦迅速发展,此时,秦造船业亦得到相应的发展,造船工艺水平随之不断地提高,秦海上交通运输因此得以发展起来。

据《史记·秦始皇本纪》记载,始皇多次大规模巡游中,其中有三次是巡视山东沿海地区。而徐福东渡,漂洋过海,其所乘坐的船只必然也是十分先进的。单从当时可以运送数千童男童女的规模来看,可见秦朝船舰之多之巨及造船技术之先进。

我们看秦水陆交通发展状况。

(一)都江堰

秦战国时期,频繁的战乱使各地人民饱受痛苦,渴望华夏统一。经过商鞅变法,秦国国力日盛,在司马错、张仪等引导下,秦统治者开始体认到巴蜀独特的战略地位。秦昭王二十七年时(公元前280年),秦任命司马错征发陇西兵,"因蜀攻楚黔中,拔之"。经由成都平原进入岷江、长江以及乌江等流域。然而,成都平原的地势西北高、东南低。每年夏秋,随着水量骤增,灌县以下便会泛滥成灾。遇到洪水则变为汪洋一片;遇到旱灾又会赤地千里,颗粒无收。蜀地人民的生存遇到很大的挑战。

为了更好地解决这些问题,运河的开凿成为必然。秦昭襄王时,李冰因知晓天文、通识地理而被任命为蜀郡太守,派其在成都平原、岷江中游地区负责修建都江堰。仔细勘察地形之后,"冰乃壅江作堋,穿郫江、检江,别支流双过郡下,以行舟船。……于是蜀沃野千里,号为'陆海'。旱则引水浸润,雨则杜塞水门,故记曰:

水旱从人,不知饥馑,时无荒年,天下谓之'天府'也"①。

鉴于长江地势西低东高,李冰父子又修筑了一个分水堰,因其形似鱼嘴故又称为"鱼嘴"。鱼嘴的修建顺利将江水分为两支:一支水顺江而下,而另一支水则流入到宝瓶口内。为了进一步分洪减灾,控制宝瓶口的水流量,于是又修建了平水槽和"飞沙堰",这一系列分洪措施使江水形成了良性环流。

都江堰在使用过程中,还渐渐地形成了一种岁修制度。秦人素来就有冬季修整水利的传统,并且修整水利设施大多是由官方领导,如青川县郝家坪秦墓出土的《为田律》就有明确提及"十月为桥,修波(陂)隄,利津梁"的规定,便是明显的例证。

(二)郑国渠

孝公时期,国力的日益强盛使周边邻国受到威慑,为了对外扩展势力,秦国相继出兵攻打了邻近的魏国、赵国、韩国等。由于韩国紧邻秦国的东边,且国力较弱,加上其地理位置又处在秦国向东扩展的交通要道上,故秦国首先兼并韩国。秦国先是夺取了韩国的重要城池成皋、荥阳,不久又攻克了上党。

面对秦国的层层逼近,韩国的形势危如累卵。面对即将亡国的命运,韩桓王日不能食,夜不能寐,此时抵抗秦国入侵的问题已迫在眉睫。《史记·河渠书》记载:"韩闻秦之好兴事,欲罢之,毋令东伐,乃使水工郑国间说秦。"可见,韩王是想要利用秦始皇一统天下的迫切愿望,特意设计了"疲秦之计",意在游说秦国耗费巨大的人力、物力来修筑一条长渠。

韩国著名的水利专家郑国为此承担重任,被任命游说秦王。始皇刚刚即位,满怀雄心壮志。且当时蜀地因都江堰的修建,早已由原本的灾害频发的成都平原发展成为旱涝保收的"天府之国"。始皇听后很是动心,随即投入了大量的物力、财力,还下令征集数十万青壮年丁,由郑国负责主持兴修该渠。工程才刚刚进行到一半,韩国的"疲秦之计"就已走漏风声,郑国的间谍身份也暴露无遗。始皇大怒,下令将郑国囚禁。始皇亲自审问了郑国,郑国毫无惧色,称:"始臣为间,然渠成亦秦

---

① 都江堰市文物局.都江堰市考古资料集[M].成都:四川科学技术出版社,2018:415.

之利也。臣为韩延数岁之命,而为秦建万代之功。"秦始皇感其肺腑之言,特免其死罪,并继续让他负责修建郑国渠。

郑国亦感念始皇恩德,历经十年后终成郑国渠。《史记·河渠书》载:"渠就,用注填阏之水,溉泽卤之地四万余顷,收皆亩一钟。于是关中为沃野,无凶年,秦以富强,卒并诸侯。"郑国渠的修建不仅有利于关中地区运河发展,而且对关中地区水上交通的发展起到重要作用。

(三)灵 渠

秦灭东方诸国后,秦始皇把统一的目光放到了南边的百越之地,旋即发动了对百越的战争,百越是指越国亡于楚国后,越人南下四散而成立的无数小国,《汉书·地理志》注"自交趾至今会稽七八千里,百越杂处,各有利性",即今天的浙、闽、粤、桂等地皆为百越之地。在秦朝初年,百越主要有四支,即:东越(亦称"瓯越",在今浙江南部和福建北部)、闽越(在今福建)、西越(亦称"西瓯",在今广西东部)、南越(其活动范围从五岭直达南海,在今广东、广西及贵州与广西交接带)。

有关秦帝国对百越作战,史料多见于《淮南子》《史记》《汉书》等,尤以《淮南子》一书的记载最为翔实。《淮南子笺释·人间训》道:"使尉屠睢发卒五十万为五军:一军塞镡城之岭,一军守九疑之塞,一军处番禺之都,一军守南野之界,一军结余干之水。三年不解甲弛弩。使监禄无以转饷,又以卒凿渠而通粮道,以与越人战。杀西瓯君译吁宋,而越人皆入丛薄中,与禽兽处,莫肯为秦虏。相置桀骏以为将,而夜攻秦人,大破之,杀尉屠睢,伏尸流血数十万,乃发适戍以备之。"屠睢所率领的秦军,其中第三路军势如破竹,闪电般攻陷了福建、广东、广西北部,剩下的第一、二路军却在占领广东西部、广西南部诸地行程中,遭遇了越人的顽强阻击,"三年不解甲弛弩",五十万秦军日夜处于临战状态,消耗着巨大物资,战果却迟迟不能继续推进。为了解决战争相持和给养困乏的局面,始皇乃命史禄"以卒凿渠而通粮道",是为灵渠。

史禄才能卓越,善于用兵,亦工于水路工程,他不辱使命,在短时间内就高质量地完成了灵渠的开凿,凿南、北两渠。新渠全长约三十四公里,将长江水系与珠江水系连接了起来,"又使尉屠睢将楼船之士攻越,使监禄凿渠运粮,深入越地"①。借助水道行进,来自岭北的粮草能直接运至百越腹地,于是,秦军水陆并进,取得了"杀西瓯君泽吁宋"的阶段性战果。尽管此后秦军亦受越人疯狂顽抗,甚至连屠睢也被袭杀,但借助灵渠强大的运输力,始皇"三十三年,发诸尝逋亡人赘婿贾人,略取陆梁地"。秦军最终占据了南越之地,并设立了桂林、象郡、南海三郡,实现了对整个岭南地区的完全统一。

可见,水陆交通方面,灵渠重要的战略价值,使其对巩固王朝统一和维护南方稳定,防止地方分裂割据有着极其重大的影响力。(见表4-1)

表4-1　秦郡考证表

序号	郡名	郡治	现今所在地
1	巴郡	江州	重庆市江北
2	蜀郡	成都	四川省成都市
3	陇西	狄道	甘肃省临洮县
4	北地	义渠	甘肃省宁县西北
以上四郡在秦故地			
5	太原	晋阳	山西省太原市西南
6	云中	云中	内蒙古托克托县东北
7	邯郸	邯郸	河北省邯郸市西南
8	巨鹿	巨鹿	河北省平乡县西南
9	雁门	善无	山西省右玉县南
10	代郡	代	河北省蔚县
11	常山	无确考	河北省元氏县西
以上七郡在赵故地			

---

① 白寿彝.中国通史:第4卷　中古时代　秦汉时期　下[M].上海:上海人民出版社,1995:103.

序号	郡名	郡治	现今所在地
12	上郡	肤施	陕西省榆林市南
13	河东	安邑	山西省夏县西北
14	东郡	濮阳	河南省濮阳县南
15	砀郡	砀	安徽省砀山县南
16	河内	无确考	河南省淇县东
以上五郡在魏故地			
17	三川	荥阳	河南省荥阳市东北
18	上党	长子	山西省长子县西
19	颍川	阳翟	河南禹县
以上三郡在韩故地			
20	汉中	南郑	陕西省汉中市
21	南郡	郢	湖北省江陵县
22	黔中	黔中	湖南省沅陵县西
23	南阳	宛	河南省南阳市
24	陈郡	陈	河南省睢阳县
25	薛郡	鲁	山东省曲阜市
26	泗水	沛	江苏省沛县东
27	九江	寿春	安徽省寿县
28	会稽	吴	江苏省苏州市
29	长沙	临湘	湖南省长沙市
30	衡山	无确考	湖北省黄冈市南
31	东海	郯	山东省郯城县西
以上十二郡在楚故地			

续 表

序号	郡名	郡治	现今所在地
32	齐郡	临淄	山东省临淄市北郊
33	琅邪	琅邪	山东省藏马县
34	胶东	无确考	山东省平度市东南
35	济北	无确考	山东省泰安市东
以上四郡在齐故地			
36	广阳	蓟	北京市外城西部
37	上谷	沮阳	河北省怀来县东南
38	渔阳	渔阳	北京市密云区西南
39	右北平	无终	河北省蓟州区
40	辽西	阳乐	辽宁省锦州市西北
41	辽东	襄平	辽宁省辽中区附近
以上六郡在燕故地			
42	闽中	冶	福建省福州市
43	南海	番禺	广东省广州市
44	桂林	广郁	广西凌乐县东
45	象郡	像林	越南会安附近
以上四郡在南越故地			
46	九原	九原	内蒙古包头市西北
在匈奴故地			

三、桥梁建筑

说到桥梁,其实桥与梁在我国古代是异名同义的两个字。东汉时期的文字学家许慎在《说文解字》中对桥的解释为:"桥,水梁也。从木,乔声,高而曲也。""梁,用木跨水也,则今之桥也。"从此解释我们也能看出至少在东汉前,桥梁多为木制。

清代段玉裁《段式说文解字注》则言："水阔者,必木与木相接,一其际也。"

秦桥梁,以关中地区最为集中。代表性的桥梁如下:

（一）中渭桥

中渭桥,又名渭桥,系渭河上最早出现的桥梁,为秦昭王时期所造。《三辅故事》载："咸阳宫在渭北,兴乐宫在渭南,秦昭王通两宫之间,作渭桥。"按秦昭王所在时间来看,此渭桥应建于公元前306年到公元前251年。而到秦始皇时期,始皇帝曾对中渭桥进行过修缮和扩建,所以才有类似于《初学记》中所云："始皇帝即位,在渭南作长乐宫,桥通二宫。"

此桥初名渭桥,称为中渭桥应是汉代以后的事了。

此桥结构具体是石柱还是木柱,各家众说纷纭,虽说唐代中渭桥是木梁木柱桥,已有实物发掘可证明。然而秦、汉渭桥是石柱还是木柱有不同的看法。主张其为木柱桥的以《三辅旧事》中的记载为依据："秦造横桥,汉承秦制。广六丈,三百八十步,置都水令掌之,号曰石柱桥。"[①]文中采用"号曰"而并非用"为",这让人很难想象这就是一座石柱桥。且《水经注》渭水："又东南合一水,经两石人北。秦始皇造桥,铁鐓重不胜,故刻石作力士孟贲等像以祭之,鐓乃可移动也。""鐓,音堆,又称千斤桩,是打桩的夯锤。只有木柱桥才需要打桩,石柱桥乃砌筑而成,无须打桩。而石柱也并非桥梁石柱,很有可能是桥两岸所立华表或界柱之类。所以认为木柱的人以此为观点。

而认为此桥为石柱的,以《三辅黄图》中"桥之南北堤,激立石柱"中的"石柱"一词为依据,认为此桥记载详细,就是一座石柱桥。

然著者认为:堤岸可为石,桥柱不一定亦为石柱。以木为桥,显得更为可信。若此桥以石制分水金刚墙,言其为石柱也不为过。但究其根本应为木柱桥。

（二）灞　桥

"灞桥"得名于"长安八水"中的"霸水",因修建于其上故名。古文献中就有

---

① 茅以升.中国古桥技术史[M].北京:北京出版社,1986:21.

"霸水""霸桥"的记载:"霸者,水上地名也,古曰滋水矣。秦穆公霸世,更名滋水为霸水,以显霸工。水出蓝县蓝币谷……霸水又北历蓝田川,径县东。霸水又左合沪水,历白鹿原东,即霸川之西故芷阳矣。"

《水经·渭水注》云:"霸水又北经枳道,在长安东十三里……水上有桥,魏之霸桥。"元代张养浩的《创建灞桥记》应是迄今为止最早的有三点水的"灞桥"记载。估计后人认为"灞水"即有三点水,为便于统一。

秦穆公改滋水为霸水,而当时的滋水之上极有可能有桥,但具体是何种桥梁,谁修建的,由于缺少文献记载,便不得而知了。早期的灞桥应为木制桥梁,从汉代重修灞桥的记载中就可以很清楚地看到这一点。

(三) 蒲津浮桥

众所周知:蒲津渡,自古为关中通往河东之重要通道。由于关中通往山西要经过黄河天堑,古人无法像现在人一般入河立柱修建桥梁。浮桥就成了最好的保证通行的交通设施。此桥的两渡口分别位于同州临晋州市东和山西的蒲州。

对于蒲津浮桥的记载,在史书上有许多,昭襄王十年(公元前 257 年)"初作河桥",目的很简单,就是为了战争。此时的秦为了开始统一而四处征战,也正是从此时开始,蒲津浮桥成了"永久性"的浮桥。可以说战争造就了蒲津浮桥,蒲津浮桥也成就了战争。

虽然说浮桥是因为战争而建,且其搭建速度飞快,但这临时建造所需与"永久性"浮桥相比确也是丝毫不逊色。

浮桥讲的就是浮于水面,则舟船必不可少,这也是浮桥最为核心的部分之一。古时修建浮桥时所用的舟船与河中通行的木船无异。当然,较大的船只会使得浮桥的稳定性增加,同时也能使得更多人马和战时物资通行,但是从战争的角度考虑,搜寻如此多的较大船只搭建渡黄浮桥并非易事,所以简易浮桥还是采用我们常见的小船。为了便于车马在船上行走,使其获得更加平稳的通行性,会在船只表面铺设木板。如此不但使船只表面平整,更使船只同时受力,让船只的着水面积加大,这样船只的承载能力也会大幅增加。但是将所有船只相连是不现实的,所以人们会采取将两船相连,使其成为一个相对独立的单元,以此组建浮桥。

浮桥的主缆一般是置于舟船首尾,以缆绳连接舟船首尾的木栓等,以确保其固定。战时浮桥不像平时通行浮桥那样建造精细,多数并无船锚等固定船身,所以即便以绳索相连,船身也会随着河水流向而摆动,这也就是"曲浮桥"。而后期往往会以船锚等使船身固定于河道中,这也就是"直浮桥"。无论是哪种形式的浮桥,缆绳与两岸相连都是非常关键的。

地锚,也就成了固定整条缆绳的关键装置。常以铁柱、木柱或石柱固定,但因战争而修建的浮桥以木柱最为常见。而选用木材是因其可削尖定于地面,便于施工。如此几步,用于战争的浮桥便修建完成。可见施工便捷性和施工速度才是战时浮桥的关键。

当然,还有如船锚、埠头、护栏等,这些都是非战时浮桥所修建的,以此来延长浮桥的使用寿命。

关中地区的桥梁从秦代到清代,历经两千余年的发展与变迁。经历无数次的毁坏与重建,有的桥梁依然发挥着其便民通行之作用。关中地区地处中国北方,虽说自古有"八水绕长安"之说,但是总体上而言,水资源还是较为匮乏的,无法像江南水乡般随处可见大小横跨河面的各式桥梁,但是此地区的著名桥梁多为交通要道上之要冲,所以其存在价值也就更高。纵观两千多年关中地区的桥梁,有过出神入化般的冰桥,有过如虹的拱桥、如龙的梁桥……

自古修建桥梁都是极具功德的一件事情,是利国利民的好事。所以自古每朝每代都要花费相当大的人力、物力以及财力来修建和维护桥梁。因为利于当代,功在千秋。

总之,秦代交通业的兴起,不仅对政治、军事方面作用显著,且在对外交往上,功不可没。至于朝鲜、日本等古国,与秦人的交往更多。据说"辰韩耆老,自言秦之亡人,避苦役适韩国,马韩割东界地与之。其名国为邦,弓为弧,贼为寇,行酒为行觞,相呼为徒,有似秦语,或名之曰秦韩"。

第六节　地理环境对秦人交通活动的影响

所有的历史活动都是在特定的地理环境和生态背景之下进行的,交通活动当然也不例外。在以人力、畜力、水力作为交通动力的时代，交通活动和交通行为极易被自然灾害及环境变迁所冲击，交通活动的稳定性难以保证。本章前几节所述都是对交通设施的载体即道路和交通工具的关系进行探讨，本节将视角转向交通活动和交通行为的实施主体——秦人，对其在交通行为发生过程中与地理环境的关系进行阐述。

一、恶兽蛇虫威胁秦人行旅交通安全

在以人力、畜力作为主要交通动力的先秦社会，虎、豹、狼、蛇、虫等恶兽常有伤人之虞，对往来行旅的交通安全构成了极大的威胁。早期秦人出行陆路交通线路所经过的很多路段多在西部地区，含西北、西南与正西区域，尤其是巴蜀、汉中、陇山之地，这些路段往往在荒原野外，人烟稀少，或者穿越茂密的丛林，山高林密，野兽蛇虫出没无常，行旅人畜经常遇害。

据竺可桢《近五千年来中国气候的变化》一文的说法，周秦时期刚好是中国历史上一个气候相对温暖和湿润的时期，其时的西部生态状况也远好于今天。诸如汉中、巴蜀、古陇山地区野生动植物的分布也跟今天有很大的不同，加上人烟稀少，虎患、狼患猖獗，且发生频率高，波及范围广。

关于虎患对交通线的威胁，王子今在《秦汉生态环境研究》中进行了比较系统的论述。具体到西部这个区域，文献记载的猛虎伤人的事例也不少见，早在秦昭襄王时巴蜀地区即有猛虎为害的记录。史载："白虎为害，自秦蜀巴汉患之。秦王乃重募国中能杀虎者，邑万家，金帛称之……虎历四郡，害千二百人。"[1]巴蜀人以白虎作为图腾对象，由此可见周秦时期川东一代虎类活动频繁。

除了诸如虎狼等大型猛兽对行旅交通活动制造困难，蛇虫等动物也对往来行旅的户外安全构成直接的威胁。虎狼等猛兽对交通活动的危害，不仅体现在虎狼等野兽伤害行旅生命安全之实，更重要的是对往来于交通道路上行人所施加的心理上的影响。

---

① 王仲荦. 魏晋南北朝史[M]. 上海：上海人民出版社，2003：192.

二、气象和地质灾害对秦人交通活动的干扰

交通活动受当地自然环境的制约,也受到诸种自然灾害的影响。纵观整个东周史,该时段是自然灾害比较频繁的时期,各种自然灾害对交通活动造成严重影响。局部的短时间内的地理环境的剧变,往往对交通通行、交通设施造成决定性的影响。诸如地震、火山爆发、泥石流、滑坡、暴雨、沙尘暴等常态化的自然灾害,对于往来于道路上的行旅客商而言,无疑是巨大的阻碍。

具体的交通行为则直接依赖于气象条件。在现代交通地理理论中,气候和气象是影响交通活动的重要因子。首先气候影响了交通方式的选择。在蒸汽动力发明之前,古代社会“南船北马”交通方式之差异,就是气候影响的结果。

到了秦代末年,因气候或气象原因造成交通中断,阻碍交通活动甚至引发直接改变历史进程的事屡屡发生。揭开秦末农民起义序幕的陈胜吴广起义的导火索就是“会天大雨,道不通,度已失期。失期,法当斩”。在秦人交通活动的气象因素中,以水灾、风灾、雪灾、极寒、瘴气这几类最为显著。而干旱则对水路交通影响较大。干旱导致河流水量剧减,无法行船或增大行船危险的事例在现代社会屡屡发生,以此推之,在秦国、秦代这类情形也不会少,只是因旱灾而绝水道之类的史实鲜见之于出土文献。

西周时期不但有持续的干旱,到周幽王时,地震灾害也伴随出现。幽王三年(公元前779年),据《今本竹书纪年疏证》载:“冬大震电,四年夏六月陨霜”;《国语》载:“幽王二年,西周三川皆震”;《史记·周本纪》也有同样的记载:“幽王二年,西周三川皆震”。徐广曰:“泾、渭、洛也。”韦昭曰:“西周镐京地震动,故三川亦动。是岁也,三川竭,岐山崩。”《诗经·十月之交》也记载了这次地震的情形。“烨烨震电,不宁不令。百川沸腾,山冢崒崩。高岸为谷,深谷为陵。哀今之人,胡憯莫惩。”继幽王承宣王末年空前旱灾之后,西周又遭遇空前的大地震。连年的严重天灾,加速了西周经济的衰退。(见表4-2)

表4-2　气象和地质灾害对秦人交通活动的干扰

年份	灾害	国家	书中记载	实施政策	史书
公元前435	天气异常 日食 月食	秦国	六月,秦雨雪,日月蚀	—	《史记·六国年表》
公元前369	瘟疫 日食	秦国	秦民大疫,日蚀	—	《史记·六国年表》
公元前280	地震	秦国	秦地震,坏城	—	《中国历史大事编年》
公元前269	饥荒	秦国	秦上郡(今陕西榆林东南)大饥,山木尽死,人无所得食	—	《中国历史大事编年》
公元前244	饥荒	秦国	秦大饥	—	《资治通鉴》
公元前243	虫灾 瘟疫	秦国	十月庚寅,蝗虫从东方来,蔽天。天下疫	百姓纳粟千石,拜爵一级	《史记·秦始皇本纪》
公元前242	天气异常	秦国	(秦王政)五年,冬雷	—	《史记·秦始皇本纪》
公元前238	天气异常	秦国	夏,四月,寒,民有冻死者	—	《史记·秦始皇本纪》
公元前235	旱灾	秦国	自六月不雨,至于八月	—	《资治通鉴》
公元前232	地震	秦国	秦地震	—	《中国历史大事编年》
公元前230	地震 饥荒	秦国	秦地动,民大饥	—	《史记·秦始皇本纪》
公元前230	旱灾 饥荒	赵国	赵大旱,大饥	—	《资治通鉴》
公元前228	饥荒	秦国	秦大饥	—	《中国历史大事编年》
前226年	雪灾	秦国	秦王政二十一年,雪灾,深二尺五寸	—	《史记·秦始皇本纪》

　　地震是对地形地貌改变最为彻底的自然灾害之一。春秋、战国时期晋、鲁、秦、

宋、郑、齐、吴、燕、越国都曾发生饥荒,其中晋、鲁、秦遭荒次数较多。每遇荒年,有的诸侯互相补给,有的趁火打劫,"燕饥,赵将伐之……昔者吴伐齐,为其饥也……今王之伐燕也,亦为其饥也"①,有的甚至为了粮食挑起战争,"晋饥,秦输之粟;秦饥,晋闭之籴,故秦伯伐晋"。

由此可知,农业生产与仓廪储备对于一个国家的重要意义。救灾措施多种多样。面对类型繁多的自然灾害,人们也想出很多救灾、抗灾的方法。从大禹治水到修筑堤坝、开挖河渠等,古人的智慧尽在其中。芍陂、漳水十二渠、都江堰、郑国渠等水利工程极大地促进了农业生产,降低了气象水文灾害的破坏力,华夏子孙受益千年。

---

① 刘向,于元.战国策[M].长春:吉林文史出版社,2014:340.

第五章　秦军出行制

赢秦最典型的特征是在战争中发展壮大起来的,并以武力"四海一"。赢秦统治带有鲜明的军事色彩,并对秦汉历史产生了深远影响。探究秦军出行制,一般从周代封国的兵制寻找理论根据,但其后来发展成为体系庞大的帝国军制,显然又具备赢秦自身的独立性。探究秦军出行制,既有利于全面厘清秦人出行问题,也有助于深入理解中国大一统帝国的形成根源。

如前所述,早期秦人长期偏居西北,有与戎狄交战杂处的历史,"物竞天择,适者生存",这些,无疑磨砺了秦人强烈的生存意志和积极进取精神。加之,殷周礼乐文明中的尚武精神,则为秦人保持尚武之风提供了直接的"法理"依据。我们从"秦子"诸铜兵器铭文来看,秦立国之初以公族为主要武装,部队建制止于师级。后来,商鞅变法重塑了秦国军制,秦军在人员集结、士兵来源、兵种建设等方面均有进一步发展。惠文王时期,秦国开始在民族地区设道,后渐以越来越大的规模征调臣邦武装。秦车兵、步兵、舟师均在战争推动下有所发展,战斗力雄劲十足。本章就从秦人战争观为切入点,来全面了解秦军出行状况。

第一节　秦人的战争观

春秋战国时期,由于周天子的地位与威信受到诸侯强国的挑战,天命观念渐趋衰微,民本思想开始受到关注。这种变化深刻影响到了秦人的战争活动。秦人战争观念由天命神鬼为主导向两个方向发展:一是民本战争观兴起;二是功利理性觉醒导致功利战争观勃兴。

一、功利理性的觉醒

秦人的民本战争观,其立足点,很直观,即必须在战争中取得胜利,国君"抚民"只是手段,为己所用才是目的。

到了春秋中晚期,兵家、法家继承和发展了功利战争观,这使得秦人的功利战争观,亦逐步理论化、制度化。在秦人的功利战争观中,主要有两对矛盾相互角力,以推动秦人战争观的丰富和发展:第一,战争目的。威慑与兼并;第二,战争手段。重人道与重实力。

古往今来,战争动机无不与"利"成孪生关系。所谓"利",广义地讲,包括政治利益和经济利益两个方面。经济利益,才是一切战争的最终根源,无利不起战。古今中外,没有经济利益的战争是没有的。

秦人重实力,说到底,也就是追求秦国的经济利益最大化。经济决定政治,经济实力强大了,秦国自然也会想到以武力逐鹿中原。故而,"利",是秦人战争活动的永恒追求。如:

鲁僖公三十年(公元前 630 年),秦晋围郑,郑危在旦夕。郑伯听从臣子的建议,请烛之武见秦君,说其解围,烛之武见秦伯。

曰:"秦、晋围郑,郑既知亡矣。若亡郑而有益于君,敢以烦执事。越国以鄙远,君知其难也,焉用亡郑以陪邻。邻之厚,君之薄也。若舍郑以为东道主,行李之往来,共其乏困,君亦无所害。且君尝为晋君赐矣,许君焦、瑕,朝济而夕设版焉,君之所知也。夫晋,何厌之有?既东封郑,又欲肆其西封,不阙秦,将焉取之?阙秦以利晋,唯君图之。"秦伯说,与郑人盟,使杞子、逢孙、扬孙戍之,乃还。[1]

烛之武的说辞固然是一篇漂亮的外交演讲稿,可供当今的学生摇头晃脑背诵得不亦乐乎,但烛之武能够打动秦伯的真正原因,则是他对秦伯求利的心理,了然于心。他为解围而来,但闭口不说解围之事,"越国以鄙远,君知其难也"。晋国图霸中原,对秦人当然不是好事:"邻之厚,君之薄也。"秦围郑确实是奔"利"而来,秦退兵并派兵助郑,亦是为了"利",而非秦伯良心发现忽然同情弱者。两年后,秦军偷袭郑国,才是"王道"。

商鞅变法,把战争观功利化发展到新阶段。商鞅的富国强兵之道是建立在"人

---

[1]《国学经典选读》编写组. 国学经典选读:下[M]. 济南:山东科学技术出版社,2017:5.

性好利"的人性论基础上的,也可以说:"人性好利"是商鞅战争观的逻辑起点。商鞅认为人的自然生理欲求是人类社会存在与发展的原始动力。他说:

"民之生(性),度而取长,称而取重,权而索利。"(《商君书·算地》)

"民之欲富贵也,共阖棺而后止。而富贵之门,必出于兵。是故民闻战而相贺也;起居饮食所歌谣者,战也。"(《商君书·赏刑》)

"民之于利也,若水于下也,四旁无择也。"(《商君书·君臣》)

即便是那些隐居深山的隐士,表面上过着"衣不暖肤,食不满肠,苦其志意,劳其四肢,伤其五脏"的苦日子,实质上恰恰是在以一种更为隐蔽的方式博取名利。当然不同层次的人具有不同层次的名利需求,而且,人之行事"皆挟自为心"。

《商君书·慎法》云:"能行二者(耕战)于境内,则霸王之道毕矣。"据此,国君怎样才能实现自己的最大利益和目标呢?唯有农战,别无他途。"国待农战而安,主待农战而尊。"

农战的主体是民众,如何才能充分调动民众的积极性为我所用呢?"圣君之治人也,必得其心,故能用力。"一般来说,民众的欲望即利益主要包括两个方面:一是财富;二是荣誉、地位和权力。怎样才能满足这些需求呢?"凡人主之所以劝民者,官爵也;国之所以兴者,农战也。"所谓"劝",即告诉、教导之意。要善于引导民众通过正确的途径——农战——得到官爵。

为了把民众引到农战上来,人君必须坚定不移地实行"壹赏"。

"所谓壹赏者,利禄官爵抟出于兵,无有异施也。"(《商君书·赏刑》)

"善为国者,其教民也,皆作壹而得官爵。"(《商君书·农战》)

商鞅的观点,具备诡道性,他甚至认为:"利出一空者,其国无敌;利出二空者,国半利;利出十空者,其国不守。"所以,他主张坚决堵塞那些重德行、讲礼乐的儒术之士,巧舌如簧的"辩慧"之士,结党营私的奸佞之徒的利禄之途;顽固不化的就消灭他;锋芒毕露的就挫败他。

对于民众而言,则是要具备"重战""好战"而为国捐躯,虽死犹荣的价值观念。要达到的民风则是:听说要打仗,秦民便立即奔走相告,舞之蹈之,父子、兄弟、夫妇、亲友相互共勉。年幼者希望自己快快长大成人,青年人奋勇争战,老年人努力持械出防。有这样的军事出行,秦国焉能不一统华夏?

二、兵、法通用的战争谋略

秦战国时期,秦统治者高度青睐兵家、法家学说,战争手段,基本上兵、法并用。但和法家相比,秦人更倾向于兵家,因为兵家既重视硬实力,更重视软实力,特别是重视将帅的谋略能力。

战争是大量消耗人力、物力的实体性活动。《孙子兵法·作战》曰:凡用兵之法,驰车千驷,革车千乘,带甲十万,千里馈粮。则内外之费,宾客之用,漆之材,车甲之奉,日费千金,然后十万之师举矣。

驰车,即战车;革车指辎重之车。出动十万人的军队,需战车千乘,辎重之车千乘。加上士兵的武器装备、人畜粮草等,需要大量财力、物力。这些仅是战前最基本的投入。一旦战争开始,战场消耗需要及时补充,而"千里馈粮",孙子曰:"凡兴师十万,出征千里,百姓之费,公家之奉,日费千金,内外骚动,怠于道路,不得操事者,七十万家。"[①]没有强大的经济力,怎么能支持耗费如此之巨的战争呢? 可见,战争的规模、久暂直接依赖诸侯国所能提供的财力和物力。

再者,军队数量与战斗力紧密相关。数量上的优势是军事力强大的一个重要方面,所谓"集中优势兵力"的原则,强调的就是数量上的优势。

以上,经济孰强、军队孰众是一种静态的实力比较,主要讲取胜的物质条件,即硬实力。另外,从战争活动的全过程来看,将帅是战争活动的直接组织者和指挥者。

上述谈的是看得见的战场上的军事活动,还有隐形的另一战线上的斗争,即伐交。伐交就是通过外交斗争,瓦解敌方的国际同盟,使其"形单力薄",或者,迫于国际压力,不敢贸然发动战争。同时扩大和巩固自己的同盟,建立广泛的国际统一战线。从史书记载看,春秋战国时期国无定主,邦无定交,历次大的战争,都伴随有激烈的外交斗争,如烛之武退秦师;再如合纵与连横。

---

① 孙武.孙子兵法:3　全新校勘图文珍藏版[M].徐寒,注译.北京:线装书局.2017:705.

兵家的孙膑虽未被秦所用,但秦国亦出现了尉缭子、司马穰苴等著名的军事家。秦人在战争中,无处不见兵家的影子。以商鞅、韩非子、李斯为代表的法家学派也是兵家的推崇者。他们认为,实力是国重主尊的根本条件,"国之所以重,主之所以尊,力也",有"力"者,可以服人,而不会被人所服,可以胜人,而不会被人所胜。"是故力多则人朝,力寡则朝于人,故明君务力。"因此,重视军事实力,亦是法家一贯坚持的军事原则。表现在战争观中,就是始终要坚持实力原则,并致力于探索增强战争实力的途径。他们体认到自己所处的时代是"多事之时"和"大争之世","古人亟于德,中世逐于智,当今争于力"。

法家重视兵家的战争观念非常独特。一方面极力强调军事实力在战争中的重要地位;另一方面特别推崇发动战争,认为对外战争也是增强秦国、秦代实力的重要途径:"国贫而务战,毒输于敌,无六虱,必强。国富而不战,偷生于内,有六虱,必弱。"商鞅从正反两个方面说明,"国贫而务战",一定会强大的。国富而务战,能防弱而益强。

第二节　战车设计与武库设备

一、战车设计

秦军出征,用来装备军队的车辆种类很多。如:

(1)轻车。轻车是车兵的主要装备,它常常成为车兵兵卒的代名词,谓"车士",系独立性兵种。秦轻车有自己的将领和军官。轻车制度从《周礼》。又由于战车是军容的标志、国威的象征,所以,每当秦君出巡时,在浩浩荡荡的队伍中也有装饰华丽的轻车,以显威仪,以备急用。而平时藏之于武库。

(2)革车、軘车、戎车。革车,《孙子·作战篇》记载:"凡用兵之法,驰车千驷,革车千乘。"《韩非子·十过篇》记载:"(秦穆)公因起卒,革车五百乘,畴骑二千,步卒五万,辅重耳入于晋,立为晋君。"据《释名·释车》载:軘车,"戎者所乘也"。即士卒所乘的车。戎车,《史记·五帝本纪》载:武王"率戎车三百乘,虎贲三千人,甲士四万五千人,以东伐纣"。《后汉书·舆服志》记载:"戎车,其饰皆如之。蕃以矛麾金鼓羽析幢麾,辆询甲弩之勋。"

(3)云车。云车即楼车,称云,言其高状。因它备有车架和轮子,可以推动,高十余丈,登上云车可以俯瞰城中,观察敌方的城防虚实。云车是借用其高来探寻敌情或爬城的一种战车。

(4)辎重车。《汉书·韩安国传》注引师古曰:"辎,衣车也。重谓载重物车也,故行者之资,总曰辎重。"

秦人的造车业比较发达,既有官营,也有私营。一般由司空役使刑徒制车,这些可从云梦秦简《司空律》多有保证车辆制造、维修等法律条文中得到证实,说明秦时司空主制车。

秦人对战车车辆的制造要求甚严。如《睡虎地秦墓竹简》曰:

城旦舂毁折瓦器、铁器、木器,为大车折輮(轅),辄治(笞)之。

大车殿,赀司空啬夫一盾,徒治(笞)五十。

意思是:工徒在制造人力战车时,若折断了"輮",要予以笞打。所造的大车如果质量不合要求,而被评为殿,即下等,则罚司空啬夫一盾,徒笞打五十,处罚甚严。对于民间车辆的制造也有要求,官方管理机构也要过问,以便战争需要征用时能保证其质量。

二、武库设置

秦军出行,当然离不开兵器所聚的重地——武库。武库是秦人装备军队的物质基础,自古已然。《墨子·七患》曰:"库无备兵,虽有义不能征无义。"[1]

随着秦战国时期郡县制的发展和郡县城市的增长,郡、县两级武库普遍设立。就郡一级武库来说,秦兵铭中有上郡、陇西等郡库出现;县级武库更是星罗棋布。这些县库还往往冠以上、下或左、右的定语,说明秦地有的县内设置的武库在两个甚至两个以上。

① 墨翟.墨家智谋全书[M].曹冈,译解.呼和浩特:内蒙古人民出版社,2005:28.

秦王朝时期,沿袭秦国旧制,从中央京都到地方郡县多层次、广分布的武库网络建设更加完备。如据《史记·秦始皇本纪》记载,秦二世元年冬,陈胜部将周章军至戏,秦少府章邯言于二世曰:"发近县不及矣。郦山徒多,请赦之,授兵以击之。"这说明始皇在世时已在京都咸阳建立了规模庞大的武库。地方不仅确有武库并且还有相当的储备量。上述陈胜部起义之初并无兵器,为什么后来部队越来越多而且还有了各类武器,并能打到秦王朝的京都咸阳呢?读了《史记·陈涉世家》后便可找到答案:

> 攻大泽乡,收而攻薪,薪下,乃令符离人葛婴将兵徇薪以东,攻桓、御、苦、柘、谯,皆下之。行收兵。比至陈,车六七百乘,骑千余,卒数万人。(后又西击秦),行收兵,至关,车千乘,卒数十万。

"行收兵",即收沿途地方武库兵器,就是靠这些从地方武库中得到的兵器陈胜才武装了数十万的士卒。说明地方郡县有武库且藏有大量兵器。

为加强对武库军备的控制,及时有效地保障军队兵器等军事器械的装备,秦统治者十分重视对武库职官组织的建设。秦京都、内郡、边郡的武库均有一套自上而下的隶属系统和官吏制度。中尉,秦官,掌徼循京师,其属官就有武库令丞;而各郡武库亦设库令。

综上所述,说明秦人已有比较完备的武库设置和职官组织系统以及储藏管理制度,这些政策措施有效地支持了后勤对秦军出行的兵器、器具等军械的保障,使当时的秦国军人始终保持着巨大的军事战斗力量。

第三节　大秦帝国军制的确立

秦人本无郡,直到惠文君十年始置上郡一郡。故在商鞅变法伊始,地方军只有"县兵"。及至吞灭六国,海内尽为郡县,秦县兵、郡兵始遍及海内。

一、从县兵出行到郡兵出行

秦置郡后,史籍中确实不乏以郡兵出征之记载。如《史记·六国年表》载秦王政十二年"发四郡兵助魏击楚"，《秦始皇本纪》载："十八年,大兴兵攻赵,王翦将上地,下井陉,端和将河内,羌瘣伐赵端和围邯郸城"。但就同发兵权关系最密切的虎符而言,廖伯源已指出,当下已知的杜虎符、新郪虎符、阳陵虎符等秦虎符,皆颁与县长吏。其中,新郪虎符与阳陵虎符尤其值得注意。

新郪虎符铭文云"甲兵之符,右在王,左在新郪",王国维先生考证新郪本魏地,而此符为秦并天下前二三十年间之物。晏新志引《阜阳考古录》,认为新郪在汉初始设县,进而推测新郪虎符为西汉淮南王刘安所造。其说不确。李晓杰已指出,新郪始置于汉的说法出自应劭,属臆度之辞,新郪之名在《战国策》中就已出现,还推断秦在灭魏后得新郪并置县。所以,新郪虎符当为秦王政称帝前夕之物。

阳陵虎符明言"甲兵之符,右在皇帝"①,王国维考证为秦代之物。王辉、陈昭容等多位学者,根据秦封泥等材料,证明王国维之说确为定论,而阳陵乃秦庄襄王之陵墓。王伟则推测阳陵全称当为"芷阳陵"。除上述兵符外,陕西周至县文管所还藏有所谓"秦东郡虎符",但王关成已证该物为伪作。

另可一提的是,重近启树认为材官骑士等常备兵,在秦汉时期一直以县为基础单位。此说符合秦代状况,却不适用于汉,孙闻博对此已有论述。

二、臣邦武装力量的征调

春秋时,秦军中可能已有出身戎狄的士兵。《秦本纪》载,韩原之战时有三百余"岐下野人",为报穆公之恩英勇奋战。而据林剑鸣先生考证,秦国奴隶或野人的主要来源,是被秦人征服的关中戎狄。除国内野人外,尚有大量戎狄蛮夷部落臣服于"霸西戎"的秦国,《后汉书·西羌传》即载："秦孝公雄强,威服羌戎。孝公使太子驷率戎狄九十二国朝周显王。"而秦大规模使用异族武装,亦当是在商鞅变法完善制度之后。

秦置"属邦"作为管理民族事务的最高机构,设"道"管辖民族地区,称境内的戎狄蛮夷族群为"臣邦"。活动于秦界之外、在名义上服属秦廷的少数族群,则被

---

①《国宝档案》栏目组.国宝档案:青铜器案[M].北京:中国民主法制出版社,2018:289.

称为"外臣邦"。"外臣邦"的军力，秦廷是无力调动的。以义渠为例，惠文王时"义渠国乱"，秦"遣庶长操将兵定之"，使"义渠遂臣于秦"，即成为秦的"外臣邦"。可到了惠文王统治后期，义渠却"败秦师于李伯"①。故秦军中的异族士兵，主要来自郡、道所管辖的"臣邦"。

秦始设道的时间，据王金都考证，在惠文王十一年至二十六年之间。也正是在惠文王时期，"戎兵之众"成为秦恐吓六国的重要资本。昭王继位后，臣邦武装被组建为大兵团，奔赴战场。司马错在昭王二十七年，统陇、蜀之众，大举进攻楚国。而陇西素为戎狄杂居之处，设有多个秦"道"，蜀更是秦始置"道"之地。

及至秦统一前夜，为更好地装备臣邦部队，由少府生产、武库保管的戈矛被频繁授予属邦。现存世有秦王政十三年少府矛，铭文正书"武库受（授）属邦"。秦王政十四年的兵器铭文中，又出现了"属邦工室"字样，西安相家巷亦发现有秦"属邦工室""属邦工丞"封泥。可见由于武器需求量过大，秦廷专门为"属邦"增设了负责生产武备的"工室"机构。

秦对臣邦武装的频繁征调，似并未造成竭泽而渔的不良后果。作为臣邦上层人物的"戎翟君公"，还在秦廷中央兴风作浪，并参与了嫪毐之乱。而从年代为战国晚期至秦初的张家川马家塬墓地来看，"戎翟君公"们还拥有巨量财富。其陪葬品包括装饰华丽的车辆、大量金银器、古波斯式蜻蜓眼玻璃珠，以及制作技艺同古地中海世界关系密切的各类工艺品，令人眼花缭乱。梁云先生据此推断，臣邦戎人在秦廷优待下从事商贸，获利不菲，并为保护商队组建了一定的武装力量，而秦廷也通过他们，获得了"昆山之玉"等来自外界的奢侈品。② 这很好地解释了为何"戎翟君公"有资本参与政治角逐，以及秦国为何能征调规模庞大的臣邦武装。

值得注意的是，《史记·货殖列传》所载乌氏倮与巴寡妇清这两位秦代巨富，皆带有浓重的"臣邦"色彩。秦通过优待臣邦，在军事、经济上获利颇丰。可从文化方面来看，这一政策却令臣邦上层的族群意识觉醒，并努力维持自身的纯正"蛮夷"身份。最终导致更高层面的"秦人"身份认同，没能构建起来。

---

① 范晔撰. 后汉书：下[M]. 长沙：岳麓书社，2008：1054.
② 梁云. 从秦墓葬俗看秦文化的形成[J]. 考古与文物，2008（1）：54-61.

三、秦人兵种建制的完善

受时代大势影响,秦兼并战争的规模不断扩大、力度亦不断加剧。但日趋惨烈的军事斗争,也稳步推动着秦国各兵种的发展。现以兵器的演进作为主要视角,对秦军车、步、骑、舟师的发展做一番梳理。

(1)车兵。受周文化熏陶,秦在正式立国前就有"车马礼乐侍御之好"。漫长的伐戎作战,使秦国车兵有所发展。尽管司马迁将西戎史写入《匈奴列传》,但作为一个庞大复杂的群体,他们并不尽是游牧民族。不少关陇戎狄是源自齐家文化的西北土著,也会从事农业生产,在血缘上接近蒙古人种之南亚与东亚类型,而与北亚、东北亚类型疏远。晋人称戎狄与诸夏的作战方式为"彼徒我车",据此推断,车兵当为春秋秦人伐戎时的主要兵种。

(2)步兵。步兵是最古老的兵种。西周、春秋时期,受车战流行之影响,步兵地位下降。及至秦战国,步战重新成为秦人主要的战争形态。弩的发明与普及,是步兵地位上升的重要原因。

在弓弩等远射兵器的制造方面,秦国具有得天独厚的优势。《周礼·考工记》论制作弓干的原料,以柘为最优,而《汉书·地理志》载秦地有"南山檀柘"之饶。所以,秦弩不论大小还是威力,皆胜过楚弩。

锐士:所谓秦军"锐士",似亦同步兵存在联系。王学理推测,秦陵兵马俑1、2号坑中免胄束发的甲卒与袍卒,就是"锐士"。关于"锐士"的记载,主要出自《荀子》。①《议兵》曰,秦人"功赏相长也,五甲首而隶五家,是最为众强长久",故"齐之技击不可以遇魏氏之武卒;魏氏之武卒不可以遇秦之锐士;秦之锐士不可以当桓、文之节制;桓、文之节制不可以敌汤、武之仁义"。《汉书·刑法志》则称"齐愍以技击强,魏惠以武卒奋,秦昭以锐士胜"。后者记载虽较前者更为具体,却可能是"层累"的结果。

(3)骑兵。本文在上一章秦马政已有具体论述,此兵种为秦统一立下了赫赫

① 王学理. 秦物质文化史[M]. 西安:三秦出版社,1994:164.

战功。此处从略。

(4)舟师。春秋晚期,楚、吴、越等国已出现舟师。但那时的舟,可能尚是运输工具,并不用于战斗。战国中后期,司马错以大船万艘伐楚,说明当时秦已在南方组建起规模庞大的水军。

但此时秦国的舟师,尚不足以对擅长水战的楚国构成致命威胁。故虽然楚之郢都是一重要水上交通中心,秦却无法顺江而下,长驱直入,而是在长江战线上同楚军陷入激烈的拉锯战。最后秦将白起自北部突破楚国防线,在江汉平原上发挥陆战优势,方才取得大胜。而秦军的大肆破坏,又重创了南郡地区原本高度发达的生产力,导致当地人口锐减。这说明此时的秦国高层,对接收楚国旧地的航运与造船业一事,并不特别重视。

《史记·苏秦列传》又载,秦恐吓魏国,"乘夏水,浮轻舟,强弩在前,锬戈在后,决荥口,魏无大梁"。似可证明战国时秦在北方亦有舟师。而这种"强弩在前,锬戈在后"的轻舟,当是汉代所谓"戈船"。

至统一前后,秦水师力量当又有所增强。秦始皇以楼船卒进攻百越。考古工作者于1976年,在广州发现了秦平岭南后设置的造船厂,可造宽6~8米、长20~30米的平底船,以供内河与沿海航行之需。

第四节　关陇军事集团的崛起

提及关陇区域秦人出行,人们往往会将注意力集中于早期秦史、秦文化,甚至将秦文化与关陇文化对应起来,这是与史实不相符的。自然,秦文化是周秦时期关陇文化的重要组成部分,甚至是统一关陇文化体系的主导文化;但是,秦时期的关陇文化是一多元文化体系,除了秦文化以外,它还包括周文化、戎狄文化,另外,还广泛吸收了巴蜀文化、三晋文化、草原文化和绿洲文化等文化因素。所以,从事关陇秦人出行研究,不仅要关注政局变动,还要关注文化变迁;不仅要关注秦文化,还要关注衰落与崛起中的关陇军阀。

学界对早期周文化、早期秦文化的研究投入了比较多的热情,对关陇文化与周边三晋文化、巴蜀文化、草原文化、绿洲文化等的互动关系也多有探讨。但总体而言,在研究秦人出行方面的深度和广度等方面仍显微弱,对关陇军阀崛起的重要原因亦未出现专题探究,这应该是今后关注的方向。

一、何谓"关陇秦人"

关陇"秦族"与关陇"秦人"是一组既有密切联系,又有一定差别的概念。简单来说,前者内涵较为稳定而具体,一般是指关陇地区嬴秦宗族成员,他们彼此之间存在着或亲近或疏远的血缘关系;而后者则是指以秦族为核心和主导的复合族群共同体。秦人是一个动态性的概念,不同阶段的秦人,其内涵和外延是不同的,秦人群体成员身份较为复杂,彼此之间不一定具有血缘联系,甚至在生产生活方式和社会习俗等方面均存在着一定程度的差异。这就显示出上述两者的区别与联系。

其实,"秦"之名称的出现由来已久,远早于非子"邑之秦"之时。在甲骨卜辞中有多处提及"秦宗""秦右宗"等词;西周早期青铜器《塑方鼎》(又称《周公东征鼎》)铭文中提到了"饮秦饮"的说法;《师酉簋》铭文提及"秦夷"一词;《匍篚》铭文中同时提及"嗦夷"和"戍秦人"等词。虽然我们没有充足的证据证明上古文献材料中提到的"秦"与"邑之秦"有何种必然的联系,但同样我们也无法彻底否定他们之间具有某种联系性。关陇非子并非秦人来源的全部,在非子之前,如第一章所述,秦之祖先的传承脉络也还是比较清晰的。如果我们不承认非子之前的秦族成员属于广义上的"秦人",那就无疑是人为主观地割断了有关关陇秦人的前后历史联系和东西地缘联系,这不利于我们对关陇秦人的概念做出客观全面的分析和理解。

事实上,关陇秦人直到立国之前,尚未入关吸收"周余民",也还未对戎狄族群进行大规模的兼并或驱逐,此时秦族成员应该仍是秦人的主体,其数量也应该是相当有限的。我们根据《孟子》《商君书》等材料中所记述的土地和人口的比例关系,可以推断:春秋以前秦国的人口,有二三万之众。这些人口既包括嬴秦宗族,又包括关陇区域的其他族群,可以统称为"关陇秦人"。

伴随着关陇秦人势力的不断发展壮大,秦人群体变得日益庞杂,在原来秦族基础上逐渐吸收了大量的"戎狄"成员和以周人为主体的中原华夏族成员,这就使得秦人群体已经摆脱原有"秦族"的单一性、血缘性、静态化特征,而变得更具包容性、地缘性、动态性,更加复杂和丰富多彩起来。

之后,秦人的实力得以不断地增强,逐渐独占昔日周人的老家,开始崛起于关陇区域。崛起后的秦人虽然仍以嬴秦宗族成员为核心和主导,但秦人的主体力量却是广大的非秦族成员,这中间既有大量戎狄成员,又有众多中原华夏族人士。在统治阶层的构成方面,秦人政权也是高度开放的,秦国摒弃了周礼中"亲亲贤贤"的标准,政治体制中缺乏严格的宗法制,也没有遵循"亲不在外,羁不在内"(《左传·昭公十一年》)的原则去组织其统治集团①。

在关陇秦人阵营中,嬴秦宗族成员身份未必高贵,地位也未必尊崇,而许多非秦族成员在加入秦人阵营后,只要才能出众,不论亲、疏、贵、贱,俱有成为秦人政权上层统治者的可能性。这方面的人物可以说是举不胜举,我们于此仅列举一些代表性人物作为例证,他们包括百里奚、内史廖、由余、商鞅、蹇叔、丕豹、公孙枝、张仪、司马错、魏章、甘茂、魏冉、白起、任鄙、吕礼、客卿胡伤、客卿灶、范雎、张唐、蔡泽、将军廖、吕不韦、蒙骜、尉缭、李斯等。这些人最初均非秦人,后来加入秦人阵营后为秦人势力的发展壮大做出了卓越贡献,进而成为秦人上层统治集团成员。

关陇戎狄成员如何成为秦人群体的一部分,史无明言,但可以肯定的是,秦人群体中必然吸收了大量的戎狄族群成员。秦人群体成员的主体部分长期生活在关陇区域,仅靠自然繁殖,恐怕不可能保证充足的兵源供给,正常的社会生产也肯定难以维系。在东方六国的民众难以被驱使的情况下,后方的戎狄势力便成为秦人群体。

我们认为,"秦人"的认定与以关陇区域为核心的秦地以及秦文化的关系非密切。那么,哪些人可以划归到秦人范畴呢? 毫无疑问,关陇区域的秦族成员属于秦人,较早归属秦国的"周余民"和戎狄成员属于秦人,伴随着秦国势力强盛或主动或被动归属秦国,并逐渐认同关陇区域秦文化的东方六国人士也应该属于"新秦

---

① [春秋] 左丘明. 四库家藏:春秋左传注疏　4[M]. 济南:山东画报出版社,2004:1339.

人"范畴。

最具争议的是秦朝统一后的原来六国国民,他们虽然名义上成了秦朝的臣民,但这只是短暂的军事臣服,在心理上他们未必认同关陇区域秦文化,在亡国之恨的刺激之下,各自的区域文化在他们的心理深处会变得更加自觉和根深蒂固。所以,败亡后的东方六国贵族不会认同自己是"秦人",其民众恐怕也不一定会产生认同"秦人"的自觉,秦始皇驾崩后,东方六国群起反叛便是很好的说明。

二、关陇秦人尚武乐战成因

关陇秦人尚武好利之风自古有之。班固的《汉书》中记载了《诗经·无衣》里的一段话:"王于兴师,修我甲兵,与子偕行。"《韩非子·初见秦》记载秦人"出其父母怀衽之中,生未尝见寇耳,闻战,顿足徒裼,犯白刃,蹈炉炭,断死于前者,皆是也"。朱熹亦云:"秦之俗,大抵尚气概,先勇力,忘生轻死……其民厚重质直,无郑、卫浮靡骄惰之习。以善导之,则易于兴起而笃于仁义。以勇驱之,则其强毅果敢之资,亦足以强兵力农,而成富强之业,非山东诸国所及也。"这一地区的人们"修习战备,高上气力,以射猎为先"。这种尚武风俗的形成与自然地理环境、地理位置息息相关。

关陇地区处于干旱区与季风区的交界处,气候干旱少雨,宜牧不宜农。游牧民族重利轻义,"逐水草迁徙,毋城郭常处耕田之业,然亦各有分地。毋文书,以言语为约束。……其俗,宽则随畜,因射猎禽兽为生业,急则人习战攻以侵伐,其天性也。其长兵则弓矢,短兵则刀铤。利则进,不利则退,不羞遁走。苟利所在,不知礼义。自君王以下,咸食畜肉,衣其皮革,被旃裘。壮者食肥美,老者食其余,贵壮健,贱老弱"①。秦人本就是游牧民族的一支,他们长期与戎狄错杂居住,这种特殊的环境使他们养成了尚武习俗。此为一方面。

另一方面,秦代军功爵制亦深度影响了关陇秦人的乐战好斗功利战争观。军功爵制就是"因军功而赐给爵位、田宅、食邑、封国的爵禄制度"。正式名称应该是

---

① 司马迁.史记:青花典藏珍藏版[M].《国学典藏书系列》丛书编委会,注.长春:吉林出版集团有限责任公司,2010:276.

"军爵制",只不过商鞅变法规定:"有军功者,各以率受上爵。"军爵制的目的就是奖励军功,因此称为军功爵制。军功爵制正式形成于战国,兴盛于秦朝和西汉初期,西汉中晚期出现轻滥现象,东汉灭亡。如果说商鞅变法之前关西尚武精神是一种自然而然的风俗,那么商鞅变法为关陇尚武加上了主动性。《商君书》中记载商鞅主张实行"利禄官爵抟出于兵"的政策,使他们"知愚、贵贱、勇怯、贤不肖,皆知尽其胸臆之知,竭其股肱之力,出死而为上用,天下豪杰贤良从之如流水;是故兵无敌而令行于天下"。关陇区域,地处秦国旧地,风俗好武强悍,且秦人"有虎狼之心,贪戾好利而无信,不识礼义德行。苟有利焉,不顾亲戚兄弟,若禽兽耳"。商鞅变法迎合了秦人崇尚功利的心态,使得他们通过个人努力获得军功,获得政治社会地位。

商鞅变法确定了两条必须遵守的原则:"有功者荣显,无功者虽富无所芬华""劳大者其禄厚,功高者其爵尊"。秦有二十级军功爵位,爵位的高低以功劳的大小评判,"能得甲首一者,赏爵一级,益田一顷,益宅九亩"。斩首越多,军功就越大,爵位也就越高,田宅相应地也越多。秦代的军功爵制中,七级以上是高爵,是秦的中、高级官吏和贵族,享有赐田、食邑的特权;七级以下属于低爵。其地位虽无高爵显赫,但也享有当官为吏、乞庶子的权力和赎罪、减刑免刑特权以及生活上的种种优待。这种爵位待遇上的差别对尚功利的关陇人来说,吸引力是巨大的,它为那些没有贵族身份的人提供了登上政治舞台的阶梯,成为关陇武将主动尚武的精神动力。如白起以伊阙之战斩首二十四万被而封为国尉,又因长平之战的卓越战功而被封为武安君;王翦因战功从一个默默无闻的小卒而被晋封为武成侯。

三、关陇军阀的群体性格特征解析

关陇武将集团在特殊的地理环境下形成了不同于其他地域的风俗,政治军事制度以及经学等又影响着这一群体的性格或者行为倾向。在这种背景下,关西武将集团形成了粗粝、尚勇、追逐名利、有节操以及文武兼备的性格。

著者试举数例:

(1)粗粝耿直,任性嗜杀

白起,郿(今陕西眉县常兴)人。他生活的时代是以战争为主旋律的战国,七国争霸,战争频繁,白起就是在这样的环境下成为战国四大名将之首。

生活在"修习战备,高上气力,以射猎为先"环境下的白起精通兵法,箭术超群,善于用兵,为秦朝统一六国立下了不世之功。白起生活的时代也正是各国掀起变法的时代,秦国的商鞅变法实行军功爵制,英勇善战的白起一步步因战功而加官晋爵。白起第一战是以左庶长(相当于中级将领)的身份统率秦军进攻韩国,指挥新城之战,一战告捷,初步展示了自己的军事才华。新城之战也迈开了秦军东进的步伐。第二年不忍失败的韩国联合魏国攻打秦国,白起再次领命于伊阙大战韩魏,他利用韩魏各有私心而进行突袭,最后斩首二十四万,虏获魏国将军公孙喜,连夺五座城池,这是一次著名的以少胜多的战役,韩魏两国元气大伤,不再敢和秦国叫板。①

白起因为战功显赫而被封为国尉,他的威名令敌方闻风丧胆,魏国在听说白起领兵进攻时,六十一座城池拱手相让。曾经的南方大国楚国被白起轻而易举击破,白起也因此被封为武安君。让后世难以评价白起的莫过于长平之战,长平之战显示了白起的军事才能,但是坑杀四十万赵人也确实暴露出了他的人性残忍的一面。后人何晏认为白起只图一时胜利,没有为秦国长远考虑,在政治方面没有卓识,他说:

白起之降赵卒,诈而坑其四十万,岂徒酷之谓乎?后亦难以重得志!向使众人豫知降之必死,则张虚卷,犹可畏也。况于四十万披坚执锐战?天下见降秦之将,头颅依山,归秦之众,骸积成丘,则后日之战,死当死耳,何众肯服?何城肯下乎?是为虽能裁四十万之命,而适足以强天下之战。欲以要一朝之功,而乃更坚诸侯之守。故兵进而自伐其势,军胜而还丧其计,何者?设使赵众复合,马服更生,则后日之战,必非前日之对也。况今皆使天下为后日乎?其所以终不敢复加兵于邯郸者,非但优平原之补缝,患诸侯之救至也,徒讳之而不言耳。且长平之事,秦人十五以上,皆荷戟而向赵矣。夫以秦之强,而十五以上,死伤过半,此为破赵之功小,伤秦

---

① 司马迁.史记:你应该读的中国历史名著[M].殷涵,尹红卿,编译.北京:当代世界出版社,2019:246.

败大也,又何称奇哉?

白起在战场上所向披靡,他的军事部署无一不细密周到,能未战而知成败,成为战神无可厚非。但是作为一个军事家,他远远还做不到从政治家的眼光去思量,这种粗粝耿直的性格导致了其不得善终的悲剧。

(2)剽悍尚勇,追逐名利

王翦是频阳(今陕西富平东北)东乡人,战国四大名将之一。王氏家族在秦统一六国战争中起了不可磨灭的作用,六国之中燕、赵、魏、楚、齐等五国都是为王翦及其子王贲所灭。他们也因军功而起家,地位显赫一时。

王翦"少而好兵",精通兵法,此时处于战乱时代的秦国非常崇尚武力和军功。"夫固知愚、贵贱、勇怯、贤不肖,皆尽其胸臆之知,竭其股肱之力,出死而为上用也。"这为王氏家族提供了施展抱负的平台。王翦在镇压长安君的叛乱中被秦王政赏识,得到重用,被任为将军,且尊之为师。王翦不是粗陋的武夫,智勇双全,在战争中善于把握时机,而且兵法娴熟,量兵用兵,后发制人。

公元前236年,王翦率军攻赵,接连拿下九座城池,揭开了秦统一战争的序幕。攻打赵国是统一战争能否胜利的关键,赵国通过"胡服骑射"的改革,战斗力十分强悍,并且拥有战国四大名将之一的李牧,李牧在攻打匈奴的战争中威名远播。李牧的存在令秦军十分头疼,秦王兴师伐赵时,一军抵邺,一军抵太原,取狼孟、番吾;见到是李牧就返回。两人可谓棋逢对手。在此状况下,王翦采取后发制人的方法,他要先拿下李牧,再破其军。因此,他花重金收买赵王的宠臣郭开,以反间计除掉了强劲的对手李牧。

而对燕国,王翦则采取另一种后发制人的方式,他首先在中山屯兵,震慑燕国,燕国处于恐惧之中,把兵力集中于易水之西,固守不出,王翦在其兵力集中后,发动猛攻,聚而歼之。在攻打楚国时,王翦根据楚国地广人多、实力雄厚的特点,提出非六十万兵力不可,而李信认为二十万即可,秦始皇认为王翦已经老了,胆小不果敢,而李将军勇敢果断,但结果确实接连失败。最后还是命王翦前去领军,他按兵不动,"荆兵数出挑战,终不出。王翦日休士洗沐,而善饮食抚循之,亲与士卒同食"①。楚军挑战不得,于是引军东出,王翦利用此时机突然猛攻,大破楚军。王翦善于把握时机,在适当的时候一举攻下,针对不同的情况采取不同的手段,充分显示了他高超的军事才能。

王翦在秦统一战争中充分发挥了杰出的军事才能,在与秦王嬴政相处中也表现出了高超的政治谋略,他是武将但不粗陋,心思缜密,胆大心细。他懂得如何利用名利去获取秦始皇的信任与赏识,在复杂的官场里如何明哲保身。

王翦在率六十万大军击楚时,秦始皇是放心不下的,要知道六十万大军几乎是秦国的全部兵力,再加上秦始皇本身疑心很重,他将华阳公主许配给王翦,结为姻亲,以此来笼络王翦。颇有政治头脑的王翦在出征之日请求赐予很多的美田宅池,秦始皇却笑他不必忧愁家财,王翦却说:"为大王将,有功终不得封侯,故及大王之乡臣,臣亦及时以请园池为子孙业耳。"在出关以后,又接连五次"使使还请善田",有人认为将军请求有些过分,王翦道出了实情:"秦王怚,而不信人。今空秦国甲士而专委于我,我不多请田宅为子孙业以自坚,顾令秦王坐而疑我邪?"王翦利用索要田宅来消除秦始皇的疑心,可谓大费苦心。②

自古功高震主,王翦如果没有过人的政治智慧,或许也就没有了王氏家族三代的兴盛。

王翦之子王贲也是秦朝著名的武将,父子联合相继攻下了赵、魏、楚、燕、齐。王贲因军功被封为通武侯。王翦孙王离因军功被封为武城侯,并且在始皇东巡的高官显贵中位列第一。显赫一时的王氏家族因军功起家,也因王翦的政治头脑而没有重蹈白起的悲剧。

此外,关陇集团在对匈奴作战方面,亦立下不朽之战功。秦始皇统一六国时期,周边少数民族频繁入侵边疆,尤其是北方的匈奴,不断地侵扰北方边郡,威胁着秦朝边疆安全。如何保卫边疆、巩固统一成了秦朝的一个重要的问题。

---

① 司马迁.史记[M].北京:北京燕山出版社,2014:161.
② 《中华大典》工作委员会,《中华大典》编纂委员会.中华大典:历史典 人物分典 先秦总部[M].上海:上海古籍出版社,2016:548.

匈奴是我国北方的一个游牧民族,在秦统一六国时期,匈奴首领头曼单于统一匈奴政治,结束了不稳定的状态,匈奴更加强大,首先受到威胁的就是关西地区。秦始皇统一六国后,派将军蒙恬率军驻守上郡,并且修缮长城,连接了燕赵秦长城。随后使得蒙恬发兵三十万集中兵力攻打匈奴,一度收复"河南"之地,使得匈奴不敢南下而牧马。

第五节　秦人出行"结驷连骑"时尚

如前所述,车马是秦人富贵身份地位的象征。随着秦战国时期畜牧业和制造业的发展,秦人消费结构与审美结构有了较大的变迁,审美水平也得到大大提升。富贵人家不仅"连车列骑",有两匹或三匹马拉的,有车棚、有帷幕的车,而且更甚者车盖上用金银玉石装饰,安着登车的把手,用熟皮革包裹车辕。中等人家也有小车,还要装饰马鬃和给马蹄钉掌,马嚼子镶金画彩,用珠玉装饰马和车窗。

《华阳国志·蜀志》说"工商致结驷连骑"及"归女有百两之从车"之"失",以为"原其由来,染秦化故也"。秦地风习"争奢侈",在交通方面多有表现。《诗·秦风》已可见"车马之好"。公子针车队和穰侯车队有"千乘"规模,都留下深刻的历史记忆。李斯梁山宫故事有"车骑众",始皇帝"弗善"情节。秦始皇出行,也以队列浩荡形成威仪。秦人出行"结驷连骑"风习,"原其由来",有"善御"技术传统和"马大蕃息"动力条件方面的优势,很可能也受到草原民族的影响。

这一文化特征,促成了秦人出行能力优势的形成。其文化惯性,也影响了汉代风俗。由丝绸之路史的有关迹象,也可以看到具有典型性的秦人出行遗风。

秦人出行时奢侈、追求宏大的传统,在多方面有所表现。如《史记》卷五《秦本纪》记载:

戎王使由余于秦。由余,其先晋人也,亡入戎,能晋言。闻缪公贤,故使由余观秦。秦缪公示以宫室、积聚。由余曰:"使鬼为之,则劳神矣。使人为之,亦苦民矣。"

又《史记》卷八八《蒙恬列传》记录了蒙恬被"赐死"时的感叹:"'我何罪于天,

无过而死乎？'良久，徐曰：'恬罪固当死矣。起临洮属之辽东，城堑万余里，此其中不能无绝地脉哉？此乃恬之罪也。'乃吞药自杀。"司马迁以"太史公曰"方式，发表了体现出历史真知的评论："吾适北边，自直道归，行观蒙恬所为秦筑长城亭障，堑山堙谷，通直道，固轻百姓力矣。夫秦之初灭诸侯，天下之心未定，痍伤者未瘳，而恬为名将，不以此时强谏，振百姓之急，养老存孤，务修众庶之和，而阿意兴功，此其兄弟遇诛，不亦宜乎！何乃罪地脉哉？"所谓"兴功"而"轻百姓力"，与由余故事"使人为之，亦苦民矣"有一脉相承的关系。

《史记》卷一二八《货殖列传》所言秦地风习"争奢侈"，还表现在"染秦化"上，如秦人的"车马之好"，在上层消费生活中，可以达到很高等级。《史记》卷八七《李斯列传》载录《谏逐客书》：

……必秦国之所生然后可，则是夜光之璧不饰朝廷，犀象之器不为玩好，郑、卫之女不充后宫，而骏良駃騠不实外厩，江南金锡不为用，西蜀丹青不为采。

秦王"外厩"蓄养"骏良駃騠"，是"车马之好"的例证。秦人出行"结驷连骑"情形，通过有些历史迹象可以得到说明。

《左传·昭公元年》记载：秦景公三十六年（公元前541年），秦后子针适晋，"其车千乘"。

《史记》卷一四《十二诸侯年表》："公弟后子奔晋，车千乘。"

《史记》卷七九《范雎蔡泽列传》也记载："收穰侯之印，使归陶，因使县官给车牛以徙，千乘有余。"这里说"使县官给车牛以徙"，即由政府提供运输工具，与《穰侯列传》记载似有差异。然而，当时指称社会地位之所谓"千乘之尊"是有大致符合实际的合理性的。《史记》卷五九《五宗世家》说"诸侯贫者或乘牛车"也指出出行条件与财富实力直接相关。

至于车舆的社会政治意义，一则是个人拥有财富社会地位的象征，二则最重要的是体现诸侯国实力强弱的象征。《礼记·曲礼》记载："问士之富，以车数对。问庶人之富，数畜之对。"《商君书·赏刑》："是故兵无敌，而令行于天下。万乘之国，不敢苏其兵中原。千乘之国，不敢捍城。万乘之国，若有苏其兵中原者，战将覆其军；千乘之国，若有捍城者，攻将凌其城。"《荀子·王霸篇》记载："万乘之国，可谓广大富厚矣。"

车舆是身份地位的标志。传说三皇五帝时,就有了"功成则锡车服,以表显其能用也"。《尚书·尧典》载:"明试以功,车服以庸。"

但等级舆制却促使了秦人的奢侈风气。《吕氏春秋·本生》曰:"出则以车,入则以辇,务以自佚。"倘若同等地位的人乘用舟车形制和华丽程度不一,就会产生心理差异和怨诽之气。如《吕氏春秋·察今》云:"若舟车、衣冠、滋味声色之不同,人以自是,反以相诽。"

参考文献

[1] 安作彰,熊铁基.秦汉官制史稿[M].济南:齐鲁书社,1984.

[2] 白寿彝.中国交通史[M].北京:商务印书馆,1998.

[3] 白寿彝.中国史学史教本[M].北京:北京师范大学出版社,2000.

[4] 班固.汉书[M].北京:中华书局,1962.

[5] 蔡万进.秦国粮食经济研究[M].呼和浩特:内蒙古人民出版社,1995.

[6] 岑仲勉.中外史地考证[M].北京:中华书局,1962.

[7] 常璩,刘琳.华阳国志校注[M].成都:巴蜀书社,1984.

[8] 晁福林.霸权迭兴:春秋霸主论[M].北京:生活·读书·新知三联书店,1992.

[9] 晁福林.春秋战国的社会变迁[M].北京:商务印书馆,2011.

[10] 晁福林.夏商西周的社会变迁[M].北京:北京师范大学出版社,1996.

[11] 晁福林.先秦民俗史[M].上海:上海人民出版社,2001.

[12] 陈炳应,卢冬.古代民族[M].兰州:敦煌文艺出版社,2004.

[13] 陈淳.考古学理论[M].上海:复旦大学出版社,2004.

[14] 陈汉平.西周册命制度研究[M].上海:学林出版社,1986.

[15] 陈梦家.西周铜器断代[M].北京:中华书局,2004.

[16] 陈宁.秦汉马政研究[M].北京:中国社会科学出版社,2015.

[17] 陈平.关陇文化与嬴秦文明[M].南京:江苏教育出版社,2005.

[18] 陈奇猷.吕氏春秋新校释[M].上海:上海古籍出版社,2002.

[19] 陈绍棣.中国风俗通史:两周卷[M].上海:上海文艺出版社,2003.

[20] 陈寿,裴松之.三国志[M].北京:中华书局,1999.

[21] 陈松长.岳麓书院藏秦简:四[M].上海:上海辞书出版社,2015.

[22] 陈伟.里耶秦简牍校释:第一卷[M].武汉:武汉大学出版社,2012.

[23] 陈伟.秦简牍合集[M].武汉:武汉大学出版社,2014.

[24] 陈戌国.尚书:禹贡[M].长沙:岳麓书社,2010.

[25] 陈尧书.道光续修咸阳县志[M].南京:凤凰出版社,2007.

[26] 陈寅恪.金明馆丛稿二编[M].上海:上海古籍出版社,1980.

[27] 陈直.史记新证[M].北京:中华书局,2006.

[28] 程大昌,黄永年.雍录[M].北京:中华书局,2002.

[29] 程俊英,蒋见元.诗经注析[M].北京:中华书局,1991.

[30] 程平山.夏商周历史与考古[M].北京:人民出版社,2005.

[31] 褚斌杰,谭家健.先秦文学史[M].北京:人民文学出版社,1998.

[32] 崔寔.四民月令[M].北京:中华书局,2013.

[33] 戴德.大戴礼记[M].合肥:黄山书社,2012.

[34] 邓云特.中国救荒史[M].北京:商务印书馆,2011.

[35] 丁启阵.秦汉方言[M].北京:东方出版社,1991.

[36] 丁山.古代神话与民族[M].北京:商务印书馆,2005.

[37] 丁山.中国古代宗教与神话考[M].上海:上海书店出版社,2011.

[38] 杜佑.通典[M].北京:中华书局,1984.

[39] 杜预.春秋经传集解[M].上海:上海古籍出版社,1988.

[40] 杜正胜.周代城邦[M].台北:联经出版事业有限公司,1979.

[41] 杜正胜.中国上古史论文选集[M].台北:华世出版社,1979.

[42] 段玉裁.说文解字注[M].上海:上海古籍出版社,1988.

[43] 樊志民.秦农业历史研究[M].西安:三秦出版社,1997.

[44] 范文澜.中国通史简编[M].北京:人民出版社,1978.

[45] 范晔.后汉书[M].北京:中华书局,1965.

[46] 范祥雍.古本竹书纪年辑校订补[M].上海:上海古籍出版社,2011.

[47] 方豪.中西交通史[M].上海:上海人民出版社,2008.

[48] 方诗铭,王修龄.古本竹书纪年辑正[M].上海:上海古籍出版社,1981.

[49] 方诗铭.中国历史纪年表(修订本)[M].上海:上海人民出版社,2007.

[50] 傅嘉仪.秦封泥汇考[M].上海:上海书店出版社,2007.

[51] 傅嘉仪.新出土秦代封泥印集[M].杭州:西泠印社,2002.

[52] 傅斯年.傅斯年文集[M].上海:上海古籍出版社,2012.

[53] 傅亚庶.中国上古祭祀文化[M].北京:高等教育出版社,2007.

[54] 甘肃省文物考古所.秦汉简牍论文集[M].兰州:甘肃人民出版社,1989.

[55] 甘肃省文物考古所.天水放马滩秦简[M].北京:中华书局,2009.

[56] 高春明.中国服饰名物考[M].上海:上海文化出版社,2001.

[57] 高亨.商君书注译[M].北京:清华大学出版社,2011.

[58] 高亨.诗经今注[M].北京:清华大学出版社,2010.

[59] 高亨.周易大传今注[M].北京:清华大学出版社,2010.

[60] 高敏.秦汉史论集[M].郑州:中州书画社,1982.

[61] 高诱,毕沅.吕氏春秋[M].上海:上海书店,1986.

[62] 葛承雍.秦陇文化志[M].上海:上海人民出版社,1998.

[63] 葛剑雄.中国历代疆域的变迁[M].上海:复旦大学出版社,1999.

[64] 葛剑雄.中国移民史:第一卷[M].福州:福建人民出版社,1997.

[65] 葛兆光.古代中国的历史、思想与宗教[M].北京:北京师范大学出版社,2006.

[66] 葛兆光.宅兹中国:重建有关"中国"的历史论述[M].北京:中华书局,2011.

[67] 工藤元男.睡虎地秦简所见秦代国家与社会[M].上海:上海古籍出版社,2018.

[68] 龚鹏程.游的精神文化史论[M].石家庄:河北教育出版社,2001.

[69] 龚延明.中国历代职官别名大辞典[M].上海:上海辞书出版社,2006.

[70] 顾德融,朱顺龙.春秋史[M].上海:上海人民出版社,2003.

[71] 顾栋高.春秋大事表[M].上海:上海书店,1988.

[72] 顾颉刚.古史辨自序[M].北京:商务印书馆,2011.

[73] 顾颉刚.秦汉的方士与儒生[M].上海:上海古籍出版社,2005.

[74] 顾颉刚.史林杂识初编[M].北京:中华书局,1963.

[75] 顾颉刚,史念海.中国疆域沿革史[M].北京:商务印书馆,2000.

[76] 顾颉刚.中国上古史研究讲义[M].北京:中华书局,2002.

[77] 顾祖禹.读史方舆纪要[M].北京:中华书局,1955.

[78] 郭沫若.中国古代社会研究[M].北京:人民出版社,1982.

[79] 郭淑珍,王关成.秦军事史[M].西安:陕西人民教育出版社,2000.

[80] 郭双成.史记人物传记论稿[M].郑州:中州古籍出版社,1985.

[81] 韩养民.秦汉文化史[M].西安:陕西人民教育出版社,1986.

[82] 何汉.秦史述评[M].合肥:黄山书社,1986.

[83] 何建章.战国策注释[M].北京:中华书局,1990.

[84] 何琳仪.战国文字通论[M].北京:中华书局,1989.

[85] 何宁.淮南子集释[M].北京:中华书局,1998.

[86] 何清谷.三辅黄图校释[M].北京:中华书局,2005.

[87] 何双全.秦汉简牍论文集[M].兰州:甘肃人民出版社,1990.

[88] 何双全.散见简牍合辑[M].北京:文物出版社,1991.

[89] 何兹全.秦汉史略[M].上海:上海人民出版社,1955.

[90] 何兹全.中国古代社会[M].北京:北京师范大学出版社,2001.

[91] 侯外庐.中国古代社会史论[M].石家庄:河北教育出版社,2000.

[92] 后晓荣.秦代政区地理[M].北京:社会科学文献出版社,2009.

[93] 湖南省文物考古研究所.里耶发掘报告[M].长沙:岳麓书社,2007.

[94] 胡厚宣.甲骨文合集释文[M].北京:中国社会科学出版社,1999.

[95] 胡朴安.中华全国风俗志[M].长沙:岳麓书社,2013.

[96] 胡新生.中国古代巫术[M].济南:山东人民出版社,2005.

[97] 华林甫.中国地名学源流[M].长沙:湖南人民出版社,1999.

[98] 黄怀信,张懋镕,田旭东.逸周书汇校集注[M].上海:上海古籍出版社,1995.

[99] 黄晖.论衡校释[M].北京:中华书局,1990.

[100] 黄朴民.先秦两汉兵学文化研究[M].北京:中国人民大学出版社,2010.

[101] 贾谊,阎振益,钟夏.新书校注[M].北京:中华书局,2000.

[102] 翦伯赞.先秦史[M].北京:北京大学出版社,1999.

[103] 翦伯赞.秦汉史[M].北京:北京大学出版社,1999.

[104] 江林昌.考古发现与文史新证[M].北京:中华书局,2011.

[105] 江绍原.民俗与迷信[M].北京:北京出版社,2015.

[106] 江绍原.中国礼俗迷信[M].天津:渤海湾出版公司,1989.

[107] 蒋廷锡.中国方术全书[M].上海:上海文艺出版社,1993.

[108] 金景芳.先秦思想史讲义[M].天津:天津古籍出版社,2007.

[109] 康世荣.秦西垂文化论集[M].北京:文物出版社,2004.

[110] 蓝勇.中国历史地理学[M].北京:高等教育出版社,2002.

[111] 雷虹霁.秦汉历史地理与文化分区研究[M].北京:中央民族大学出版社,2007.

[112] 雷兴山.先周文化探索[M].北京:科学出版社,2010.

[113] 李并成.河西走廊历史地理[M].兰州:甘肃人民出版社,1995.

[114] 李步嘉.越绝书校释[M].北京:中华书局,2013.

[115] 李朝远.西周土地关系论[M].上海:上海人民出版社,1997.

[116] 李昉,徐铉.太平御览[M].北京:中华书局,1960.

[117] 李峰.夭折的帝国:秦朝兴亡十六谈[M].北京:九州出版社,2008.

[118] 李剑农.先秦两汉经济史稿[M].上海:三联书店,1957.

[119] 李健胜.先秦文化批判思想研究[M].兰州:兰州大学出版社,2006.

[120] 李开元.秦谜[M].北京:北京联合出版公司,2015.

[121] 李可久,张光孝.隆庆华州志[M].南京:凤凰出版社,2007.

[122] 李零.中国方术考[M].北京:东方出版社,2000.

[123] 李令福.古都西安·秦都咸阳[M].西安:西安出版社,2010.

[124] 李民,王健.尚书译注[M].上海:上海古籍出版社,2004.

[125] 李勤德.中国区域文化[M].太原:山西高校联合出版社,1995.

[126] 李清凌,钱国权.中国西北政治史[M].北京:人民出版社,2009.

[127] 李守奎.清华简《系年》与古史新探[M].上海:中西书局,2017.

[128] 李思聪,钱古训.百夷传[M].上海:上海书店,1991.

[129] 李泰,贺次君.括地志辑校[M].北京:中华书局,1980.

[130] 李铁华.石鼓新响[M].西安:三秦出版社,1994.

[131] 李晓杰.疆域与政区[M].南京:江苏人民出版社,2011.

[132] 李晓杰.九州津梁[M].长春:长春出版社,2007.

[133] 李晓杰.中国行政区划通史:先秦卷[M].上海:复旦大学出版社,2009.

[134] 李孝聪.中国区域历史地理[M].北京:北京大学出版社,2004.

[135] 李学勤.东周与秦代文明[M].北京:文物出版社,1984.

[136] 李学勤.简帛佚籍与学术史[M].台北:时报文化出版企业有限公司,1994.

[137] 李学勤.简帛研究:第二辑[M].北京:法律出版社,1996.

[138] 李学勤.清华大学藏战国竹简:壹[M].上海:中西书局,2010.

[139] 李学勤.清华大学藏战国竹简:贰[M].上海:中西书局,2011.

[140] 李学勤.三代文明研究[M].北京:商务印书馆,2011.

[141] 李学勤.文物中的古文明[M].北京:商务印书馆,2008.

[142] 李学勤.中国古代文明研究[M].上海:华东师范大学出版社,2009.

[143] 李学勤.走出疑古时代[M].沈阳:辽宁大学出版社,1997.

[144] 李玄伯.中国古代社会新研[M].上海:开明书店,1948.

[145] 李亦园.宗教与神话[M].桂林:广西师范大学出版社,2004.

[146] 李玉洁.先秦丧葬制度研究[M].郑州:中州古籍出版社,1991.

[147] 李泽厚.实用理性与乐感文化[M].上海:上海三联书店,2008.

[148] 李泽厚.由巫到礼,释礼归仁[M].北京:三联书店,2015.

[149] 礼县志编纂委员会.礼县志[M].西安:陕西人民出版社,1999.

[150] 里耶秦简博物馆,出土文献与中国古代文明研究协同创新中心中国人民大学中心.里耶秦简博物馆藏秦简[M].上海:中西书局,2016.

[151]　栗劲.秦律通论[M].济南:山东人民出版,1985.

[152]　郦道元.水经注[M].北京:华夏出版社,2006.

[153]　梁启超.先秦政治思想史[M].北京:东方出版社,1996.

[154]　梁启超.中国近三百年学术史[M].上海:上海古籍出版社,2014.

[155]　梁启超.中国历史研究法[M].北京:中华书局,2009.

[156]　梁启超.中国历史研究法补编[M].北京:中华书局,2010.

[157]　林剑鸣.秦汉史[M].上海:上海人民出版社,2003.

[158]　林剑鸣.秦史稿[M].上海:上海人民出版社,1981.

[159]　刘道超.择吉与中国文化[M].北京:人民出版社,2004.

[160]　刘光华.西北通史:第一卷[M].兰州:兰州大学出版社,2005.

[161]　刘乐贤.简帛数术文献论述[M].武汉:湖北教育出版社,2002.

[162]　刘乐贤.睡虎地秦简《日书》释读札记[M]//华学:第6辑.北京:紫禁城出
　　　　版社,2003.

[163]　刘乐贤.睡虎地秦简日书研究[M].台北:文津出版社,1994.

[164]　刘起釪.古史续辨[M].北京:中国社会科学出版社,1991.

[165]　刘庆柱.三秦记辑注·关中记辑注[M].西安:三秦出版社,2006.

[166]　刘文典.淮南鸿烈集解[M].北京:中华书局,2013.

[167]　刘向.战国策[M].上海:上海古籍出版社,1998.

[168]　刘信芳,梁柱.云梦龙岗秦简[M].北京:科学出版社,1997.

[169]　刘跃进.秦汉文学编年史[M].北京:商务印书馆,2006.

[170]　刘泽华.先秦士人与社会[M].天津:天津人民出版社,2004.

[171]　刘泽华.先秦政治思想史[M].天津:南开大学出版社,1984.

[172]　楼祖诒.中国邮驿发达史[M].上海:上海书店,1991.

[173]　罗汝楠.历代地理志汇编[M].北京:中华书局,1959.

[174]　罗新慧.20世纪中国古史分期问题论辩[M].南昌:百花洲文艺出版
　　　　社,2004.

[175]　罗运环,刘海燕,陈继东.秦汉韬略[M].武汉:长江文艺出版社,1998.

[176] 吕思勉.秦汉史[M].上海:上海古籍出版社,1983.

[177] 吕思勉.先秦史[M].上海:上海古籍出版社,2005.

[178] 吕思勉.先秦学术概论[M].北京:中国人民大学出版社,2011.

[179] 吕亚虎.战国秦汉简帛文献所见巫术研究[M].北京:科学出版社,2010.

[180] 吕振羽.简明中国通史[M].北京:人民出版社,1955.

[181] 马端临.文献通考[M].杭州:浙江古籍出版社,1988.

[182] 马非百.秦集史[M].北京:中华书局,1982.

[183] 马洪路.漫漫长路:中国行路文化[M].济南:济南出版社,2004.

[184] 马曼丽.中国西北边疆发展史研究[M].哈尔滨:黑龙江教育出版社,2001.

[185] 毛佩琦.中国社会生活史[M].南宁:广西教育出版社,2000.

[186] 蒙文通.周秦少数民族研究[M].上海:龙门联合书局,1958.

[187] 孟祥才.秦汉史[M].北京:人民出版社,2009.

[188] 缪文远.战国策考辨[M].北京:中华书局,1984.

[189] 欧阳询.艺文类聚[M].上海:上海古籍出版社,1999.

[190] 潘光旦.中国民族史料汇编[M].天津:天津古籍出版社,2005.

[191] 潘明娟.周秦时期关中城市体系研究[M].北京:人民出版社,2009.

[192] 裴骃.史记集解[M].杭州:文学古籍刊行社,1955.

[193] 彭卫,杨振红.中国风俗通史:秦汉卷[M].上海:上海文艺出版社,2002.

[194] 彭卫,杨振红.中国妇女通史:秦汉卷[M].杭州:杭州大学出版社,2010.

[195] 彭曦.战国秦长城考察与研究[M].西安:西北大学出版社,1990.

[196] 钱大昕.十驾斋养新录[M].上海:上海书店,1983.

[197] 钱杭.传统中国的社会文化研究[M].上海:上海社会科学出版社,2008.

[198] 钱穆.古史地理论丛[M].北京:三联书店,2004.

[199] 钱穆.国史大纲[M].北京:商务印书馆,1996.

[200] 钱穆.史记地名考[M].北京:商务印书馆,2004.

[201] 钱穆.秦汉史[M].北京:三联书店,2005.

[202] 钱玄.三礼通论[M].南京:南京师范大学出版社,1996.

[203]　秦蕙田.五礼通考[M].苏州:江苏书局,1880.

[204]　秦嘉谟.世本八种[M].北京:中华书局,2008.

[205]　裘锡圭.古代文史研究新探[M].南京:江苏古籍出版社,1992.

[206]　裘锡圭.文字学概要[M].北京:商务印书馆,1988.

[207]　裘锡圭.中国出土文献十讲[M].上海:复旦大学出版社,2004.

[208]　饶宗颐,曾宪通.云梦秦简日书研究[M].香港:香港中文大学出版社,1982.

[209]　任继愈.宗教大辞典[M].上海:上海辞书出版社,1998.

[210]　任铭善.礼记目录后案[M].济南:齐鲁书社,1982.

[211]　阮元.十三经注疏[M].北京:中华书局,2009.

[212]　尚秉和.历史社会风俗事物考[M].南京:江苏人民出版社,2002.

[213]　沈长云.上古史探研[M].北京:中华书局,2002.

[214]　沈长云.先秦史[M].北京:人民出版社,2006.

[215]　沈长云.战国史与战国文明[M].上海:上海科技文献出版社,2007.

[216]　沈从文.中国古代服饰研究[M].上海:上海书店出版社,2005.

[217]　石井宏明.东周王朝研究[M].北京:中央民族大学出版社,1999.

[218]　史念海.河山集[M].北京:三联书店,1963.

[219]　司马贞.史记索引[M].西安:陕西师范大学出版社,2018.

[220]　睡虎地秦墓竹简整理小组.睡虎地秦墓竹简[M].北京:文物出版社,1978.

[221]　司马光,胡三省.资治通鉴[M].北京:中华书局,1956.

[222]　司马迁.史记[M].北京:中华书局,1982.

[223]　斯维至.陕西通史·西周卷[M].西安:陕西师范大学出版社,1997.

[224]　宋兆麟.中国民间神像[M].北京:学苑出版社,1994.

[225]　宋镇豪.西周文明论集[M].北京:朝华出版社,2004.

[226]　孙楷,杨善群.秦会要[M].上海:上海古籍出版社,2004.

[227]　隋树森.古诗十九首集释[M].北京:中华书局,1955.

[228]　孙楷.秦会要[M].上海:上海古籍出版社,2004.

［229］ 孙希旦.礼记集解［M］.北京:中华书局,1989.

［230］ 孙星衍.尚书今古文注疏［M］.北京:中华书局,1986.

［231］ 孙诒让.周礼正义［M］.北京:中华书局,1987.

［232］ 孙占宇.天水放马滩秦简集释［M］.兰州:甘肃文化出版社,2013.

［233］ 谭其骧.长水集［M］.北京:人民出版社,1987.

［234］ 谭其骧.中国历史地图集［M］.北京:中国地图出版社,1982.

［235］ 田静.秦史研究论著目录［M］.西安:陕西人民教育出版社,1999.

［236］ 童恩正.人类与文化［M］.重庆:重庆出版社,1998.

［237］ 童书业.春秋史［M］.上海:上海古籍出版社,2003.

［238］ 童书业.春秋左传研究［M］.上海:上海人民出版社,1980.

［239］ 万建中.禁忌与中国文化［M］.北京:人民出版社,2001.

［240］ 汪宁生.古俗新研［M］.兰州:敦煌文艺出版社,2001.

［241］ 汪宁生.民族考古学论集［M］.北京:文物出版社,1989.

［242］ 汪受宽.甘肃通史:秦汉卷［M］.兰州:甘肃人民出版社,2009.

［243］ 王汎森.执拗的低音:一些历史思考方式的反思［M］.北京:三联书店,2014.

［244］ 王崇焕.中国古代交通［M］.天津:天津教育出版社,1991.

［245］ 王国维.观堂集林［M］.石家庄:河北教育出版社,2003.

［246］ 王和.名将世家与秦帝国的兴亡［M］.合肥:安徽人民出版社,2013.

［247］ 王辉.秦铜器铭文编年集释［M］.西安:三秦出版社,1990.

［248］ 王辉.秦出土文献编年［M］.台北:新文丰出版有限公司,2000.

［249］ 王焕林.里耶秦简校诂［M］.北京:中国文联出版社,2007.

［250］ 王会昌.中国文化地理［M］.武汉:华中师范大学出版社,1992.

［251］ 王健.西周政治地理结构研究［M］.郑州:中州古籍出版社,2004.

［252］ 王珏.秦穆公谋霸研究［M］.北京:星球地图出版社,2016.

［253］ 王美凤.春秋史与春秋文明［M］.上海:上海科技文献出版社,2007.

［254］ 王淑良.中国旅行史［M］.北京:旅行教育出版社,2002.

[255]　王树村.门与门神[M].北京:学苑出版社,1994.

[256]　王先慎,钟哲点校.韩非子集解[M].北京:中华书局,1998.

[257]　王学理.秦文化[M].北京:文物出版社,2001.

[258]　王学理.秦物质文化史[M].西安:三秦出版社,1994.

[259]　王学理.咸阳帝都记[M].西安:陕西人民出版社,1999.

[260]　王玉哲.中华远古史[M].上海:上海人民出版社,2000.

[261]　王子今.秦汉边疆与民族问题[M].北京:中国人民大学出版社,2011.

[262]　王子今.秦汉交通史稿[M].北京:中共中央党校出版社,1994.

[263]　王子今.秦汉区域文化研究[M].成都:四川人民出版社,1998.

[264]　王子今.秦汉时期生态环境研究[M].北京:北京大学出版社,2007.

[265]　王子今.睡虎地秦简《日书》甲种疏证[M].武汉:湖北教育出版社,2003.

[266]　魏德胜.《睡虎地秦墓竹简》语法研究[M].北京:首都师范大学出版
　　　　社,2000.

[267]　魏道明.始于兵而终于礼:中国古代族刑研究[M].北京:中华书局,2006.

[268]　闻一多.诗经通义[M].北京:三联书店,1982.

[269]　乌丙安.中国民俗学[M].沈阳:辽宁大学出版社,1985.

[270]　吴枫.中国古典文献学[M].济南:齐鲁书社,1982.

[271]　吴荣曾.先秦两汉史研究[M].北京:中华书局,1995.

[272]　吴荣曾.中国史纲要(先秦史)[M].北京:北京大学出版社,2006.

[273]　吴小强.秦简日书集释[M].长沙:岳麓书社,2000.

[274]　武文.中国民俗大系:甘肃民俗[M].兰州:甘肃人民出版社,2004.

[275]　夏鼐.考古学论文集[M].石家庄:河北教育出版社,2000.

[276]　夏征农.辞海[M].6版.上海:上海辞书出版社,2009.

[277]　邹衡.夏商周考古学论文集:续集[M].北京:科学出版社,1998.

[278]　谢成侠.中国养马史[M].北京:科学出版社,1959.

[279]　谢维扬.中国早期国家[M].杭州:浙江人民出版社,1995.

[280]　谢维扬.周代家庭形态[M].哈尔滨:黑龙江人民出版社,2005.

[281] 辛德勇.秦汉政区与边界地理研究[M].北京:中华书局,2009.

[282] 邢义田.秦汉史论稿[M].台北:东大图书公司,1987.

[283] 熊得山.中国社会史论[M].上海:上海书店出版社,2007.

[284] 熊铁基.秦汉军事制度史[M].南宁:广西人民出版社,1990.

[285] 熊铁基.秦汉文化志[M].上海:上海人民出版社,1998.

[286] 徐复.秦会要订补[M].北京:中华书局,1998.

[287] 徐君峰.秦直道道路走向与文化影响[M].西安:陕西师范大学出版社,2018.

[288] 徐日辉.秦早期发展史[M].北京:中国科学文化出版社,2003.

[289] 徐卫民.秦都城研究[M].西安:陕西人民教育出版社,2000.

[290] 徐卫民.秦公帝王陵[M].北京:中国青年出版社,2003.

[291] 徐卫民.秦汉历史地理[M].西安:三秦出版社,2005.

[292] 徐卫民,雍际春.早期秦文化研究[M].西安:三秦出版社,2006.

[293] 徐旭生.中国古史的传说时代[M].增订本.北京:文物出版社,1985.

[294] 徐伊丽.探秘秦直道[M].西安:陕西师范大学出版社,2008.

[295] 徐元诰.国语集解[M].北京:中华书局,2002.

[296] 徐中舒.先秦史论稿[M].成都:巴蜀书社,1992.

[297] 徐中舒.徐中舒历史论文选集[M].北京:中华书局,1998.

[298] 徐中舒.徐中舒先秦史讲义[M].天津:天津古籍出版社,2008.

[299] 徐中舒.殷周金文集录[M].成都:四川人民出版社,1984.

[300] 许慎.说文解字[M].北京:北京联合出版公司,2017.

[301] 许倬云.西周史[M].北京:三联书店,2001.

[302] 燕继荣.发展政治学[M].北京:北京大学出版社,2006.

[303] 燕继荣.睡虎地秦墓竹简[M].北京:文物出版社,1978.

[304] 燕继荣.龙岗秦简[M].北京:中华书局,2001.

[305] 严文明.史前考古论集[M].北京:科学出版社,1998.

[306] 晏昌贵.巫鬼与淫祀[M].武汉:武汉大学出版社,2010.

[307] 杨伯峻.春秋左传注[M].北京:中华书局,1990.

[308] 杨国枢.中国人的心理[M].北京:中国人民大学出版社,2012.

[309] 杨泓.中国古兵器论丛[M].增订本.北京:中国社会科学出版社,2007.

[310] 杨宽.古史新探[M].北京:中华书局,1965.

[311] 杨宽.西周史[M].上海:上海人民出版社,1999.

[312] 杨宽."乡饮酒礼"与"飨礼"新探[M].北京:中华书局,1965.

[313] 杨宽.战国史[M].上海:上海人民出版社,2003.

[314] 杨振红.出土简牍与秦汉社会[M].桂林:广西师范大学出版社,2009.

[315] 杨志刚.中国礼仪制度研究[M].上海:华东师范大学出版社,2001.

[316] 扬雄.方言[M].上海:商务印书馆,1937.

[317] 姚小鸥.诗经译注[M].北京:当代世界出版社,2009.

[318] 姚彦渠.春秋会要[M].北京:中华书局,1998.

[319] 叶小燕.陕县东周秦汉墓[M].北京:科学出版社,1994.

[320] 阴法鲁,许树安.中国古代文化[M].北京:北京大学出版社,1989.

[321] 尹盛平.周原文化与西周文明[M].南京:江苏教育出版社,2005.

[322] 应劭,王利器.风俗通义校注[M].北京:中华书局,2010.

[323] 雍际春.嬴秦故园:天水秦文化寻踪[M].兰州:甘肃人民出版社,2000.

[324] 余英时.中国思想传统的现代诠释[M].台北:联经出版事业公司,1990.

[325] 袁珂.山海经校注[M].上海:上海古籍出版社,1980.

[326] 袁仲一.秦文字类编[M].西安:陕西人民教育出版社,1993.

[327] 臧应桐.乾隆咸阳县志[M].南京:凤凰出版社,2007.

[328] 臧嵘.中国古代驿站与邮传[M].北京:商务印书馆,1997.

[329] 詹子庆.古史拾零[M].长春:东北师范大学出版社,2005.

[330] 詹子庆.先秦史[M].沈阳:辽宁人民出版社,1986.

[331] 张波.西北农牧史[M].西安:陕西科技出版社,1989.

[332] 张长寿.商周考古论集[M].北京:文物出版社,2007.

[333] 张传玺.秦汉问题研究(增订本)[M].北京:北京大学出版社,1995.

［334］ 张光直.美术、神话与祭祀［M］.沈阳:辽宁教育出版社,2002.

［335］ 张广志.中国古史分期讨论的回顾与反思［M］.西安:陕西师范大学出版社,2003.

［336］ 张广志.西周史与西周文明［M］.上海:上海科技文献出版社,2007.

［337］ 张家涛,刘锋.区域地理学［M］.青岛出版社,2000.

［338］ 张金光.秦制研究［M］.上海:上海古籍出版社,2004.

［339］ 张亮采.中国风俗史［M］.北京:中国人民大学出版社,2012.

［340］ 张双棣,张万彬.吕氏春秋译注［M］.长春:吉林文史出版社,1987.

［341］ 张天恩.周秦文化与社会研究［M］.西安:陕西师范大学出版社,2003.

［342］ 张天恩.周秦文化研究论集［M］.北京:科学出版社,2009.

［343］ 张闻玉.逸周书全译［M］.贵阳:贵州人民出版社,2000.

［344］ 张玉春,刘春梅.史记人物传［M］.北京:华文出版社,2007.

［345］ 张政烺.张政烺文史论集［M］.北京:中华书局,2004.

［346］ 张正明.秦与楚［M］.武汉:华中师范大学出版社,2007.

［347］ 章必功.中国旅游史［M］.昆明:云南人民出版社,1992.

［348］ 赵光贤.古史考辨［M］.北京:北京师范大学出版社,1986.

［349］ 赵光贤.周代社会辨析［M］.北京:人民出版社,1981.

［350］ 赵逵夫.先秦文学编年史［M］.北京:商务印书馆,2010.

［351］ 赵世超.周代国野制度研究［M］.西安:陕西人民出版社,1991.

［352］ 赵翼.廿二史札记［M］.北京:中华书局,1987.

［353］ 郑玄,孔颖达.礼记正义［M］.北京:北京大学出版社,1999.

［354］ 中村璋八.五行大义校注［M］.东京:汲古书院,1998.

［355］ 中华书局编辑部.云梦秦简研究［M］.北京:中华书局,1981.

［356］ 周谷城.中国通史［M］.上海:上海人民出版社,1996.

［357］ 周书灿.中国早期国家结构研究［M］.北京:人民出版社,2002.

［358］ 周锡宝.中国古代服饰史［M］.北京:中国戏剧出版社,1984.

［359］ 周晓陆,路东之.秦封泥集［M］.西安:三秦出版社,2000.

[360] 周振甫.诗经译注[M].北京:中华书局,2002.

[361] 周振鹤.中国历史文化区域研究[M].上海:复旦大学出版社,1997.

[362] 周振鹤.中国行政区划通史:总论[M].上海:复旦大学出版社,2009.

[363] 朱凤瀚,徐勇.先秦史研究概要[M].天津:天津教育出版社,1996.

[364] 朱桂昌.秦汉史考订文集[M].昆明:云南大学出版社,2009.

[365] 朱海雷.尸子译注[M].上海:上海古籍出版社,2006.

[366] 朱汉民,陈松长.岳麓书院藏秦简(一)[M].上海:上海辞书出版社,2010.

[367] 朱绍侯.军功爵制考论[M].北京:商务印书馆,2008.

[368] 竹添光鸿.左氏会笺[M].成都:巴蜀书社,2008.

[369] 祝中熹.早期秦史[M].兰州:敦煌文艺出版社,2004.

[370] 邹衡.夏商周考古学论文集[M].北京:文物出版社,1980.

[371] 竺可桢.中国近五千年来气候变迁的初步研究[J].考古学报,1972(1).

[372] 曹尔琴.秦汉时期的关中[J].西北大学学报,1977(4).

[373] 陈连庆.秦代的奴隶问题[J].东北师大学报,1988(5).

[374] 陈松长.岳麓书院所藏秦简综述[J].文物,2009(3).

[375] 成林."三月三"溯源[J].民俗研究,1991(2).

[376] 戴春阳.秦墓屈肢葬管窥[J].考古,1992(8).

[377] 戴燕.祖饯诗的由来[J].南京师范大学文学院学报,2003(4).

[378] 邓文宽.出土秦汉简牍"历日"正名[J].文物,2003(4).

[379] 邓文宽.秦简牍"质日"考释三则[J].鲁东大学学报,2013(4).

[380] 邓文宽.天水放马滩秦简《月建》应名《建除》[J].文物,1990(9).

[381] 冯绳武.论甘肃历史地理的特色[J].兰州大学学报,1987(2).

[382] 高荣.古史所记的先秦河西[J].河西学院学报,2004(6).

[383] 郭在忠.秦始皇经略岭南越人地区述议[J].民族研究,1983(6).

[384] 郝铁川.周朝国家结构考述[J].华东师范大学学报,1987(2).

[385] 何清谷.秦始皇长城北段的考察[J].人文杂志,1989(4).

[386] 何清谷.试论秦对岭南的统一与开发[J].人文杂志,1986(1).

[387] 何双全.天水放马滩秦简研究综述[J].文物,1989(2).

[388] 贺润坤.从《日书》看秦国的谷物种植[J].文博,1988(3).

[389] 贺润坤.从云梦秦简看秦的吏治[J].西安石油学院学报,1993(1).

[390] 贺润坤.云梦秦简所反映的秦国渔猎活动[J].文博,1989(3).

[391] 湖北省江陵文物局.江陵岳山秦汉墓[J].考古学报,2000(4).

[392] 胡嘉山.试论秦朝的疆域[J].大连教育学院学报,2003(3).

[393] 胡新生.禹步探源[J].文史哲,1996(1).

[394] 黄今言.秦代租赋徭役制度研究[J].江西师范大学学报,1979(3).

[395] 黄留珠.秦简敖童解[J].历史研究,1997(5).

[396] 黄留珠.秦仕进制度考述[J].中国史研究,1982(1).

[397] 黄留珠.秦文化二源说[J].西北大学学报,1995(3).

[398] 霍耀宗.《四民月令》之"四民"新解[J].史学月刊,2017(6).

[399] 荆州地区博物馆.江陵王家台15号秦墓[J].文物,1995(1).

[400] 黎明钊.里耶秦简:户籍档案的探讨[J].中国史研究,2009(2).

[401] 李进.秦朝的边疆经略[J].中国边疆史地研究,1997(3).

[402] 李立.论祖饯诗三题[J].学术研究,2001(11).

[403] 李树军.略论周代社会的行神、道路神崇拜[J].学术界,2014(4).

[404] 李天虹.秦汉时分纪时制综论[J].考古学报,2012(3).

[405] 李学勤.初读里耶秦简[J].文物,2003(1).

[406] 李学勤.秦国文物的新认识[J].文物,1980(9).

[407] 李学勤.睡虎地秦简《日书》和楚、秦社会[J].江汉考古,1985(4).

[408] 梁云.从秦墓葬俗看秦文化的形成[J].考古与文物,2008(1).

[409] 林剑鸣.从秦人价值观看秦文化的特点[J].历史研究,1987(3).

[410] 林剑鸣.秦汉政治生活中的神秘主义[J].历史研究,1991(4).

[411] 林剑鸣.秦人价值观与中国的统一[J].人文杂志,1988(2).

[412] 刘芳,任晓峰.秦人的尚武精神[J].宝鸡社会科学学报,2003(1).

[413] 刘信芳.《日书》四方四维与五行试探[J].考古与文物,1993(2).

[414] 刘信芳.《天水放马滩秦简综述》质疑[J].文物,1990(9).

[415] 刘信芳.周家台秦简历谱校正[J].文物,2002(10).

[416] 刘泽华.先秦时期的士[J].文史知识,1987(12).

[417] 罗开玉.秦国乡、里、亭新考[J].考古与文物,1982(5).

[418] 马卫东.春秋公族政治述论[J].社会科学辑刊,2009(5).

[419] 宁江英.秦及汉初家庭结构研究[J].西安财经学院学报,2009(4).

[420] 彭年.秦汉"同居"考辨[J].社会科学研究,1990(6).

[421] 彭文.秦人齐人尚武精神[J].西北史地,1996(4).

[422] 清水康教.关于六十干支的吉凶[J].福星,1986(复刊119号).

[423] 饶宗颐.秦简中的五行说与纳音说[J].中国语文研究,1984(7).

[424] 任步云.天水放马滩秦简刍议[J].西北史地,1989(3).

[425] 尚民杰.云梦《日书》与五行学说[J].文博,1997(2).

[426] 史党社,田静.追寻秦昭王长城[J].文博,2004(6).

[427] 宋新潮.骊山之役及平王东迁历史考述[J].人文杂志,1989(4).

[428] 宋镇豪.先秦时期是如何记时的[J].文史知识,1986(6).

[429] 孙德谦.秦记图籍考[J].学衡,1924(30).

[430] 孙闻博.秦及汉初的司寇与徒隶[J].中国史研究,2015(3).

[431] 孙筱.秦汉户籍制度考述[J].中国史研究,1992(4).

[432] 孙占宇.简帛日书所见早期数术考述[J].湖南大学学报,2011(2).

[433] 陶思炎.祖道戟祭与入山植物[J].民族艺术,2004(4).

[434] 田昌五.解井田制之谜[J].历史研究,1985(3).

[435] 王大华.历史跳跃式发展论与东西南北观[J].广州研究,1987(1).

[436] 王光华.禁忌与战国秦汉社会[J].求索,2007(3).

[437] 王贵元.周家台秦墓简牍释读补正[J].考古,2009(2).

[438] 王井辉.论白起的人生悲剧成因[J].理论观察,2008(1).

[439] 王珏.秦穆公谋霸战略新论[J].管子学刊,2008(4).

[440] 王克林.戎狄族源的考古学研究[J].文物世界,2004(2).

［441］ 王青.禹步史料的历史民俗文献分析［J］.西北民族研究,2011(1).

［442］ 王巍.新中国考古六十年［J］.考古,2009(9).

［443］ 王玉金.试论秦汉风俗辟邪风俗［J］.民俗研究,2000(3).

［444］ 王玉哲.秦人的族源及迁徙路线［J］.历史研究,1991(3).

［445］ 王政.《诗经》与路神奉祭考［J］.世界宗教研究,2004(2).

［446］ 王子今.秦人经营的陇山通路［J］.文博,1990(5).

［447］ 谢继忠."关西出将"述论［J］.天水师专学报,1991(2).

［448］ 徐卫民.秦代的苑囿［J］.文博,1990(5).

［449］ 许志刚.祖道考［J］.世界宗教研究,1984(1).

［450］ 薛方昱.义渠戎国新考［J］.西北民族学院学报,1988(2).

［451］ 闫喜琴.秦简《日书》涉禹出行巫术考论［J］.历史教学,2011(2).

［452］ 杨颉慧.先秦行神祭祀杂考［J］.郑州师范教育,2016(5).

［453］ 杨振红.月令与秦汉政治再探讨［J］.历史研究,2004(3).

［454］ 叶小燕.秦墓初探［J］.考古,1982(1).

［455］ 尹在硕.秦汉妇女的继产承户［J］.史学月刊,2009(12).

［456］ 喻学才.中国古代旅游神崇拜及祖饯风俗［J］.民俗研究,2017(2).

［457］ 曾宪通.秦汉时制刍议［J］.中山大学学报,1992(4).

［458］ 张金光.商鞅变法后秦的家庭制度［J］.历史研究,1988(6).

［459］ 张良才.试论秦之"吏师"制度［J］.齐鲁学刊,1998(1).

［460］ 张铭洽.云梦秦简《日书》占卜术初探［J］.文博,1988(3).

［461］ 张士伟.从秦简看秦的犬文化［J］.农业考古,2018(1).

［462］ 张闻玉.云梦秦简《日书》初探［J］.江汉论坛,1987(4).

［463］ 张学正.甘肃古文化遗存［J］.考古学报,1960(2).

［464］ 赵平安.云梦龙岗秦简释文注释订补［J］.江汉考古,1999(3).

［465］ 赵世超.巡狩制度试探［J］.历史研究,1995(3).

［466］ 郑刚.论睡虎地秦简日书的结构特征［J］.中山大学学报,1993(3).

［467］ 周宗贤.论秦瓯战争［J］.学术论坛,1982(4).

[468] 朱德熙,裘锡圭.战国文字研究:駹遽考[J].考古学报,1972(1).

[469] 周大鸣.论族群与族群关系[J].广西民族学院学报,2001(2).

[470] 周鹊虹.回龙山的"报路神"[J].民俗研究,2001(1).

[471] 朱宏斌.论战国秦汉时期边地农业开发[J].古今农业,2002(2).

[472] 谢小丽.秦简时间范畴研究[D].重庆:西南大学,2014.

[473] 赵志强.秦汉地理丛考[D].西安:陕西师范大学,2013.

[474] 郑红利.秦丧葬制度研究[D].西安:西北大学,2002.

[475] 陈探戈.春秋战国时期的秦戎关系研究[D].西安:西北大学,2011.

[476] 程玲.先秦时期岭南社会的复杂化进程[D].厦门:厦门大学,2009.

[477] 邓丽丽.秦汉行旅述论[D].济南:山东师范大学,2008.

[478] 何慕.秦代政区研究[D].上海:复旦大学,2009.

[479] 黄凤芝.秦汉生态环境研究[D].南昌:江西师范大学,2008.

[480] 黄佳梦.秦移民及相关问题研究[D].长春:东北师范大学,2006.

[481] 江林.诗经与宗周礼乐文明[D].杭州:浙江大学,2004.

[482] 金学清.东周王室研究[D].上海:华东师范大学,2003.

[483] 李力."隶臣妾"身份再研究[D].北京:中国政法大学,2006.

[484] 聂倩倩.长城与秦朝政治经济再研究[D].苏州:苏州大学,2012.

[485] 沈琳.秦与戎狄关系研究[D].石家庄:河北师范大学,2011.

[486] 史冠华.秦汉巡狩考述[D].西安:西北大学,2008.

[487] 汪淑霞.《诗经·秦风》研究[D].济南:山东师范大学,2008.

[488] 王光华.简帛禁忌研究[D].成都:四川大学,2007.

[489] 王志友.早期秦文化研究[D].西安:西北大学,2007.

[490] 夏利亚.秦简文字集释[D].上海:华东师范大学,2011.